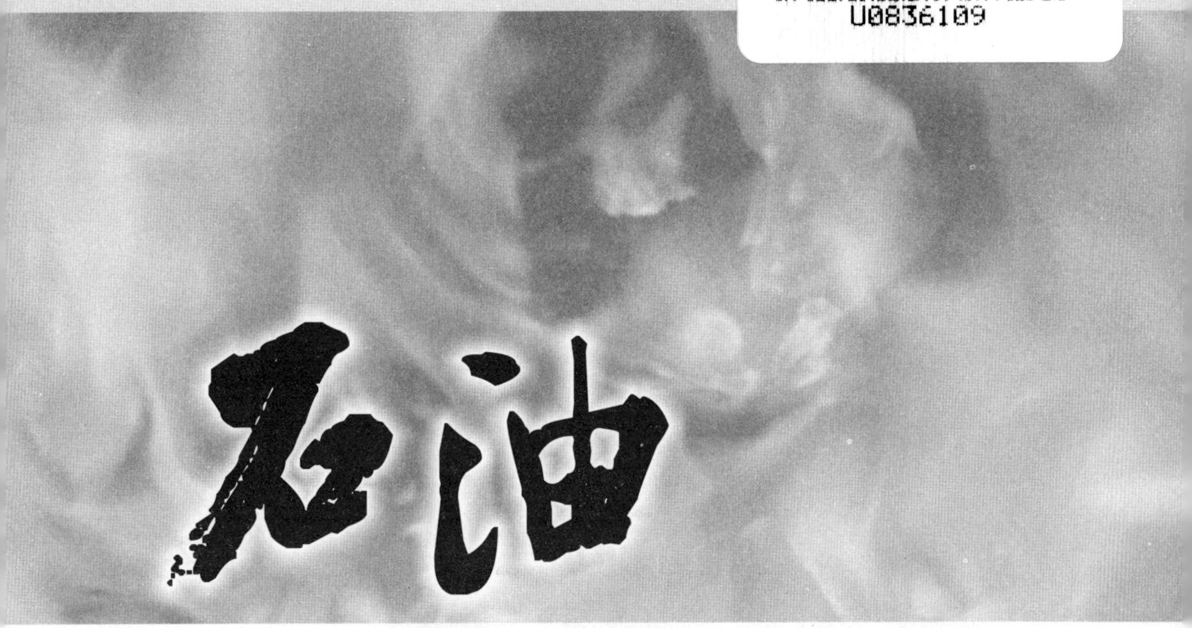

石油枯竭的后天

刘　锋◎著

東方出版社

目 录

Contents

序 言

当有一天石油即将枯竭了，整个世界将会是什么样子呢？石油的耗尽将会对社会生活产生哪些影响呢？或许很多人都有过这样的遐想，甚至是担忧。抑或希望其不会来；或者如阿Q般地自我麻醉，当之为杞人忧天；再或者学习鸵鸟的策略，把头埋起来假装视而不见，心里还琢磨着这是科学家的事，与自己无关。不过无论如何，这一天将不可避免地要到来，不是在今天，也不是在明天，或许就在不远的后天。

我们人类对这种黑色的液体如此依赖，以至于离开了它，整个世界好像要行将停滞，世界末日似乎也为时不远了。尽管这样描述有些夸张，情况也并非想象中的那么悲观，但这无疑酝酿并积聚着深刻的危机。

20世纪后半叶的两次“石油危机”已经为全球社会敲响了警钟。随后，人类为寻找石油替代能源而做出了种种努力，核能、太阳能、风能等新能源异军突起，人类似乎看到了减少对石油过度依赖的些许曙光。然而好景不长，进入新世纪，石油这种“流动的黑金”声势浩大地又重新回到了中心舞台。油价的剧烈震荡使得全球社会的脉搏也加速跳动，“第三次石油危机”几乎和全球社会打了个照面，令全世界惊恐不已。而毋庸置疑的是，如果人类没有为石油耗尽做好充分的应对准备，那么，这种照面将会越来越频繁，越来越震惊世人。

好莱坞电影《后天》讲述了一个令人心有余悸的故事。人类使用化石能源排放了大量温室气体，造成了对地球环境的巨大破坏，导致了冰川期的到来。当人们对此还若无其事，甚至毫无准备时，灾难就在后天来临了。人们一直以为灾难会很遥远，在他们的下一代或下下一代，在很久很久以后。可是很不幸，灾难来得实在太快了，就在不远的前方，陆地变成汪洋大海，冰天雪地冻结一切，人类灾难深重。欣喜的是，故事的结局是温暖的。好莱坞式的灾难片往往如此，“英雄”或“超人”横空出世，拯救人民于水深火热之中，人类在危难的时候总是能那么幸运。

还原到现实世界中，我们人类却并非总有那么多好运气了，上帝也不会总是眷顾于人类。人们必须依靠自我，勇于面对接踵而至的巨大挑战，这尤其需要预见和先知。想象是人类预知未来的翅膀，后世的现实往往就是曾经的科学幻想。登月、飞天这些现实曾经仅存于遥远的传说中，电脑、网络当初也只植根于先辈们的大脑皮层。预见感知未来，假如预先罗列出我们今后面临的众多挑战，那将是一长串的清单，“石油危机”或许就是开头的那一个。

从人类社会这种难以戒除的“油瘾”上，我们或许就能意识到问题之所在。事实已经无可辩驳地证明，单靠石油来维持社会进步的成本已经越来越高，有些时候几乎难以为继。平心而论，当今社会这种高消耗、高碳排放的发展模式是不可持续的，必须尽早进行转型，拖延只会积聚矛盾和危机。尽管转型或许也意味着不可预料的危险临近，但至少孕育着新的机遇。我们的社会就好比是一架全速前进的空客或波音，但动力系统上却警报四起，不只是燃料吃紧，已经糟糕到了要重新更换发动机的地步；而不幸的是，飞机尚在空中，尚未到达预定目的地。这将极大地考验我们“软着陆”的能力。应对得当的话，人们有惊无险，安然无恙；否则，空难降临，机毁人亡。这一切并非危言耸听，有可能一朝成为现实。

事实上，我们应该摒弃那些无休止的关于石油何时枯竭的争论，而专注于追寻那些真正有能力替代石油的能源种类。这不仅需要拨云见日般的勇气和智慧，更需要在那些似是而非的能源新技术面前保持清醒的认识和决断。一些注定要淘汰的能源品种，无论赋予其再多的技术包装，也仅仅是抱残守缺的无奈之举，只能作为一种权宜之计。能源替代的潮流奔涌向前，不可逆转，这是我们必须深入体察，并予以坚持的基本理念。

有心人或许会注意到，每逢油价暴涨、能源紧缺的时候，有关能源的一些伪科技便会堂而皇之登堂入室，或者摇身一变卷土重来，既让无数不明就里的能源爱好者热血沸腾、满怀期待后又失望倍至；更令许多投资者从全身投入到最后血本无归。这样的例子比比皆是，古今中外不一而足。永动机、水变油等伪科学事件曾经被炒得沸沸扬扬，而它们只是其中几个为众人所周知的例子而已，那些不知名的例子更是不计其数。这些伪科技之所以能够抛头露面，一时间吸引眼球无数，终归还是石油惹的祸。谁让石油替代能源如此难觅，谁让全球社会替代石油的脚步如此沉重呢？

如果到了“后天”，石油即将耗尽了，我们的世界是一片恐慌，继而死一般沉寂呢，还是能够化险为夷、重焕新生呢？这既是一个严肃而又沉重的话题，同时也是一个众说纷纭的话题。至于说如何替代石油，那更是一个没有标准答案的考题。本书通过深入浅出的论述，试着全面而细致地回答这些我们必须共同面对的问题。

作者

于青岛汇泉湾畔

2009年6月

第一章 石油·黑金

从本质上说，石油无非就是动植物的遗体。只不过它们深埋地层，历经亿万年之久的复杂地质变化，早已经面目全非了。今天流动着的石油液体中，已经难以找到这种影子。如果没有人类的眷顾，这些经过演化的动植物遗体除了极少数被上帝拿出来“晾晒”，从地下自然冒头以外；绝大部分将会暗无天日，永久地长眠于数千米的幽深地层，同时也可能悄无声息，消逝于更深邃的历史隧道中。但是，或许是机缘巧合，或许是冥冥中注定。总之人们发现了地缝中自然冒出的石油。这最早可追溯到二千多年前的中国。东汉史学家班固所著的《汉书·地理志》中便有“高奴，有洧水，肥可燃”的描述[①]，这是迄今为止见诸文献的关于石油的最早记载。世界上其他地方也有关于石油的历史记载，如古代波斯的石刻记录了波斯上层社会使用石油来照明等活动。显而易见的是，那时候人们对石油

① 东汉时的高奴，即今陕西延安附近，包括延长、延川在内。洧水是延河的一条支流。当时境内河面有漂浮的原油，可以燃烧。由此可见，中国是世界上最早发现和使用石油的国家之一，而陕西省延长县是中国最早发现和使用石油的地方。

仅仅是简单地就地取用，而且局限在不大的圈子内，如古代中国有一些地方通过烧石漆（石油）来制盐。那时的人们无法真正理解石油的价值所在，至少在古代中国人的眼里，石油的重要性明显比不上食盐，否则古人就不会用石油烧制食盐了。可见，石油并不是与生俱来就那么显贵，黑金也只是后来人们对石油的称谓。

现代意义上的石油利用始于一个半世纪前。1859 年美国人狄拉克在宾西法尼亚州钻出了第一口油井。随着油液源源不断地喷涌而出，世界第一口真正意义上的商业油井就此诞生。石油工业也由此拉开了历史大幕。在社会这座大熔炉里，石油被炼成黑金的过程才刚刚开始。

1. 缘起抹香鲸油

抹香鲸油是从一种叫抹香鲸的鲸类脑部提取的油脂。如果说现代石油工业的诞生是因这种油脂引起的话，人们一定会感到惊奇，但情况看起来就是如此。

19 世纪初期，大工业革命在欧美社会逐步向纵深发展。没有什么比日益增长的能源消费需求更能体现工业革命的扩张了。蒸汽动力的大规模应用，在解放人力的同时，也增强了人们学习工业科技知识的动力。阅览与求知一时间蔚然成风，渐渐成为了人们习惯性的选择。这使得人们对于室内照明提出了更高层次的要求，对照明燃料的需求也急剧增加。煤气灯正是在这个时候出现于欧洲的各大城市中。但是，将煤变成煤气的工厂建造成本很高，而且输送煤气的管道也只能铺设在人口密集的中央城市才有经济价值。在没有煤气的地区，用鲸油照明成了一种不错的选择，看起来也是唯一的选择。19 世纪前半叶，鲸油在美国是很重要的油料，因为美国居民普遍使用鲸油作为家庭照明能源。尤其是抹香鲸油，其不仅是上品的照明油料，而且占据着相当大的市场份额，广受民众的熟知与欢迎。而上述这一切都是建立在捕鲸业大发展的基础之上的。在鼎盛时期，美国有近一半的渔船从事捕鲸业，从而支撑着对鲸油燃料的庞大需求。当然，这种情形在现今社会是绝对不可想象的，人类对野生动物保护意识的增强已经不允许滥杀这些鲸类了。但在当时的美国社会，捕鲸取油是最平常不过了，人们对此早已习以为常。捕鲸者在某种程度上已经成为了光明的使者和化身，捕鲸业也俨然成为了最受尊敬的职业。这一现状维系多年，倒也相安无虞。

危机出现在 1850 年以后，由于对鲸油的需求逐步扩大，鲸油油料供应上已经愈发显现出吃紧的困境，稍微有一些风吹草动，鲸油价格上就出现一日三价；加之长期的商业竞争，使得一些寡头式家族企业构筑了庞大的鲸油油料购销体系，几乎垄断了鲸油供应。从而使得鲸油价格的大幅上涨已经不可避免。1861 年美国南北战争爆发，这成为美国鲸油价格疯涨的催化剂。

由于大量的船只在内战期间被征调用于战争或运输后勤物资，而且美国南方的私营业主们掠夺并摧毁了许多未被征用的捕鲸船只，可供捕鲸的渔船大为减少。鲸油的供应日渐紧张，几乎难以为继，与之紧密相伴的便是鲸油价格的疯狂上涨。以上品的抹香鲸油为例，其价格从战前 1860 年的 80～90 美分/加仑疯涨至 1866 年的 2.5～3 美元/加仑，美国一些远离海岸的内陆地区的抹香鲸油价格甚至涨到 3.5～4 美元/加仑。如果从更早期算起，抹香鲸油从 1820 年的 30 多美分/加仑上涨至 1866 年的 2.5～3 美元/加仑，价格涨了将近 10 倍，而由此带来的社会影响也是极为深远的。最显而易见的后果是，美国民众发觉，晚间在油灯下阅览书籍竟然成了一种奢侈的生活，这在以前可都是稀松平常的事，他们当中的许多人已经用不起鲸油灯这种照明设施了[1]。

这种影响快速地传导到工业领域，强烈的需求使得人们转而寻找抹香鲸油的替代品。1859 年宾西法尼亚州发现石油，狄拉克开钻的第一口油井大获成功，出油量多得超乎想象，以至于刚开始没有合适的器具盛放，只好用容积约合 1.1 吨的抹香鲸油桶来当储油罐，以解燃眉之急。事实上，这些消息在当时看来并不是什么石破天惊的爆炸性新闻，但精明的商人却从中嗅出了商机。一种从石油中提炼煤油用以替代抹香鲸油照明的新行当应运而生，并旋即风行起来。煤油的用量在随后的几年间快速增长，从而带动了石油开采与冶炼行业的迅猛发展。从这个意义上说，现代石油工业缘起抹香鲸油不无道理。

正如一个新产业的兴起必然导致传统产业的没落那样，到了 20 世纪初，抹香鲸油除了作为润滑油继续使用外，传统的鲸油照明产业已基本消失，煤油照明、电力照明开始大行其道。

2. 黑金是怎样炼成的

如果仅仅是用于提炼煤油作为照明的油料，那么石油的需求量相对并不高。1859 年美国的石油总产量是仅为 2000 桶，国内战争后由于对鲸油的替代品—煤油的需求急剧上升，进而导致石油的产量大幅增加，到 1869 年，美国的石油年产量达到 420 万桶的规模，此后十年总产量增幅并不大，基本稳定在 500 万桶/年的水平上。可

---

① [美]道格拉斯·诺思与罗杰尔·米勒所著的《我们身边的经济学》一书中记述了 19 世纪中叶美国的鲸油危机，美国民众的日常生活由此受到了严重影响。当时普通工人一天赚 1 美元已经是比较高的收入，而每天收入的一半要用来购买鲸油照明。

见，照明业对煤油的需求无法支撑石油工业的爆发性发展。

此外，石油仅被用作照明的油料来源，其前途看起来似乎并不妙。因为1879年后电灯的发明给照明行业带来了一场全新的革命，这对煤油照明而言不啻是致命性地当头一击。煤油照明行业的前途已然未卜，更遑论对石油的大规模需求了。在那个时候，石油除了照明外，几乎派不上什么大用场，这也就不难理解为什么石油工业初期的发展状况波澜不惊了。这种局面一直持续到19世纪80年代，情况因汽油内燃机的发明而发生了骤变。由于从石油中提炼的汽油代替煤炭成为了动力机械的重要燃料，这使得石油的身价倍增。随着使用汽油做燃料的汽车在19世纪90年代大量涌现，尤其以福特公司后来的T型车为代表，石油终于被派上了大用场①。石油陡然变得稀缺起来，其产量也跟着急剧扩增。到19世纪末期，美国的石油年产量已达到6000万桶的庞大规模，较40年前增加了几万倍。

人们逐步发现，石油不仅能作为优良的动力燃料，而且还有其他更多的用途。随着人们对石油用途的进一步认识和扩大，全世界对石油的需求如脱缰之马而一发不可收，石油就是在人类社会愈演愈烈的“追捧”下成长为“流动的黑金”和“工业的血液”。从绚丽多姿的服饰到舒适安逸的家居；从外出代步的车船飞机到居家生活的日常必需，人们无法想象有哪些东西与石油产品无关。可以说，石油已经浸入了现代社会肌体的骨髓里，构成了现代社会物质文明的基石。缺少了它，构建社会物质文明的一切条件将不复存在。

与其说整个20世纪是石油工业大发展的世纪，更不如说是石油资源大争夺的世纪。早在1915年，时任法国石油局局长的亨利·伯伦格就曾断言说：“谁占有石油，谁就占有了世界，因为它可以用柴

① 福特公司的T型车从1908年面世到1927年停产，共计售出1500万辆，推动了汽车在人们日常社会生活中的大普及，极大地促进了石油开采业及炼油业的发展。

油统治海洋,用高度精炼的石油统治天空,用汽油和煤油统治陆地。”这可以看作是对石油战略地位的首次公开表述[①]。至此之后,全球各国持续地展开了一场又一场轰轰烈烈地争夺石油的大战。从第一次世界大战石油作为战略资源的登台亮相,到第二次世界大战石油战略地位的空前加强,石油的影子不仅现身于这两次世界大战,更贯穿于连绵不绝的大小战争与地区冲突。石油与战争,似乎已经成为现代经济学与战争史的永恒话题。任何一场现代战争,或许都摆脱不掉石油的影子。海湾战争、伊拉克战争等一系列战争无不是石油战略价值的重复注脚。

2003 年 3 月,在全球社会一致强烈的反对声中,美国执意发动了针对伊拉克的大规模战争。美国的军事行动称得上肆无忌惮,几乎到了视联合国为无物的地步。尽管全球各国一致地抗议和谴责美国,但无可奈何的是,只能眼看着伊拉克被美军占领,并最终接受这一既定的事实。美国之所以甘冒天下之大不韪,置“世界警察”的声名于不顾,其开战的目的可谓路人皆知。绝对不是像美国所声称的那样,仅仅是为了摧毁伊拉克境内的大规模杀伤性武器。试想,美国耗费巨资开动战争机器,其目标就是为了那些不知藏匿于何处的武器,还有更看不见、摸不着的那些所谓的价值分歧与冲突?恐怕这种回答连美国人自己都不能信服,何况其他国家的民众。其实,整个事件的现实逻辑并不复杂,我们可以清晰地看到伊拉克是如何被美国树为假想敌的。为了打击伊拉克前萨达姆政权,以便于攫取和控制伊拉克的石油资源。美国白宫首先假想伊拉克藏有大规模杀伤性武器,但这只是猜测,并不确定。于是白宫智囊通过一些渠道放出风声,引得美国媒体轮番对这一“重大威胁”给予关注。而这些媒体的报道通常又循着白宫的口风,时不时还会添枝加叶,

---

① [美]哈维·奥康诺著:《石油帝国》,世界知识出版社 1958 年版。

甚至描述得煞有其事[①]。结果消息转了一圈后，连白宫最终也"被迫"相信，萨达姆果真窝藏有大规模杀伤性武器！而且，白宫领导人还"义愤填膺"，多了一份险些被萨达姆所蒙蔽的感觉，更加欲将其除之而后快。至于真实的情况究竟如何？已经无暇也无人深究了。我们可以把上述的一切当作笑料来解读。但最为紧要的是，美国铲除萨达姆政权的理由充分了，而且不容有片刻的延误。因为这一理由既冠冕堂皇，又"证据"确凿，萨达姆看起来只有挨打的份儿了。至于大规模杀伤性武器，也就是开战的实物证据究竟能否找到，这在白宫智囊们的眼里已经是舍本逐末了。本来醉翁之意不在酒，那些大规模杀伤性武器自然就不重要了，先行控制伊拉克的油井才是最重要的。

伊拉克战争给全球社会带来的影响是极为深远的。且不说美国置各国反对的呼声于不顾而执意开战，为全世界的好战分子树立了"榜样"，给本来就脆弱的国际政治生态环境平添了更多不稳定因素。仅就能源与资源而言，伊拉克战争更是挑起了全球各国在资源方面的新一轮攫取和争夺，"伊朗核查"、"北极纷争"等一系列国际争端无不是上述问题的现实写照。当国际社会最擅长施展平衡外交策略的国家——美国，为了石油资源竟甘冒成为众矢之的的风险，连最起码的温情的姿态都不愿摆时，资源的争夺注定是赤裸裸的。"资源为王"的理念想必早已在全球社会发酵，并渗透进所有旁

---

① 2004年5月26日，当天的《纽约时报》头版在给读者的启示中首次承认，该报关于伊拉克拥有生化和核武器的报道从来就没有得到证实过，很多报道的事实不够严谨，一些有争议的消息后来看是有问题的。该报还说，他们是在"确信有必要进攻伊拉克的美国官员"鼓励下进行这些报道的。正因为如此，在战争开始前，报社将与伊拉克拥有大规模杀伤性武器论调观点不同的稿子统统给"枪毙"了。同年8月12日，《华盛顿邮报》在头版显著位置刊登长篇反思文章承认，他们的报道确实受到了白宫官员的某种误导。该报资深记者沃尔特·平卡斯在战争打响前写了一篇质疑布什政府关于萨达姆隐瞒大规模杀伤性武器的文章，这唯一的一篇怀疑文章差点就遭到编辑们的集体封杀。

观者的脑海中了。

作为当今世界最显要的资源，石油对国际社会的影响是全方位的，一直以来不曾停息，在21世纪的今天依然没有停息，反而有加深的趋向。许多重大事件、国际纷争经常少不了石油的影子，如果牵扯到石油方面的争夺，则事态发展往往以石油始，又以石油终。毫不夸张地说，石油已成为了国际上列强大国争夺的重要目标；成为了国际金融博弈的重要工具；成为了全球地缘政治的重要焦点；成为了国际斗争的重要武器……

3. 能源更替的规律使然

石油如此重要，以至于对石油的替代显得困难重重。但正如人类社会历史上摆脱了对薪柴、对煤炭的完全依赖一样，人类不仅需要，而且一定能够摆脱对石油的依赖，这不依人类的意志为转移，而是由能源更替的规律所左右。

能源更替的规律简而言之就是：**人类利用能源的过程从低品位能源向高品位能源，从低清洁能源向高清洁能源演进。**

所谓能源品位的高低，是指某种能源其品质的优劣，衡量的主要标准是可比条件下其能量密度的大小。对于燃料，数值上一般以热值大小表示。我们对此一般都会有感性认识，例如，煮沸一壶水，我们需要烧一堆木柴；而同样的一壶水，煮沸它只要一小块煤。或者，对于同样的一堆木柴和一堆煤，前者只煮沸了一壶水，而后者可以煮沸十壶水，这就是我们对能源品质优劣的直接感受。这时，我们可以说木柴是低品位能源，煤是高品位能源。能源品位的高低当然是相对而言的，煤对于薪柴而言是高品位能源，但对于石油而言却是低品位能源，因为就能量密度而言，石油要比煤高出很多。能量转化过程中同样也存在品位高低的问题，如通常条件下，电能可以转化为热能，而反过来热能却无法完全转化为电能，转化过程中热能总会有损失。从这个意义上说电能是高品位能，热能是低品位能。这两者看起来有类比之处，但基本道理则有所不同，后文会详加阐述。

所谓能源的清洁程度，如果仅就字面含义而理解成某种能源表观上是否洁净，那就谬之千里了。这里的“清洁”指的是能源生产与利用过程中对外围环境的影响程度，主旨是考察“碳排放”的大小。如果“碳排放”大，就说这种能源是低清洁能源，反之，如果“碳排放”小，就是清洁能源，如果是“零碳排放”，那就是高清洁能源。同样，能源的清洁程度的高低也是相对而言的。

“碳排放”是什么概念呢？这需要从人类能源利用的方式上说起。一直以来，人类开采能源加以利用的主要方式是燃烧，通过对燃烧这一化学反应过程中产生的热能直接利用或转换以后利用，驱动人类社会文明向更复杂的形态发展。由于我们大规模开采利用的燃料中几乎都含有碳元素，这包括薪柴、煤炭、石油、天然气等。因此，在燃烧过程中，不可避免地会大量产生以二氧化碳气体为主的“温室气体”的排放。这些气体的排放是人类大规模利用上述燃料而带来的必不可少的副产品，我们称其为“碳排放”。现代科学已有力地证明，温室气体的过度排放是造成全球变暖的主要因素之一，如何消减全球的碳排放也是人类必须共同面对的重大课题。

在过去几千年人类利用能源的进程中，占社会主导地位的能源分别经历了从薪柴到煤炭，从煤炭再到石油的变革；而每一次变革，便带来了能源从低品位到高品位的提升。与之相伴的是，人类社会也经历了从原始时代、蒸气时代、再到大工业时代的革命性飞跃。

在从薪柴到煤炭，再到石油，这种能源从低品位向高品位更替的过程中，人类首先关注的是能源的品位问题。而与此同时，人类又自觉不自觉地遵循了从低清洁能源向高清洁能源演进的能源利用规律。如图 1—1 所示。

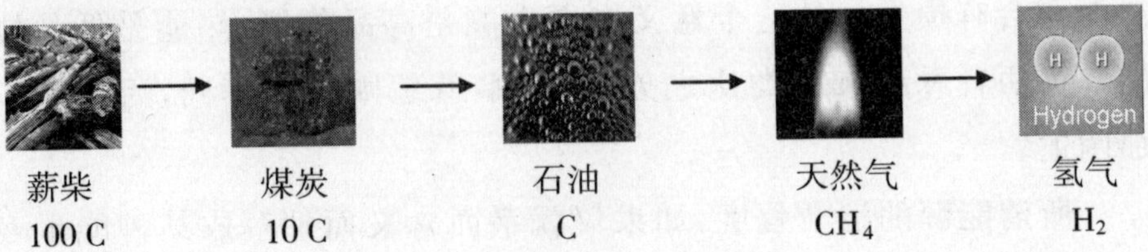

图 1—1　能源的替代过程

在能量密度可比的条件下，如果把石油中的碳含量作为一个碳单位，那么简单意义上可对比得到，薪柴的碳含量是一百个碳单位，煤炭的碳含量是十个碳单位。因此，煤炭相比薪柴更清洁，石油相比煤炭更清洁；而天然气中由于含有氢元素，相比石油则更清洁，到了氢能源，由于其不含碳元素，燃烧后的产物是水，因此可看作是“零碳排放”的高清洁能源。当然，这里没有考虑氢能源生产获取过程中产生的碳排放。由于自然界中单质的氢相当稀少，氢元素主要以化合态存在。假如氢能源获取过程是通过其他含碳和氢元素的化合物转换而来，如以天然气为原料制氢；或者通过含氢但不含碳的化合物转换而来，如通过电解水制氢。前者在生产过程中直接产生了二氧化碳气体排放；后者尽管在生产过程中没有直接产生二氧化碳气体排放，但在将煤、石油或天然气等能源转换为电能的过程中产生了二氧化碳气体排放，相当于间接产生了排放。因此，从这个角度讲，氢能也并不完全是零碳排放的高清洁能源。

由此可见，能源革命其实质就是“脱碳的革命”，即如何将高碳排放能源替代为低碳排放能源。整个能源史可以说是脱碳的历史，整个社会的经济运行方式也就是从高碳经济向低碳经济转变的过程。能源革命的终极目标就是无碳能源，人类利用能源的总趋势是从低效、高污染向高效、零污染演进。

可以想象，在二百多年前，没有煤炭这种高品位能源的应用，人类社会还停留在伐薪烧炭、人畜并力的原始阶段，瓦特自然无法开动蒸汽机，人类也就不可能跨入蒸汽时代；同样，没有石油这种更高品位的能源，莱特兄弟也无法开动飞机，我们也就经历不了大工业文明的辉煌。

正是由于能源更替的客观规律使然，石油替代煤炭从而成为人类社会主导能源的步伐才如此轻便，同时也促进了人类社会向更高文明形态的更迭与转变。同样由于这个规律使然，石油终究将摆脱不了被其他更高层次的能源替代的命运。我们无需对此感到失落与恐慌，我们所能做的便是顺应这种更替进程，积极开拓下一代能源。

4. 石油的替代价值

如果说人类的文明形态能得以不断飞跃，越飞越高；人类的眼界能得以不断拓展，越飞越远。那么不言而喻，能源的更替为这种漫长的飞行历程不断地更新着翅膀。石油恰好就是人类社会从蒸汽时代向大工业时代飞跃的有力的“翅膀”。由于石油契合了人类社会发展对高品位能源的强烈渴求，因此在取代煤炭的过程中逐步凸现出其价值。

在人类社会从蒸汽时代跨入大工业时代的进程中，人类渴求的不仅是力量，更是速度，人们更希望“多快好省”地实现这一进程。因此就不可避免地对动力引擎的力量与速度提出了更高层次的要求，使用更先进的燃油动力引擎替代落后的蒸汽动力引擎就成为必然的选择，这种替代过程贯穿于社会生活的方方面面，尤其在军事上表现得淋漓尽致。

众所周知，英国之所以在18世纪后能一步步成为雄霸全球的“日不落帝国”，工业革命所带来的强大国力是主要因素。另外，英国在全球攻城略地很大程度上仰仗了其无可匹敌的军事力量，而这又要归功于英国海军力量的空前强大。其中，英国在海军战舰上的巨大优势更是决定性的因素之一。抛开火力等因素，单就对比英军与交战方其战船的机动性，孰强孰弱便一目了然。英国的战舰能大半径快速作战，这主要是由于烧煤的蒸汽机为战舰提供了强大动力；而对比被英国征服的那些蕞尔小邦，它们的战船大多数还在摇橹扬帆，焉有不败之理！

英国舰队在海战中的这种优势使其很长时期内一往无前、所向披靡。但到了后期，这种优势逐渐变得不明显。工业革命的深入使得许多国家的海军陆续装备了以蒸汽机为动力的战舰，与英国战舰在此方面已经差距不大。到了19世纪80年代初期，英国的这种优势甚至有被快速发展的德国赶超之虞。因为在这个时候，德国的工业能力和产出已经全面超越了英国，德国海军战舰的火力系统总体上已经超过英军，而在战舰动力性上全面赶超英军看起来只是时间问题。

也就是在这一重要时刻，英国人的远见卓识为这个国家又一次抢占了先机。1882年，有位叫费舍尔的英国海军上将发现了石油的价值，在进行了详尽的论证后，他认为这种液体代表着能源更替的新方向，有望成为今后最重要的动力燃料①。因此他提议英国用石油替代煤作为战舰的动力燃料。这一设想被很多同僚看作是异想

① 英国海军上将约翰·阿巴斯诺特·费舍尔爵士（1841～1920），是英国海军史上最杰出的改革家和行政长官之一，他对英国海军的各个领域进行了广泛的探索，通过他的努力，英国皇家海军得以在第一次世界大战中确保海上优势。

天开，因为实用可行的汽油内燃机那时还没有开发出来。另外，一些保守派反对用别的动力引擎代替蒸汽机。因为在保守派的眼中，瓦特发明的蒸汽机令英国人如此引以为豪，它既是英国走向强盛的标志，更是驱动大英帝国实现全球霸权的象征，万不可有变。

关键时刻还是这种远见卓识的精神品质帮助了这个国家。时任英国海军大臣的温斯顿·丘吉尔（“二战”时英国首相）对费舍尔上将的提议十分重视，其在战略利益上的考量更是与费舍尔一拍即合。英国海军决策层最终也达成了共识，体察到做此改变的战略意义所在，由此率先进行了精心尝试与长足准备。从1890年汽油内燃机规模化应用于汽车领域开始，英国海军就逐步把舰队从烧煤改成了烧油。在丘吉尔先生坚持不懈的上层游说与强力推动下，到1914年第一次世界大战前夕，英国海军用了二十多年的时间将舰队全部从烧煤替换成了烧油，从而再一次维持了英军舰队的领先优势。

英军舰队进行这种改进的效果十分显著，优势显而易见。主要表现在：要达到最大马力，烧煤的战舰需要4～9小时，而烧油的战舰只需要5分钟；给战舰添满燃料，烧煤的战舰需要500个劳力连续工作5天，而相同吨位的烧油战舰只需要12个人工作半天；要达到同样马力的驱动力，烧油的战舰比烧煤的战舰节省2/3的工作量，而燃油单日的消耗量仅有燃煤的1/4不到了[①]。这也就不难解释为什么一些燃煤战舰上负责动力运行的司炉工的人数几乎与水手班差不多，而燃油战舰需要的司炉工仅为其1/8，上述这一切都关系到一支作战舰队的燃料及人员给养问题。这一点至关重要，因为对燃煤的战舰编队而言，加煤站点不仅是军事扩张的地域限制性因素，很多时候更是直接的决定性因素。如在1898年的美西战争中，由于缺乏加煤站，美国海军上将乔治·杜威率领的战舰中队燃料供给不足，

---

① ［德］威廉·恩道尔在《石油战争》一书中详细说明了烧油战船的优势，阐述了英国维持本国海军优势所做出的巨大努力。

只能靠现场购买英国运煤船上的煤炭救急，这样才得以从香港驻地开赴到菲律宾马尼拉湾参战，险些贻误决胜西班牙的良机。而对于烧油的战舰而言，一般就不存在这样的窘境，因为无形中其活动范围相较烧煤的战舰大出了3倍，这意味着战舰在作战半径与机动性上的跨越式提升。此外，还有一点值得一提，烧油的战舰不会产生黑烟，具有一定的隐蔽性；而烧煤的战舰会拖着长长的黑烟尾巴，几公里甚至十几公里外都能看得见，极易暴露行踪而成为被打击的目标。近代军事史上通过烟雾追踪敌舰去向的战例并不鲜见。

尽管耗费了较多的财力与物力，但英国战舰经过大规模更新改造后，在机动性上的优势显露无疑，一时间无出其右者。在1916年爆发的一战期间最大规模的海战——日德兰海战中，英国烧油的战舰编队重挫德国以烧煤为主的舰队，实实在在地给德国乃至世界上了一课。这使得全球各国从蒸汽动力的旧梦中骤然而醒，石油的军事与战略意义开始被广泛关注。石油在燃料替代过程中的价值被迅速传播，战场成为了最好的实验室和宣讲台。

5. 战神吹大的石油泡泡

日德兰海战后，有关石油价值的泡泡被战神迅速吹开，旋即一步步被越吹越大，石油的地位在“战神”的眼里已是如日中天。

1937年，日本由于发动全面侵华战争，美国率先实施了对日本石油供应的部分冻结，石油外交施压手段正发轫于此。到了1941年，美国更是全面冻结了对日本的石油供应，以进一步制裁日本在亚洲的扩张行动。鉴于日本80%以上的石油消费仰仗美国供应，美国的这一举措对日本而言无疑是釜底抽薪。就像战无不胜的阿喀琉斯被刺中脚踵而倒下一样[①]，日本这辆轰鸣震天、夺路狂奔的巨型战车顷刻间就熄火了，因为被击中了命门。日本人当然不甘受困，试图从当时的苏联溢价获得石油供应，结果连续几次碰壁，以失败而告终。石油的短缺此刻成为了日本战争决策者心中挥之不去的梦魇。不惜一切代价，夺取以石油为主的军事战略物资就成了日军当时不二的选择。后来的事实也证明，日本铤而走险，偷袭"珍珠港"的重要诱因之一便是石油。日本的战争狂人们一心想摧毁美国在太平洋基地的军事存在，以消除或短期消除潜伏着的风险。这一风险就是美国有可能对抗日本在东南亚夺取石油等战略资源的军事行动。日本战争狂人们的疯狂就在于此，为了消除一种风险而甘愿冒更大的风险，甚至不惜将整个国家绑上失控的战车。虽然日本成功地实施了对美军太平洋舰队毁灭性的打击，但让日军扼腕痛惜的是，其没有摧毁美军在夏威夷港存放的450万桶燃油储备，这些燃油足够维持美国太平洋舰队两年所需。这一疏忽的直接结果就是美国舰队有了快速发动反击的燃料资本，而无需千里迢迢从遥远的美国本土调运。

作为自然资源极度匮乏的弹丸之邦，日本对石油匮乏一词的解读远比其他国家透彻和深刻。相比其他国家，日本确实更重视石油等战略资源的开发与储备。早在日本全面占领东北前的1928年，日本政府就开始派人着手在中国牡丹江上游地区寻找石油；1929年春，日满炭矿会社的地质学家新带国太郎和同伴，另外会同十多名俄国人，带着二十多匹骡马，沿东清铁路到牡丹江上游的森林地带寻找石油，经过两个多月探查后无功而返；后来日本人又转移到满洲里的扎赉诺尔一带，但是均一无所获。1931年"九一八"事变爆发

---

① 阿喀琉斯是古希腊神话中的海神之子，荷马史诗中的英雄。阿喀琉斯刀枪不入，但其脚踵是最脆弱的地方。希腊谚语"阿喀琉斯之踵"流传至今，寓意没有不死的战神，任何一个强者都会有自己的致命弱点。

后，日本更是肆无忌惮地加紧了在东北的石油勘察。日本人动用了大量的人力物力资源，最终仍未能找到一座油田，哪怕一口有价值的油井也没有找到[①]。

那么，情况真如美孚等西方石油公司在1920年前后所宣称的那样，东北贫油吗？答案当然非也。解放后东北三省相继发现了储量都极丰富的大油田，如大庆油田、吉林油田和辽河油田多年的高产稳产就是明证。那么是当时日本人的技术水平不足吗？也不是。日本的技术设备在新中国建国后看也不落后，日本人当时就装备了钻探深度超过1200米的钻机，日满炭矿会社的钻机更是超过1800米。因此，找不到石油也不应归因于技术条件上的因素。

问题究竟出在哪里呢？后来的研究考证发现，日本人失败的主要原因在于理论上陷入了误区并难以自拔。日本人在科技上积极学习西方，但在石油勘探这一对日本至关重要的领域，日本人恰巧被西方的教条理论所蒙蔽了。西方地质学理论声称，只有"海相沉积盆地"才会生油，而中国的"陆相沉积盆地"没有石油。日本人虚心地照单全收了西方的理论，结果在找油过程中投入不菲，但收获甚微。原因在于东北大多数油田都在盆地中，越是大盆地，越可能孕育有大油田，这是解放后以黄汲清为代表的老一辈中国地质学家提出的陆相沉积盆地生油理论的精髓部分[②]。日本人当年如果也明白这个道理，根本就不用费太多的周折，随便在大盆地低洼处打井

① 根据伪满地质专家新带国太郎"二战"后的回忆录记载，日本为开采东北地区的石油资源，前后勘测了近30年，但最终仍然一无所获，主要原因在于日本人急于求成所致，另外，勘测思路不对头也是重要原因之一。

② 中国地质大师黄汲清(1904～1995)是"陆相地层生油"理论的首创者。他曾说，日本人在东北找油找了多年，却没有收获，他们找油技术比我们先进，为什么没有发现大庆油田，那是因为他们不懂陆相地层可以生油的理论。至于后来将大庆油田的发现归功于李四光的地质力学理论，这是不科学的，是以讹传讹的结果。李四光曾作为中国地质部部长，领导并推动了大庆油田的勘察工作，这些功绩是不可磨灭的。

或许就可以找出油来。

此外，日本人的运气看起来也出奇地差。大庆油田的储层并不深，比如，一些油井打到一千多米就出油了，这对日本的钻探技术水平来说并不算困难。日本人曾在大庆油田旁边的安达、齐齐哈尔都打过井，但恰好都打在没油的位置。再比如，1939 年在辽宁阜新煤矿，日满炭矿会社为探测煤矿，曾从煤层下找出石油类矿物，也就是说，这些矿物的出现是石油矿藏存在的标识之一，但并没有引起日本方面的足够重视。其实，这里与后来发现的辽河大油田仅一山之隔。两次与大油田失之交臂，日本人找油的信心一点点被消蚀。

错误的理论带来南辕北辙式的结论，而僵化地固守结论的教条则使日本人聪明反被聪明误，以至于日本人后来对找油越发不抱有信心，也不相信在东北能开发出大油田。1940 年 8 月，日本石油公司彻底打消了在东北寻找石油的计划，大队人马离开了脚下或许正踩着的具有几十亿吨储量的特大油田，转战去了东南亚，在印尼的苏门答腊等地开辟了新的石油战场。日本在东北掠取了大批煤炭资源，但日本人对此并不以为然。因为日本亟需的是油而不是煤。在最缺油的 1940 年，找油的日本大队人马在东北铩羽而归，日本战车颓像毕现。

日本人不仅对日满炭矿会社的石油开采进展极为重视，而且对于中国人在东北找油的情况也格外关注。解放前国民党政府当政期间，日本的谍报人员就多次跟踪过中国人的石油勘探活动；新中国成立后，日本仍然一如既往地关注着相关的动向。1959 年东北大庆油田发现后，有关大庆油田的具体位置、生产规模和加工能力等信息，中国很长时间内都是作为机密内容严加保密的。对于“热心”关注大庆油田的日本而言，其迫切需要查清的正是这些保密的内容。而这一次，日本人一流的情报收集和处理能力则帮了大忙。1964 年，日本情报人员从当时出版的《人民日报》上查到了一篇题为

"大庆精神大庆人"的报道[①],日本人从报刊的层次及内容细节判断出,大庆油田确有其事。以此为开端,日本情报机构开始全面搜集中国报刊杂志上有关大庆的信息。1966 年 7 月出版的《中国画报》上刊登了一张"铁人"王进喜站在钻机旁的著名照片(图 1—2)。

图 1—2 《中国画报》1964 年刊登的"铁人"王进喜工作照

日本人根据这张照片上人的服装衣着特征而初步判定,只有在北纬 46°—48°的区域内中国工人才可能穿这样的冬季服饰,因此大庆油田可能在冬季为零下三十摄氏度的齐齐哈尔与哈尔滨之间的北满地区。为了进一步证实这种推测,日本人借助在中国搭乘火车的机会,趁机从中国的油罐车上收集了很厚一层土。通过对土的颜色、土质、厚度等综合因素分析,日本人肯定了"大庆油田在北满"的既定结论。1966 年 10 月,日本人从当期出版的《人民中国》杂志上看到了介绍石油工人王进喜先进事迹的文章。在斟字酌句分析文章内容的过程中,日本人了解到,一些上百吨的钻井设备是被王进喜和工友们"人拉肩扛"运到油田的,既然如此,那么表明油田离铁路线并不远。凭借对日满铁路多年经营的资料积累,日本人从伪满旧地图上轻而易举地便标出了大庆油田的精确方位。有了上述基础,日本人确定大庆油田生产规模和加工能力的过程就更加顺利了。据《人民中国》的文章报道,王

① 1964 年 4 月 19 日,中央人民广播电台播出了新华社记者袁木、范荣康采写的长篇通讯《大庆精神大庆人》,首次披露中国已有大庆油田。同年 4 月 20 日,《人民日报》头版全文发表,从此大庆油田享誉全中国。

进喜原是甘肃玉门油田的工人，他是1959年10月参加完北京的国庆庆典活动后志愿奔赴大庆的。日本人据此断定，大庆油田在1959年就开钻了。凭借对东北地理的熟悉程度以及对中国人命名习惯的研究，日本人估计从东北北部到松辽盆地的大部分区域被中国人统称为大庆。根据《中国画报》照片上王进喜所站钻台的规格及手柄架式，日本人推算出了油井的直径；从王进喜身旁的油井与其背后隐藏的油井之间的距离和密度，日本人又推算出了大庆油田的大致储量和产量。另外日本人根据《中国画报》上另一张大庆炼油厂的反应塔照片，从反应塔上的扶手栏杆与塔的相对比例推知到反应塔的直径，从而推算出了大庆炼油厂的年加工能力及未来的产能扩张情况。掌握了如此多的情报后，日本人迅速设计出了适合大庆油田的石油开采及提炼设备。当后来中国政府向世界各国征询大规模开采大庆油田的方案和设备时，日本三菱重工以最快的速度和最符合中国要求的标的而一举夺魁。中国唯一应该庆幸的是，日本人的行为看起来只是出于经济动机，而非出于军事战略意图。但从广义上看，这何尝不是一场以情报为武器，以国家利益为准绳的战争行为呢？对于大庆油田，中国人惊呼日本人的处心积虑，而日本人则惊叹中国人的资源禀赋。

事实上，日本人对大庆油田始终念念不忘。日本有关“二战”历史研究的论文中经常会出现“もし満州の大慶油田を日本が早期に発見していたら，その後の歴史は大きく変わって。”（假如日本当初找到大庆油田，那么后面的历史将大变样了）的论句。日本人一直为没能在战前找到大庆油田而感到遗憾，甚至是“反省”，其懊悔的心态难以言喻①。与之形成鲜明对比的是，日本人却对“假如当初找

① 原东京工业大学教授森川清在《満州石油の掘削》（满洲的石油开发）一文中分析说，之所以没能找到大庆油田，并不仅仅是因为战前日本钻探的深度只能达到约800米，而是实际上没有深入钻探罢了。日本作家草柳大藏在《实录满铁调查部》一书中也持同样的观点，他认为日本人当时的钻探技术足够打到1000米以下。无论出于何种原因，这样先进的钻探技术，却将它搁置起来没有发挥效用，实在是遗憾。

到大庆油田”这一话题津津乐道，乐于对后面的局势进行推演①。1999年，一本名为《北满州油田》的小说曾在日本国内引起了热潮，它以1931年日本关东军在中国东北发现大油田为背景，通篇讲述的就是日本在燃料供应充足后，关东军的机械化部队如何如何。尽管小说是虚构的。但由此可见日本人选择性认识侵华战争的历史观。

当然，历史不是艺人手里的橡皮泥，想怎么捏就怎么捏，历史自有其本来的面目。如果非要做个假设，那么就以最合乎历史逻辑的方式进行推演。如果日本在1940年前就发现大庆油田，对日本军方而言无疑是雪中送炭。日本的石油供应不再受制于人，因为大庆油田的产量足以满足日本整个战争的需要②。日本极有可能不会主动去挑战美国，偷袭珍珠港也就不在军事计划之列。而对于奉行国家实用主义政策的美国而言，自然也不会直接参战，至少不会急于参战。因为左右逢源、坐收渔利最符合美国的国家利益，太平洋战争当然也有望避免；日本很可能不会分神于东南亚，东北亚仍将是日本的战略焦点；日本战车在重新加足油料后，极有可能借助地缘之利选择从中国东北继续北上，而后挥戈西进经远东地区侵入西伯利亚，与自西向东呼啸而来的德国战车遥相呼应，一起夹击当时的苏联，尽管当时苏联的国家机器也十分强大，军事战斗力同样超群。但能否经得住来自东西两面的夹攻呢？对腹背受敌的“北极熊”而言，这无疑面临着生死大考验。而据后来解密的部分“二战”军事档

---

① 日本关东军原参谋石原莞尔曾是日军侵略战略的规划者、理论家。他一直反对持续攻占中国领土，后被东条英机勒令退役。他在“二战”后曾撰文说，当年如果日本侵占满州后便停止再侵占京津以南的中国领土就好了，只要日军不扩大战事，美英也不会联手停止对日本的石油供应。日本如果按照原定的计划发展北满，满蒙开拓团向满洲移民100万户，潜心开发，满洲将永远属于日本，大庆油田被发现只是早晚问题。而且，日本若不南征北战地冒进，石油的需求也就不会那么大了。其懊悔之情溢于笔端。

② 1976年，大庆油田原油年产量首次突破5000万吨大关，进入世界特大型油田行列。此后，大庆油田石油产量连续27年保持在5000万吨以上。而日本侵略中国的头5年，日军总共才消耗了约3000万吨的石油。

案记载，当时正是由于获悉日本关东军不会北上进犯，斯大林才决定将驻守在西伯利亚的精锐部队，共计 9 个整编师的兵力紧急抽调至莫斯科，参加关系国家生死存亡的莫斯科保卫战。演绎至此，历史的面目就变复杂了。按照历史的逻辑，即使德日夹攻前苏联的联合军事行动取得胜利，也只是说明全世界反法西斯的斗争暂时落入了低潮，前苏联的挫败会使整个“二战”进程更加复杂和曲折。法西斯主义在全世界会继续嚣张一段时间，但顶多是回光返照而已。因为世界反法西斯斗争的潮流浩浩荡荡，最终胜利的指向不会改变，改变的只是胜利的时日。

历史老人有时姗姗来迟，或许缘起一座油田挡住了去道。听起来有些匪夷所思，但历史的选择有时就这么微妙，细节往往决定命运。正所谓人心惟危，道心惟微[①]。日本侵华战争的发动者即使再用心险恶、处心积虑，但战争总有其发动者掌控不了的细节，石油或许就是整个战争的细微注解之一。历史的多面性有时就存在于细微之处。英国一曲流传甚广的古谣就记叙了一枚铁钉毁掉一个王朝的真实故事，二者看起来有异曲同工之妙。

相比日本而言，德国对石油的重视和需求程度更是有过之而无不及，这一切都是为了备战。1939 年后，德国通过签订各种条约，两年间累计从当时的苏联获取了总量达 6500 万桶的石油储备，弥补了德军在石油供应上的不足。相比日本缺油的窘境，德国战车要好开得多。“二战”早期德国战车之所以能扫荡英法、辗平欧洲，充足的油料供应是不可或缺的关键因素之一。但到了后期，德军的油料供应体系也和日本一样，越发显得力不从心。德军兵败斯大林格勒及埃及阿拉曼均与德军油料供应紧缺有密切的关系，石油的缺乏使得德军甚至不得不用畜力进行后勤补给。在北非战场，当素有“沙漠

① 出自《尚书·大禹谟》，直意为，所有人的内心都是险恶的，所有事情都有其深刻的不为人所察的细节。

之狐”美誉的德军统帅隆美尔将军看到大批装甲车由于缺油而时跑时停，毫无作战的底气时，不无感慨地说：“事实上，双方还没有交战，会战的结果在军需官手里就早已决定了”。[①] 战争有时就是这么微妙，胜利的天平往往在不经意间就倾斜了。

1944年末，当德国失去对罗马尼亚的石油控制权后，最初还攻守兼备的德军立即开始溃退，士气像泄了气的皮球一般迅速衰落下来。1945年初，德军最后的石油产地匈牙利被苏军封锁，而德国的石油储备库被盟军无情地摧毁，纳粹德国的装备部长阿尔伯特·斯佩尔曾不无悲哀地说：“停留在港口的船、机场的飞机、坦克由于没有石油而无法开动，我们全力生产出来的好几十万件武器就这样被摧毁，真是太可悲了”。这时候，德军无论如何都支撑不下去了，就像不请自来一样，战神走得同样悄无声息。或许从战神吹大的石油泡泡里，我们能号出战争的丝许脉相。作为无可替代的战略资源，石油已贯穿于两次世界大战及连绵不绝的大小战争与地区冲突中。石油的价值被战神高倍地放大，并一步步旋向新的引爆点。在可预见的未来日子里，有关石油的争夺不但不会终结，反而会愈演愈烈。因为石油已经在社会的大熔炉中炼就成了绚丽多姿的液体黑金，其效用不仅巨大，而且弥足珍贵，不可多得。石油的境遇与两千年乃至两百年前已截然不同，它已成为稀缺资源。

物以稀为贵，这正是石油黑金的真实写照。

---

① 1942年9月下旬，美大黄蜂号航空母舰上的战斗机群进驻阿拉曼一线的马耳他岛，德国向非洲军的补充船有3/4被击沉，后勤补给由此严重受阻，德军所仰仗的坦克辎重部队由于缺乏油料而处于半瘫痪状态。

第二章

石油的真相

关于石油的起源有多种理论，现今仍处于无休止的争论中。不过，化学检测与分析结果显示，目前全世界所发现的石油资源几乎都证明是动植物有机成因。从这个角度说，我们现在所用的石油就是源自于地球上逝去的动植物。自白垩纪以来，这些就不断深埋于地层的物种最早距今已经有3.6亿年的历史了。由于地球环境的大变迁，这些被埋葬的大量动植物遗体，在难以想象的高温、高压等极端环境条件作用下，历经了极其复杂的地质演化，最终变成了可资利用的石油资源。现实社会的情况是，石油的开采一刻不停，石油的消费节节攀升。从这个意义上说，人们每天都在翻阅着几亿年前的历史。

化学结构上看，石油是一种碳氢元素组成的高分子化合物，学名为烃类化合物。石油并不是严格意义上的单一化合物，它是由烃的各种衍生物混合而成。烃类化合物从只有一个碳原子的简单有机物到几十个碳原子的复杂有机物，形成了各种形态的高分子物质。我们一般意义上所说的石油就是赋存于大自然的上述烃类化合物的总和。

1. 失衡的石油产耗

在石油极其漫长的形成过程中，地质沉积的作用功不可没。合适的沉积条件是这些动植物的遗体得以转化成石油而不是化石的重要因素。长期的沉积过程使得一些动植物的遗体在地下的埋藏位置达上万米之深。正是基于这层含义，石油才会被冠以一种阴森的称谓，被称之为“地狱能源”。顾名思义，也就是来自地狱深处的能源，透出一些以动植物的生命为代价的邪恶；而太阳能这种来自遥远太空的能源则被称作是天堂能源，因为伴随着光明。这两种说法鲜明相对，不过也合乎自然情理。

除此之外，还有一些说法更令人不安。其直接将石油比作是大地母亲身上流淌的血液，以至于很少人以此作为看待问题的出发点。因为这个说法会导致人们对大量开采石油的行为有吮血的罪恶感。如果再做进一步延伸，石油吸干之日就是地球母亲失血休克之时，恐怕大多数人对这样的比喻都会避之不及了，这会不由自主地引发人们对世界末日的联想与恐惧。

尽管上述的说法人性色彩过于浓厚，但从石油节约的角度来看，这些观点还是有一定的积极意义的。至少可以从理智或情感的层面约束一下我们人类的消费方式，反省我们对大自然一味索取，而不讲节制和回报的物欲观。而现在，也的确到了我们人类彻底地反思自己行为的时候了。

人类社会对石油的消耗与日俱增，对石油需求的胃口越来越大。全球社会目前日均消耗石油 8500 万桶左右，这个数字是什么概念呢？如果将地球形成的石油总资源在时间上进行简单折算，那么8500万桶的巨量石油被“生产”出来相当于地球耗时一万年。真可谓成之万年而耗之一时。这种缓慢的生产与快速的消费之间实在是太不成比例了。地球生产石油需要亿万年之久的漫长岁月，而我们人类消耗石油却发生在转瞬之间。按照这样的超级消费速度，作为不可再生资源的石油，其面临枯竭已然近在咫尺。即使再有先前那么多的资源量，人类还是会觉得不够用的。从时间尺度上来说，石油并非不可再生，只是地球再生石油的时间太久远了。对于追求实用效益的人类而言，这实在是太遥远、完全等不及的事了。石油被认为不可再生的根本意义正源自于此。

从严格的实验科学意义上说，石油完全可以“人工生产”。理论上任何含碳的有机物质都可以人为施加合适的极端条件而再生出油来。通过模拟自然界生成石油的过程，人们在实验室中利用高温解聚反应早已生成出“人造石油”，况且，人造石油的原料可以囊括从动物内脏到废旧轮胎，再到薪柴秸秆等等五花八门的有机物质，其品质也几乎与自然界开采出来的石油液体相差无几。这相当于地球积亿万年之功才结出的果实，人类不用等那么久，而只需短短的几周就同样可以完成，意义自然非凡。但越是意义非凡的事物，可能产生的问题往往也越多，人造石油就是如此，其致命的缺陷就在投入与产出比上。这种收益与代价之间严重失衡的矛盾难以调和，以至于成为了人造石油在大规模应用方面逾越不了的鸿沟。试想，野外开采的石油是大自然费尽周折“耗时耗力”制造出来的，而现在人类几乎不花代价，或者以很小的代价便从自然界“掠取”而来。我们可以因掠取这个词汇听起来不入耳，或者为自身解脱，便自我标榜为大自然的奉送或馈赠。但无论怎样认定，石油总是流进了人类的社会生活。从自然界获取满足人类需求的充足石油资源，这条路在一段时期内可以行得通，而且看起来还很宽阔，但坐吃山空的日子总有终结的时候。石油的枯竭则意味着这条路将走到尽头。当人们被迫另辟蹊径，转而依赖从实验室或工厂里人工制造石油时，困难才真正凸显。且不说人造石油的原料来源与收集等问题，仅考虑生产制造过程中所需要的能源消耗代价，恐怕就是难以承受的沉重负担。我们享受石油带给生活的便捷与轻松时，不觉得有过重的负担，那是因为地层中本来就存在着高温、高压环境。大自然通过自身的“调配”代替人类承受了这一代价。轮到我们自己来生产，这种代价想必将难以转嫁了。如果我们以耗费一桶石油以上的能量代价转而制造一桶石油时，这意味着什么呢？这种得不偿失的“买卖”如何能长久地做下去呢？事实上，人工制造石油时所需要的高温、高压等极端环境条件都需要我们极力营造，这都是以极高的能源消耗为代价的。因而最后得到的结果很可能是，我们不仅耗费了比获取的石油多得多的能源，而且牺牲了所用原料的其他资源效用。更无奈的是，我们费尽心力制造出来的石油，相对于庞大的需求而言，简直是杯水车薪，这又如何填满人类社会对石油日益膨胀的“胃口”呢？由此可见，人造石油这个“买卖”确实不划算。从自然效益和社会效益的层面上说，石油是不可再生的，情况正是如此。

从本源上说，石油和稻米是相同的，它们都来自于太阳的光芒。但两者又有所不同，这就在于稻米是可以廉价地种出来的，今年采收完了，只要继续播种，来年又可以继续采收；如果今年歉收，还可以增加耕地，这样来年的产量就会上升，就能够满足社会需求；而石油则不同，如果石油被开采殆尽了，来年是无法再廉价地生产了。而且即使再生产出来，通常也满足不了需求。我们人类对这些问题心明如镜，但真正开采使用时却总是恍若不见。为了不等到下一个3.6亿年后地球重新生产出石油，也为了在未来的日子里放缓石油枯竭的速度，减少石油的开采和消耗看起来是人类亟需、而且应该切实履行的义务了。

平心而论，大自然馈赠给人类的石油资源已经相当可观了，但再可观的资源也经不起人类不加节制地挥耗，坐吃山空是再简单不过的道理。我们对石油的需求如此之大，对石油的消耗如此之快；而反过来，地球对石油的生产和供应又是如此缓慢。这就是目前正在累积着的不可调和的矛盾所在。我们不要指望地球会迎合人类的需求，加快再造石油的速度。我们要么妥协，降低对石油的消耗；要么改辕易辙，转用石油替代能源。否则，失衡的石油供需天平迟早会倾覆，并由此引发深重的社会危机和灾难。

石油再生的条件太过苛刻，自然无法作为永世的能源。

2. 石油耗尽的那天

既然人类社会对石油的需求如此庞大，那么大自然馈赠给人类的这种液体终有被吸干的那天，这将是什么时候呢？美国雪佛龙石油公司打出的标语颇具代表性，足以警示世人：人类用完第一兆（单位：一万亿）桶石油，花了一百二十多年。再过三十多年。人类便可能用完第二兆桶石油，这近似于全球已探明的石油总储量①。换句话说，根据全球已探明的石油总储量，依照目前的消费速度，全球石油资源仅够人类使用三四十年左右。如果觉得耸人听闻或难以置信的话，那么参阅 2009 年英国石油公司（BP）最新的研究报告便会

① 2005 年起，美国雪佛龙石油公司在纽约、伦敦等大都市的街头矗立起这种广告牌，进行所谓的公益宣传。

有更详尽的解释与答案①。

而早在十多年前，权威的国际能源机构(IEA)就已经做出过近乎相同的论断。至于其他林林总总的石油研究报告，车载斗量的各类大部头石油论著，尽管结论不一而足，但有一条最基本的共识，那就是全球已探明的石油资源与庞大的消费相比并不富裕，全球石油资源足够开采的年限也就是几十年的时间。

石油地质学上有个著名的“休伯特峰值理论”，这是美国地质学家休伯特·金在1956年的一次大会上提出的。这个理论的实质是，作为不可再生资源，当一个油田的开采量达到其可采储量一半的时候，其产量便达到峰值，然后会开始下滑，整个的开采量随着年份的推移，呈典型的钟形曲线分布。休伯特并由此做出了惊人的预测，即美国的石油产量在1970年左右将达到顶峰，然后开始走下坡路。休伯特的观点在当初提出时，曾遭致与会者一片愤怒的反对声。大多数地质学家和石油巨头都对他的预言不以为然，甚至不无嘲讽。因为在他做出这个预测的时候，美国的石油产量正处在开发的鼎盛期。真理往往掌握在少数人手中，如同预言提出时的惊人表现一样，休伯特的预言后来被惊人地证实了。到了1970年，美国的石油产量真的达到了顶峰，此后产量开始逐年下降，美国也由此丧失了世界主要产油国的优势地位。休伯特的理论在其他油田的开采过程中得到了逐步证实，如今已为地质学界所普遍公认②。

事实上，不仅仅是石油，自然界其他不可再生资源的开采过程大体上都遵循这样的规律。人们开发自然资源就好比在苹果树

① 英国石油公司6月发布的《2009年全球能源观察》报告显示，截至2008年底，全球石油探明储量仅能支持未来40年的能源需求，而按照目前的探明储量和开采速度，中国的石油探明储量为155亿桶，只够用11.1年。美国的探明储量将在12.4年后耗尽。

② 休伯特理论的分析首先从石油产量为零开始，然后逐步上升，当所预计的最终可采储量的一半开采出来以后就到达了顶点，然后沿一条经典的统计学正态曲线开始下降。

上摘果实，最容易发现，最好摘的苹果一定率先被人们收入囊中，剩下来的，要么是不好的苹果，要么就是处在人力难以企及的位置而无法采摘。后面收获的苹果数量自然而然地要下降。这种情形恰好就是当今石油工业所处困境最形象的写照。

依照休伯特峰值理论，结合全球的石油探明储量，2010 年左右全球石油总开采量将达到总储量的一半，也就是达到历史峰值。随后的年份里石油总产量一定是逐年减少的，并且开采成本会迅速上升。这将对世界经济与我们的生活造成巨大冲击。事实上，一些独立的科研人士对石油枯竭日的看法更为紧迫。他们不隶属于任何利益体或集团，往往出于科学探索的精神进行相关研究，其观点看起来更可信一些。这些科学家并不认同欧佩克或某些石油公司所抱有的乐观态度。他们警告说，石油耗尽的那一天，要较政府与石油公司愿意承认的日期为早。比如，伦敦石油消耗分析中心的首席科学家科林·坎贝尔判断说，便宜和容易开采的石油高峰已于 2005 年来过并走开了。今天即使把那些已探明的资源比重大的深海及南北两极地层下的油田都考虑在内，并且加在一起计算的话，高峰仍会在 2010 年左右到来。在石油资源极为丰富的中东地区，情况也同样如此。而全球社会的石油供应正越来越依赖这一地区。

让我们把目光投向中东，目前全球近 2/3 的石油已探明储量处于该地区。这一区域的油田由于资源分布集中，储层相对较浅，因而易于开采，可经济开采率很高。因此，中东地区长期以来都是全球石油的主产区，每年贡献了全球 60％以上的石油产量，当之无愧地成为了全球的“油桶”，同时也无可替代地成为了全球石油争夺的“火药桶”。在全球其他大部分区域，情况就不如中东地区那么优越，要么是石油资源低劣的贫油区，无法进行有效开采；要么就是探明的油田处于大洋或海底深部，开采的难度和成本急剧上升，可经济开采率很低。因此，石油开采的主战场依然在中东地区，中东的未来就代表着全球的未来。如果这里不妙，全世界能好到哪里去呢？而全球最大的石油出口国——沙特阿拉伯目前正面临着这种不祥的征兆。2005 年，美国石油专家马修·西蒙斯在所著的《沙漠黄昏》一书中，便对沙特石油供应的可靠性提出了质疑，在查阅了大量有关沙特石油资源的技术文献及文件档案后，西蒙斯发现，沙特的油田开采起来要远远复杂得多，绝没有沙特领导人声称的那么乐观，其衰退速度比这个秘密王国愿意披露的速度更快。如果情况真如西蒙斯所怀疑的那样，沙特出于国家利益的考量或者其他不可告人的秘密，向全世界刻意隐瞒其石油产量和丰度的话，这对全球社会无疑是巨大的隐忧①。

事实上，西蒙斯的观点并非没有道理，他也不是孤独的怀疑论者。科林·坎贝尔对此同样深为怀疑，其鲜明的态度与西蒙斯如出一辙。坎贝尔在做独立研究之前，曾供职于壳牌等多家石油公司。他声称说，在其担任石油公司首脑时，他很少就石油的资源储量等问题说真心话，因为那是游戏规则。不按照公司的要求发言会破坏了游戏规则。最终的结果是，要么体面地说违心话，要么黯然地离开。坎贝尔最终选择了离开，并誓言要探寻清楚石油数字背后的秘密。

就像皇帝的新衣被揭开一样，有关石油资源储量的数字猫腻已经不仅限于沙特，信任危机似乎在蔓延。不少石油地质学家也怀疑科威特的石油储量并没有其宣称的那么多，两者相去甚远。而伊朗的情况也不妙，伊朗的油田正逐步开始分配生产。石油地质学家推测，这或许从另一个方面说明了同一种情况，即伊朗的石油可采储

① 作为国际上资深的能源分析师，马修·西蒙斯一直对中东、特别是沙特大油田的开发潜力和未来供应能力抱有疑虑。他用翔实的调查资料和深入的分析论证，揭开了中东、特别是沙特石油供应的神秘面纱，充分论述了“石油顶峰”的意义和对人类未来发展的影响。

量下降得很快。

诚然，在乐观主义者看来，伴随着社会的进步，石油勘探与开采的技术水平会不断提升，这有利于更多大油田的发现及石油绝对产量的提升。因此，石油的枯竭尚有待时日。如果做一类比，以人均70岁的当代普通人寿命为基准，用来衡量石油的社会寿命，那么石油目前的年龄大约就是四十多岁，与70岁的社会寿命终点还有一段距离。由此乐观主义者认为不必过分担心。

但是，这种看法忽视了一点，那就是尽管四十多岁距离终点还很远，但距离起点同样也很远了，因而已经没有扳倒重来的可能了，很有必要考虑"后石油时代"的种种危机。此外，由石油消耗所带来的两难问题是，假如社会的进步还是建立在以消耗更多的石油这一基础上，那么这绝非福音，而会带来更悲观的结论，预示着石油耗尽的脚步提前临近。国际能源机构的统计数据表明，全球石油消耗自上世纪90年代以来基本上呈直线上升态势[①]，今天我们日均油耗为8500万桶。按最保守的估计，到2030年，全球日均油耗需1.2亿桶。一旦其间石油供应与需求出现差距，那怕是5%左右的供需缺口，都可能引发油价产生巨大的变动。油价重上100美元/桶看起来是轻而易举的事，到达200美元/桶的新高也并非戏言。届时，由石油引发的世界经济大萧条或许真的就爆发了。

总之，无论如何进行预警，我们现代的生活方式仍大量依赖石油，而且越来越严重；替代能源所占的比重只是九牛一毛。科学的警告远不及实用消费主义的说服力，多年来有关石油枯竭的无休止的呐喊似乎使人们耳根起茧了，人们甚至会反诘，几十年前科学家就说过石油要枯竭了，几十年过去了，石油还不是在大量使用吗？

---

① 国际能源机构发布的《2007全球能源展望报告》说明，在过去几十年间，尽管石油消耗偶尔会回落，但总体上呈上升态势。报告预测到2030年，全球的石油需求将增长50%。

现实的社会还不是好好地存在吗？这真是一种可怕的认识。相比于危机本身，更可怕的就是人们对危机已经充耳不闻，这种漠然的态度会使整个社会对危机感到麻木。或许恰恰就在麻木的时候，石油枯竭的那一天便到来了。如果石油在后天耗尽，而人类又没有做好充分准备的话，整个社会将会是什么情形呢？一切不难预想，石油短缺所引发的社会危机将首当其冲。假若石油短缺仅限于对交通领域带来巨大的冲击，这种影响短期还可以克服。而一旦传导到石化工业，那将带来不可承受之重。因为石油枯竭之日，也就是石化工业消亡之时。以石油或其衍生品为主要原料的化工企业将会陷入无米可炊的窘境。今日之一针一线，衣食住行中种种稀松平常之物，大多是从石油中而来，石油的枯竭将会引发社会物质产品的空前匮乏。化肥短缺会导致农产品减产，塑料短缺会使一切涉及塑料原料的日常用品不再廉价易得。由此带来的食品短缺、包装品短缺、油漆短缺、颜料与染料短缺等诸多问题不一而足。像多米诺骨牌接二连三地倾覆一样，这种链式反应所产生的结果是，人们的日常生活将会增加许多意想不到的困难。

随着物质用品的匮乏，很多虚荣的行为将风光不再，先辈们曾经习以为常的生活方式或许将重新为后代们所熟悉。在乡下骑一骑毛驴赶路，城市里自行车叮当作响；夏天摇起大蒲扇，冬日里晒太阳取暖，难道这才是人类应该过的本分日子吗？实难想象！假若果真如此，那则意味着人类社会文明的崩溃或倒退。人们无法回退到先前的物质条件下而逍遥自在地生活。

危机到来前就必须做出改变，这是人类社会的必然选择。

3. 石油循环的断想

古人在长期的生活实践与观察中，形成了一种用循环演化观念看待事物变化的自然观。正所谓日复一日，太阳东升西落；月复一月，月亮圆了又缺；年复一年，四季冷暖交替。中国古代先哲们认定，事物循环往复变化是自然运动的基本规律之一。如西汉大思想家董仲舒宣扬说："天之道，终而复始。"[①]此外，一些中国哲学古籍巨著也有关于这方面的论述。如《周易》中论说："无往不复，天地际也。"[②]中国古人基于当时的认识条件，对自然万物的发展变化做出了朴素的表述，其在一定程度上符合了自然界许多事物的运动情况。因为以交替变化为基本特征的自然环境，决定了自然界许多事物的发展变化都呈现某种程度的周期性。

现代人对于中国古代的循环演化思想曾经持否定态度，认为循环论是一种形而上学的观点，是封闭式的死循环。其实，我们这种认识具有很大的片面性，是错误地理解了古人的循环演化思想。中国古人关于周期循环演化的朴素思想具有一定的辩证意义。从哲学上讲，事物的发展经历由肯定到否定，再到否定之否定，就表现为一个周期。事物发展的周期性，由于受前进性所支配，因而不是封闭的，而是开放的，呈现出螺旋式上升过程。这正说明了古人循环运动观念的合理性。

事物本身是复杂的，事物之间的相互影响、相互转化、循环往复发展则更为复杂。在石油的获取和利用上，我们要感恩大自然这个

---

① 出自《春秋繁露・阴阳终始》第四十八。

② 出自《周易・系辞传》。

伟大的造物主，感谢其对于人类的慷慨与厚爱。与此同时，我们或许会陷入了更深的遐思中。

石油是由无数逝去的动植物经历漫长的"炼狱"而成的。伟大的造物主创造了这一能量的沉淀方式，它以牺牲万物的生机与活力为代价，将动植物全部葬送于黑暗之中，无处逃遁、万劫不复，历经亿万年的沉寂后，又被掌握高度智慧的人类采掘出来，创造了一个生机勃勃的崭新世界。川流不息的车辆、绚丽夺目的霓虹灯、琳琅满目的商品……无不是我们这个高度文明社会的反映。通过石油这一载体，远古生命体的生机与活力又一次被转嫁给了这个现代的社会。"石油社会"的繁荣与发达，无不悄无声息地印证着这个不成文的推论。

人类在欣然享受文明带给自身的美好生活时，是否真正反思过文明社会的轨迹呢？难道现存的一切真如想象中的那样坚定而牢靠吗？远去的玛雅文明除了留下了一些残垣断壁的遗迹外，其他的一切都湮灭在时空的隧道中[①]。或许这些文明社会的优秀子民也曾自认为足够聪明与智慧，能够应对所有的危机和灾难，但那些历史的残片分明记录着他们的脚步。面对残存的历史记忆，我们除了探究、悲怅以及沉思外，还能做些什么呢？大自然以精神的虚妄，同时也以现实的理性教化着人类。一切都似乎在冥冥之中提醒我们，这会是一个周而复始的循环吗？

如果人类社会文明确实是逃避不掉的一个循环。那么，对于置身其中的我们人类而言，循环本身就是可怕的，或者也是可悲的。我们将成为其中的一环，参与并验证冰冷的自然法则。所幸的是，

---

① 玛雅文明是美洲古代印第安人文明的杰出代表，以印第安玛雅人而得名。主要分布在墨西哥南部、危地马拉、巴西等地。玛雅文明在物质文化、科学艺术等方面有很大成就。玛雅文明约形成于公元前2500年，公元3～9世纪为繁盛期，15世纪神秘衰落，此后长期湮没在热带丛林中。

造物主对人类厚爱有加，让我们位于这个生物金字塔链的最顶端。使得我们有机会俯视并追溯历史，审视其他生物的宿命以及所曾经历的绝境。人类社会的一些文明部落时常从历史的时空坠落，并谜一般地湮灭，但人类迄今为止还从未经历过亡族灭种的危机。这想必和人类的优越地位与反思精神有一定关系。从某种意义上说，我们正处在万物周而复始循环运动中最美好的阶段。现实带给远古生物的冰冷与残酷让我们得以清醒。使我们有意识去做轮到我们时的准备。那么，人类会珍视这种稍纵即逝的机会吗？

单就体能而言，人类在动物世界中是中下等的，绝算不上优等。论力量，我们比不上大象；论速度，我们不及猎豹；论灵活性，我们连常见的田鼠都比不过。在体能的竞赛中，许多动物会将人类远远抛在身后。但是若要论及对自然的主宰或影响程度，人类恐怕会当仁不让地称霸。人类可以凭借自身掌握的高度智慧将地球毁灭数十次，这远非其他物种所能比拟。从这个意义上说，人类是地球上迄今为止最危险的动物。核弹、氢弹，还有气候变暖、生态恶化等多种人造的“定时炸弹”，其中任何一个都可能成为引爆地球的罪魁祸首，从而导致地球环境的大变迁。紧要关头，人类的智慧能否助自己一臂之力，挽狂澜于即倒，救世人于危难之中呢？这并非是自然而然就能得到的结果，一切取决于人类的理性与决断。矛盾的是，人类不断积累的智慧看起来更像是在扩增着自己毁灭地球的能力，而不是相反。当人类社会的纠葛与纷争最终越过理智的警戒线时，地球的毁灭未尝不会掌控在政治狂人们的手中。关键时刻，千万不要高估人类自我约束、自我节制的能力；否则，两次世界大战就不会如此惨烈地进行，令所有的亲历者永生铭记了。

我们不敢去想象，但又不能不去想象。也许在未来某个时刻，由于人为的原因，或者由于自然本身的缘故，地球环境又一次发生大变迁。人类这次不再幸运，没有“人”能逃出去。所有的花草鱼虫、飞禽走兽,连同“人”这个高等生物,一并归于黑暗,成为下次轮回后的石油或者化石。那又会引发多少关于史前文明的猜想呢?可以想象得出,能够原原本本留到下一个光明世界的,必定是极其坚强的物质。像脆弱的人本身一样,所有人工创造出来的东西,绝非坚不可摧,大多数都逃不脱灰飞烟灭的命运。这一点上,我们和玛雅人,和更远古的祖先其实别无二致。

这是一个寓言,请到远离地球的星际深处去解读它吧;这是一个神话,我们能在佛经或者圣经里找到它的影子。佛祖有云:“化人间为庄严净土,变地狱为极乐世界”。同样,上帝也在天堂中召唤,一切看起来都去了同一个地方,姑且称之为无极的世界。

4. 别把石油太当事

在石油的地位如日中天地的今天,贬低石油的重要性无疑要冒极大的风险,因为顺势而为总是比逆势而动来得简单与自然。而恰恰在这个时候,做这样的认识显得及时而又必要。因为盛极而衰、否极泰来的辩证法无处不在,构成了这个物质世界轮回与变迁的基本法则。

石油的重要性完全是由现代人的狂热与惰性造成的,石油也并非与生俱来就如此“显贵”。在石油大规模开采利用前的上千年间,以古人的眼光来看,石油的重要性既比不上香料、美酒,也比不上铁器,更比不上食盐。显而易见的理由是,人们为争夺这些物品不止一次地诉诸过战争[①],而对于石油却从没有过一次。现代社会恰好

① 四百年前,欧洲并没有香料。后来阿拉伯人将香料贩运到欧洲,引起了欧洲人的极大兴趣。但香料也因为长途运输而价格高昂。为了摆脱阿拉伯人对香料的垄断,欧洲列强们远渡重洋到印度及印尼的香料群岛掠夺香料,这些被争夺的香料既有豆蔻,肉桂、也有胡椒,由此引发了持续多年的香料战争。

相反，战争的重要目的之一便是石油。即使不是明显地为了石油，也依然晃动着石油的影子。国际石油地缘政治刀光剑影，时刻诠释着石油的价值所在，石油黑金正是现代社会对它的定义。

现代人的狂热使得整个社会下赌注般地把物质文明的一切寄托在石油上面，更不留情地说，是寄托在动植物的遗体上。而且具有讽刺意味的是，人们还渴望有更多的遗体来满足需求。对于石油这种方便好用的能源，人们并非不明白单一依赖的危害。早在一百多年前，英国海军开始用石油取代煤炭作为动力燃料时，时任海军上将温斯顿·邱吉尔就声称："绝不能仅仅依赖一种石油、一种工艺、一个国家和一个油田"。这是迄今对能源利用多样化原则最简明的阐述①。这一论述并没有过时，在 100 年后的今天仍然掷地有声、铿锵有力。

尽管道理简单明了，但自身固有的偏见与惰性使得人们始终不愿意轻易放弃石油这种好用的能源。不用干、用尽似乎就不肯罢休，石油在人们眼里仿佛成为了能源利用领域的唯一稻草。从这个角度上看，与其说人们等待新能源的出现，倒不如说新能源在等待人们观念的改变。这种观念往往根深蒂固，使得人们难以穿越重重叠嶂而对现状做出大刀阔斧式的改变。人类社会由此越来越依赖于石油，而石油也因为人类的依赖而变得愈发被依赖，从而陷入一条不断收紧的链圈中，如此旋进，直至越拧越紧的链条最后顷刻间绷断。像温水煮青蛙的道理一样，问题的关键并不是我们身处如此险境而迷途不知返，而是我们早就预感到了危机，在最需要当机立断、大步流星迎战的时候，双腿却灌满了铅。

上个世纪 70 年代，当油价大幅飙升时，曾经有经济学家信誓旦

① 邱吉尔是在 1913 年一次重要的演讲中提出这种观点的。其本质的含义是，石油的安全性和确定性在于其多样化，也即供应来源的多样化。邱吉尔的论断后来成为了各国保障能源安全的基本参照准则。

旦地预测说，油价如果上升到40美元/桶这一警戒值，世界经济就会崩溃。而现如今，即使剔除通货膨胀及汇率因素，油价也一度高过警戒值数倍，世界还不是依然存在吗？这些预言看来是言过其实了。事实上，这种警戒值看起来已经成为油价的常态，更成为欧佩克组织设定的油价底线，这说明全球社会对高油价的适应性与抵抗力已经大为增强。不过与此相反的是，在最为重要的替代能源开发领域，相关的进展与结果却令人汗颜。人类社会多年来一直倡导减少对石油的依赖，呼吁推动石油替代能源的开发工作。但情况并不比先前好多少。替代能源依然处于边缘的境地，石油危机的阴霾依然萦绕在旁。过去的几十年间，除了历经石油价格的数次大起大落外，人类社会面对的依然是种种竞争力不强的替代能源。人类就好比是在能源的迷宫中苦苦追寻魔棒，进而幻想不费吹灰之力就能撬动地球的醉汉。在迷宫中跌跌撞撞转悠了很多圈，捡到几块石头就如获至宝。当真正从自我陶醉中清醒过来时却发现，达摩克利斯之剑一如往昔地高悬。

如果以历史的尺子来度量，现代石油工业从19世纪50年代诞生到21世纪50年代落幕，前后也就200年。尽管这一历程轰轰烈烈、精彩纷呈，但终究摆脱不了昨日黄花的落寞与黯淡。在历史的长河中，200年只不过是上帝眨巴眼的时间。而人类却狂热又偏执地将文明的大厦一步步构建，构建在石油这种只能存续上帝眨巴眼工夫的物质上面，而且为了它不惜一切地争夺，这些举动难道不是短视而且愚蠢的么？

别把石油太当回事，这是摆脱石油依赖的第一步。

5. 石油的多面相

石油的形成过程至今仍存在着多个未知数。即使对于石油有机成因论这种有多种证据印证其合理性的理论而言，依然存在未解之处。动植物有机成因论起源于19世纪中叶，随着后来石油地质与化学研究的深入，支持它的证据越来越多。比如，石油中含有一种叫做卟啉的化学物质，这种物质与植物的叶绿素和动物的血红素比较相似，看起来具有同源性；此外，石油具有旋光性，即石油在偏光下，具有把偏光面向右旋转的特性。而旋光性是生物有机物质所特有的一种性质，由此也说明了石油与生物体之间具备某种天然的内在联系。上述两条特点已经成为判定石油来源是否为有机成因的重要依据。此外，从生成逻辑上看，煤与油的生成分别依赖于不同的生物体，煤主要是植物遗体，油主要是动物遗体。由于动物是依赖植物存活的二次生成物。依据生态规律，依靠植物为生的动物总量会大大少于植物总量，大致是植物总量的十分之一。因此，数量上看动物所能贮存的能量远低于植物，这就是地球上石油的储量远小于煤炭储量的物质原因。石油的有机成因论从逻辑上讲也就有据可循了。

不过，就石油的有机成因论而言，令人疑惑的问题也同样不少。比如，要形成地球上现存的如此庞大储量的石油资源，究竟需要多少生物体的参与才能够实现呢？为什么石油资源的分布如此不均衡呢？石油究竟是如何生成演化的呢？这些问题长久以来都各执一词，并没有权威的确切说法。自从世界上第一口商业油井在美国宾西法尼亚州出油以来，距今已经过去了一个半世纪之久。人类其间开采出来的石油资源已达一万亿桶之多，但至今仍说不清石油的来龙去脉，这也算是典型的"知难行易"吧！

无论石油是如何生成的，但石油作为一种存在物，它却是实实在在地存在于地层之中，而且一晃就是几亿年。对于石油的起源、形成及演化等种种真相，或许很多石油地质学家在有生之年仍将求索不得，甚至很长一段时间内都可能是个谜。人们之所以殚精竭虑来研究论证石油的成因，其目的不仅仅是为了在学术上争论个究竟；更重要的是，明确了石油的形成过程可以帮助人们更好的找到那些未被发现的石油资源。这是人们探究石油生成真相的一个很大的源动力。石油具有多种面相，石油的成因只是它的多种面相中的一个，是自然的面相。而石油的社会面相才更是纷繁复杂，由于其浸染了人类本身的理性与欲望，因此更显得扑朔迷离、难以捉摸。

无论如何，大自然耗费几亿年之久所积攒下的石油家底并不是仅供几代人所用的，我们必须要考虑到未曾谋面的子孙后代们。我们利用石油的确需要有道德约束与伦理意识了。人们不能对石油资源的丰饶性抱以过多的幻想，更不能对以石油工业为根基的大工业文明而顶礼膜拜。这种大工业发展之路本质上是不可持续的，且不说地球资源方面的约束，仅生态与气候环境与就难以承受发展之重。与之相对应的是，我们中间的大多数人并没有意识到问题之所在，这尤其表现在我们的价值标准上。我们认为好的东西，长远看却是坏的；局部上看起来正确的东西，整体上却是错误的。这种例子有不少，GNP(国民生产总值)指标就是其中之一。反映国民经济增长的 GNP 指标与与生命行星指数 LPI 出现了背离[①]，而且呈反向变化，即经济越发展，我们的星球就越不适宜生存。这无疑在混淆

① 生命行星指数(Living Planet Index，LPI)是衡量全球生物多样性状况的指标，它测算全球生活在陆地、淡水和海洋生态系统中脊椎动物的种群数量的变化趋势，以此来指示世界自然环境的优劣状况。

着发展的目的，不能不说是人类社会发展的悖论了。在一个石油创造繁荣与多彩社会的时代里，这是分享着这种巨大硕果的我们所必须深刻反思的地方，更值得反思的恐怕还有人类无限膨胀的欲望和急功近利的发展观吧。

石油的价值被人类难以满足的欲望逐步放大，更被石油战争推向了极致。现如今，石油的重要性已经到了无人不知、无人不晓的地步，这说明石油价值的发现过程业已完成。摆在我们面前的是石油替代能源的价值发现过程，这注定是一段不平凡的历程。当人类对于更高层次能源的追求与渴望积聚到一定程度，得以战胜长期依赖石油而养成的惰性时，石油自然会被新能源替代，石油的历史使命也就此完成。与其说我们需要摒弃石油，倒不如说我们需要摒弃的是以石油为价值符号的传统发展之路。

石油只是一种普通的资源，石油只是人类社会能源利用进程中的普通一站，并无特别之处，这或许就是石油的真相。

第三章 高能耗社会的未来

毫无疑问,人类社会从远古时代发展到现在,已经进入了一个高能耗的社会。并且随着社会的进步,对能源的消耗会越来越多。当某个时候能源的供应无法满足其需求时,危机便如影随形般地产生,而危机的延续则有可能酿成文明的崩溃,因为人类社会复杂性的骤降本身就可以看作是崩溃的征兆。那么,人类社会的发展将何去何从呢?高能耗社会的未来在哪里呢?这寄托于我们在维持整个社会复杂性的同时而实现新的能源替代过程,即实现下一代能源的大规模开发与利用,从而在本源上解决人类社会的能源供应和环境恶化问题。在探讨这些问题之前,不妨先从自然社会的熵学观开始说起。熵这个源于热科学的概念已经被越来越多的人加以认识和研究,并且无孔不入地渗透到自然科学和社会科学的诸多领域。

1. 熵是什么

熵，对于不少读者来说，或许是一个陌生而又古怪的术语。它源于希腊语 εντροπια，表示变化的容量①。平心而论，在汉字中，熵的意义更为形象，火字旁加个商。火，象征着热；商，则是数与数相除，表示两种状态之比。熵正是这样一个取自于热力学的重要概念，用以度量某一种系统自发地从有序向无序的转化过程。

在日常生活中，我们都有这样的常识，一杯沸水置于室内会不断散发热量，直至水杯的温度与室温相同。仔细观察这种现象会发现明显的特点，那就是这个过程是自然而然发生的，而且无法自发地恢复到最初的状态。也就是说已经散失在室内的热量，不可能自动地重新聚集到杯中，使水再次沸腾。因此，我们称其是不可逆的变化过程。类似的例子不胜枚举，如滴入玻璃水杯中的墨汁会向周围扩散，直至杯中水全部染黑；一瓶开盖的香水会在房间散发香味，不久就让整个房间飘香等等，都是同样的道理。

对于“有序”和“无序”的概念，我们可以通过下面的情形浅显地予以说明。如果我们观察橡皮筋的结构，就会发现它的结构在放松与紧绷的时候是完全不一样的。放松的时候橡皮筋的结构像一团乱麻交织在一起。而当橡皮筋拉长紧绷时，那些如同链状的胶粒就沿着拉伸的方向整齐划一地排列起来。于是我们可以看到两种状态，一种是自然，或者自发的状态。在这种状态下，我们称橡皮筋的

① 在热科学中，熵指体系的混乱的程度，这个概念由德国物理学家鲁道夫·克劳修斯在1850年首次提出。之后，熵概念在不同的学科中引申出的更为具体的定义，在控制论、概率论、数论、天体物理、生命科学等领域都有着重要的应用。

结构呈“无序”或“混乱”的状态;而另一种是借助于外力而规则地排列起来的状态。我们称之为“有序”或“整齐”的状态。如果用熵的概念来度量这种“有序”或“无序”的状态,我们说橡皮筋的结构呈“有序”状态时熵小,呈“无序”状态时熵大。推而广之,一个体系处于最“整齐”的状态时熵最小,而在最“混乱”的状态时熵最大。

我们经常见到风扫落叶飞的场景,一般习以为常以至于无暇思考。事实上这蕴含着同样深刻的哲理。对于落叶而言,其堆积越散乱,熵值越大,而这时的状态更容易保持。因为如果有外力的介入,比如秋风扫落叶,其无非是增加了落叶的混乱度,熵值就更大。因此,落叶纷飞是最可能出现的状态,最容易被观察到。从这个意义说,散乱的落叶是自然的常态。而落叶整齐地排成一列可看作其最有序的状态,这时熵值最小,所以这种状态最不容易保持,因为那怕轻微的一阵风也有可能破坏这种有序的状态,使得这种有序状态向无序状态改变,从而使得熵值增大。因此,这种落叶整齐排列的状态是最不可能出现的状态,观察到的可能性几乎为零,除非人为地把落叶摆成整齐的一列,否则自然情况下难以见到。当然,自然科学意义上的熵概念是严谨的,更是干巴巴的,远不是上文表述的这般意象化。我们在探讨过程中并不拘泥于严格的定义或概念的限制,而主要是专注于阐述现象背后所蕴含的深意。

由此类推到沸水自发地向室内散发热量这一日常现象,那么道理就不言自明了。如果把房间和杯子看作是一个与外界绝缘的孤立系统,那么沸水中的水蒸气分子扩散到房间中,使得系统向更无序的趋势变化,系统的熵增大,直至最终水杯的温度与室温相同,热量传递过程就此结束,这时系统的熵值最大,也就是日常生活中最可能出现的情况。由此,沸水向室内散发热量就成为自然而然的过程,成为自然的常态。

在大自然中,我们看到雄伟嵯峨的高山,经过长年的风化,逐渐变成砂砾乱石；老树千年，最终也要枯萎风干，零落成泥。这看起来无法阻挡和改变，一切似乎都有无形之手在支配；所谓覆水难以再收，破镜不可重圆，这看似浅显普通的道理，其实蕴含着对不可逆的概念朴素而又深刻的认识；如果再作联想，那么唐诗“年年岁岁花相似，岁岁年年人不同”中所咏唱的物是人非的感怀也就再正常不过了，年年岁岁所不同的便是熵增加了，人老物衰终究难以抗拒，这是有形世界的自然流露。中国古代的伟大先哲老子讲求无为而治，也就是遵循自然法则，而不妄为。简而言之就是按照最自然的方式行事，而最自然的方式其实就是熵增加的方式。对抗这一方式无异于与自然为敌。从上述意义上说，追求长生不老就好比痴人说梦。

进一步提升到科学理论的层面，上述的这些现象其实就是自然科学中著名的“热力学第二定律”在广义层面上的应用。上世纪八十年代，美国作家里夫金等在所著的《熵：一种新的世界观》一书中，将这一原理引入到了社会生活领域。由于书中的视角新颖且独到，一时间引发热议。

热力学第二定律也称作“孤立系统熵增原理”，可表述为：孤立系统的熵永不减少。换句话也就是说，孤立系统中的物质总是从有序向无序转变，向着混乱度最大的趋势变动。

如果将我们所处的地球看作是一个孤立系统，那么物质总是向着混乱度增大的趋势运动。因此，从这个角度说，我们所处的世界将会越来越趋向于无序。但事实上，世界的演进看起来是一种更加有序化的过程。人类社会的发展过程也越来越严密，呈现出一种整体上的有序状态。之所以会出现这种矛盾，那是因为我们所处的地球并非绝对意义上的孤立系统。我们与地球外空间有能量和物质的交换，未来甚至会有文明的交流，或许已经发生或正在发生这样的文明交流，只是地球人不曾察觉而已。因此，将自然科学的原理在广义层面上进行应用的时候，需要考虑适用的条件和范围，不能片面化，更不能极端化。历史上曾有过把“孤立系统熵增原理”应用于整个外太空，从而得到了宇宙行将死寂，人类社会必将停滞的悲观论调，即著名的“宇宙热寂说”。其实这正是错误地应用了科学原理的适用条件及范围，从而片面地得到结论。

而对于有序或无序的状态而言，其在宏观与微观层面上的表现也有所不同。从自然科学的角度看，某一个系统在宏观上的无序与微观方面的有序并不相悖。1977 年诺贝尔化学奖得主，比利时物理化学家普里高金提出的“耗散结构理论”正是说明了微观层面上无序的系统中也会发生向有序方向的转变过程，也就是所谓的“自组织现象”。而从人类社会的宏观意义上看，社会整体的有序与局部的无序同样也不冲突。社会整体的有序通常要建立在局部无序的基础上，特别是作为社会成员的个人，其思想与行为的发展是从有序走向无序的，是趋向于自由的。如果要求社会每个成员的步调都整体划一，这种要求其实是反社会潮流的，只有在古代的威权社会下才有可能实现。而且，这种规整的有序结构在某些时候会导致更加不稳定的情形出现。因为整齐划一的结构意味着组织力的同时，也意味着更大的破坏力。此外，我们能否由微观上有序，就得出宏观上一定更有序的结论吗？不一定。有时候情况恰恰相反。宏观的无序状态产生不是源于微观的无序，恰恰是源于微观的过于有序。例如多米诺骨牌。倒掉一张牌，将会导致成千上万张牌倾覆，这正是源于相互之间有序的排列。如果将骨牌在空间杂乱地分布，那么仅倒下一张牌，并不会导致整体坍塌的事件。导致那种无序结构的出现是极其容易的。而要将坍塌的骨牌恢复到原先的有序状态，却需要费时费力地精心加以码放。这说明事物通常具有某种方向性，如果要反这种趋向而动，我们就需花费额外的代价。在看待和分析问题时，我们不能忽视熵理论的价值；当然，我们也不能过分强调和夸大熵理论的作用，从而陷入无所不包的“唯熵论”的藩篱中。熵理论只是让我们多了一面认识世界的镜子，提供了另外一种世界观而已。

总而言之，熵理论是有着广泛的科学意义的，它首次把不可逆的概念应用到科学领域。我们知道，牛顿力学研究的是可逆过程。如作用力和反作用力，虽然方向相反，但大小相等。但热力学则不同。自然科学的熵原理指出，孤立系统中，热总是自发地从高温物体传到低温物体，反之则不可；机械运动可以全部转化为热运动，反之则也不可，因为热能不可能全部转化为机械功；电能可以全部转化为热能，反过来同样也不可。所以，我们从热力学第二定律可以推断出，无论是不消耗任何能源的机器，还是消耗一部分能源，但热效率达到100％的机器，这些所谓的"永动机"都是不切实际的[①]。尽管永动机被那些狂热的"理论家"朝思暮想般地热切寻求，殚精竭虑式地倾心设计，但实践证明都只是空想，历史上也从来没有真正制造出来，况且也不可能制造出来，因为它违背了科学。

虽然制造永动机的种种热望早就被无情地浇灭了，但令人诧异的是，现实社会中有关永动机研制的事例却仍然层出不穷。远的不说，上百年前有关永动机的各种不切实际的雏形，许多尚未成型便已胎死腹中；近的如中国河南省的南街村集团就有过同样的惨败经历。2000 年伊始，南街村集团的"当家人"王宏斌董事长曾决策并投入 2000 万元巨资研制永动机，并夸下海口说要全面替代石油。结果可想而知，所有的投资后来全部打了水漂，以方便面生产而扬名的南街村集团至此一蹶不振，教训不可谓不惨痛。试想一下，作为项目决策人的王宏斌先生事先如果了解一些能源利用方面的知识，或

① 第一类永动机不消耗任何能源而作功，违反热力学第一定律；第二类永动机是消耗能源，但热效率达到100％，违反热力学第二定律；还有第三类所谓的准永动机，即能量消耗很小，但工作效率很高，达到95％以上。这类机器往往被冠以重力机、内能机等普通的动力机械名称，因此具有更大的迷惑性和欺骗性。

者征询一下相关专家的意见，这种不着边际的投资项目事实上是完全可以避免的。等到事后再想起补充有关熵的理论知识，看起来已经于事无补了。而这恰恰契合了熵的意义，即事物通常表现出的不可逆性。

对于世间万物而言，静止是相对于运动而存在的。正所谓世界唯一不变的法则就是它永远在变。但是这种变化并不是无章可循的肆意乱变，某种意义上说，我们能够给其贴上指向的标签。英国著名天文学家爱丁顿爵士把熵喻为“时间之矢”，颇为形象而贴切。它标示着科学再也不能不顾及时间的方向了。牛顿力学解开了太阳系运行之谜，这无疑是牛顿的伟大功绩。但是，太阳系是不是永远这样运行呢？按照牛顿力学，回答是肯定的，而且不仅太阳系如此。任何物体一旦初始条件确定，就将沿着既定的轨道运行，与时间无涉。但是从熵概念的角度来说，牛顿力学的论断值得进一步商榷。因为天长地久，终有尽时。随着时间的流逝，一旦系统的熵增加到某一临界值，太阳系就再也不能像原先那样运行了。情况就是这样，尽管太阳的运动在人们的视觉空间上是可重复的，可是在时间上却不能重复了。太阳每天东升西落，但太阳每天都是新的，今日的太阳已不再是昨日的太阳了。事实上，连宇宙都会“衰老”，更何况作为宇宙一粟的太阳系。

熵的引入使科学从存在转向了演化，这是其最本质的意义。从这个意义上说，有机世界与无机世界都在演化，唯一的不同在于其时间尺度，有机世界的演化相对短暂，而无机世界的演化遥远而漫长罢了。

2. 人类社会能耗增加的秘密

人类社会对能源的消耗从远古社会以来一直处于不断增加的趋势中。因为随着社会的进步，人口的增长，人类社会对能源的需求必然会越来越多，这看起来是自然而然的事。在这里，我们抛开人口总体上的数量波动等影响因素，专注于从个体或群体角度探讨人的活动，以及人的发展对能源的需求，这看起来更符合本原的范畴。通过对熵概念的剖析与解读，我们可以认知其中的道理。熵原理告诉我们，随着温度的上升，孤立系统的熵增加，体系内的分子运动将越来越剧烈，趋向于无序，自由度也越来越大。

如果将我们人类的文明体系简单进行类比，看作是一个与外部空间没有交流的孤立系统，那么这个系统随着文明的更迭与进步将处于熵增加的过程；如果把我们每个人也加以意象，看作是社会的一分子，那么这个分子所表现出来的活动轨迹将不可避免地向着更自由的趋势转变。那么，如何定义人类活动向自由方面的转变过程呢？我们先来考察人类活动的各种表现。

首先，我们人类活动的足迹越来越大，活动的范围越来越广，活动的视野越来越开阔。从农耕时代阡陌纵横的小村庄，到现代社会忙碌的“空中飞人”，再到五湖四海、全球一家的地球村，人类的活动圈子扩大了不止几百倍。从远古时代囿于陆地，到近代社会驰骋海洋，再到大工业时代上九天揽月、下五洋探秘。人们施展与发挥的空间实现了从点线向平面再向立体的转换，这自然都是文明进步的表现。

不仅如此，与之相随的更是整体上人们物质条件的进步、思想欲念的提升。从原始社会的衣不蔽体、食不果腹到农耕社会的布衣素食、居其定所，再到当代社会人们的锦衣足食、生命华彩。人类的生存品质改善了不止几十倍。人们的思想欲念在不断提升，因而对生存品质会不断提出更高的要求。可以说，人类不断在创造、不断在超越，人类对更高品质生活的追求永无止境。

如果说这些还停留在物质层面，那么更为深刻的是，人类个人意愿的增强，个人意识的彰显和释放。在古代的威权社会下，每个人的脚步都是整齐划一的，前进的方向取决于统治者的意愿。个人的自由得不到体现，或者有所体现但体现得并不深刻；而现代社会是自由的社会，个人的自由在一步步得到体现。人们不需要按照整齐划一的步伐前进，而是依照自身心灵的召唤和需要行事，这更是社会文明进步的表现。

上述三方面构成了文明进步的骨架，这一切都需要动力的驱使，对能源的需求自然而然地要不断提升。前两方面对能源的需求是显性的增加，呈机械式的平稳增长；而第三方面对能源需求的增量就更大，往往呈几何增长的态势。

以第三方面为例，由于个人意愿的提升与增强、个人自由的彰显与释放，人类不可避免从整齐划一的步伐到各走各路、各行其是，这时能源的消耗将不可避免地大大增加。举个简单的例子，如果某个单位的员工刚开始时的步调是整齐划一的，那么到达目的地的时候只需要一辆大巴车。而后来由于个人自由的彰显，个人的自主意识增强，这使得大多数员工各行其是、各走各路，到达同一个目的地的最后结果是每人各打一辆出租车。两者对能源的消耗孰多孰少便一目了然。这只是一个比喻，但道理就是如此。

其实，上述的例子派生出了更多新的命题。比如，为了彰显个人的自由是否应该放弃同乘一辆大巴车？个人意愿的挥洒在何种程度上可以和节约能耗的总目标相契合？个人的能源耗费与自我道德约束如何实现统一与平衡？这些都是需要直面的问题。在此不妨引入"能源伦理学"的概念，并将这些问题纳入这一概念所探讨的范畴。人类能源利用过程中意识与行为的伦理学关系问题，这正是能源伦理学探讨的重点领域。目前，世界各国都比较推崇可持续发展的理念，而这一理念之所以深入人心，其中就包含了伦理学意义上的思考与延展。就能源利用而言，我们过度消耗化石能源而给未曾谋面的子孙后代所剩无几，我们尽情挥耗石油时而不加体察子孙后代们的感受，不予征询他们的许可。从伦理学的角度看，这样的行为都是不道德的。再向现实推进一步，如果认同人人生而平等的普世价值，那么同样也就不难理解化石能源的利用应该公平分配这一理念了。有所差别的地方只不过在于人们对能源的获取和利用有先有后而已。如果某个人由于自身的原因占据并耗费了过多的化石能源，而这些消耗的能源远超出其正常需要，足以支持其他更多人的合理消费。某种程度上而言，这种行为同样是不道德的，尽管他为这种能源消费行为而付出了经济代价。原因在于，其无形中剥夺了其他人利用这些能源的正常权利。美国前总统阿尔·戈尔就曾陷入了这样的漩涡，正如媒体所言，旨在倡导人们节约化石能源，减少温室气体排放的纪录片《难以忽视的真相》为戈尔赢得了巨大的赞誉，但是在戈尔家里，也有一个"难以忽视的真相"，那就是他在田纳西州的家每个月用电量均在1万度以上，超出全美平均水平的20倍[①]。可想而知，戈尔因此备受媒体的反讽和诘责。田纳西政策研究中心曾披露了戈尔家的用电量，该机构负责人批评戈尔言

① 由戈尔作为主讲人的环保影片《难以忽视的真相》曾获得2007年度奥斯卡最佳纪录片奖，他在片中呼吁减少人们化石燃料消耗与二氧化碳排放，保护地球环境。戈尔也因在应对气候变化领域的贡献而获得2007年诺贝尔和平奖。与此同时，田纳西政策研究中心披露了戈尔家2006年全年的用电量，他家共计消耗22.1万度电，尤其是2006年8月份的家庭用电量高达2.27万度，比美国普通家庭一年所消耗电量的2倍还多。

行不一，甚至抨击他是“环保伪君子”。

如果这个将戈尔本人置于尴尬境地的事情确系属实，那么说明戈尔先生距离能源伦理学所倡导的理念还很远，戈尔家这种高耗能的生活方式确实也不值得效仿。不过，需要明确的是，满足能源利用的伦理学要求与文明进步并不矛盾。人们也不是一定要过那种苦行僧式的近乎自虐的生活。与其如此，那原始社会看起来岂不是更符合要求？这无疑抹煞了社会发展与文明进步的意义。能源伦理学所倡导的正是一种与个人需要、与社会现实相适应的能源消费方式，既以人为本，又与自然和谐相处。

此外，一些观点认为，人类未来社会的发展更偏重于非实体经济，如金融、文娱、旅游、网络等产业，这些产业一般是能源和环境负荷较小的无烟产业。随着这类产业的大力发展，其在社会经济结构中的比重逐步增加，能源消耗自然就会降下来。因此社会对能源需求必定增长的理由并不充分。这种观点有一定的道理，但其忽视了重要的一点，那就是无烟产业的发展是建立在实体经济发展的基础上的。比如欧盟一些小国家的绝对能耗水平多年没有增加①，但这并不能真正说明问题。因为这些国家很少有高能耗产业，如果有的话，也已经转移到其他国家了，再或者说它们已经进入了发达的后工业化社会，它们只需要购买别国的制成品或半成品就基本上可以满足社会需求了。这样的经济模式下，社会能耗水平自然很低，因为有别的国家帮助其承担了部分能耗增长的份额，这种模式对于美国、中国这种大国而言是不可复制的。从全局角度看，这是一种此消彼长的过程，总的能耗量并不会减少。此外，一些无烟产业并非如设想的那样一定就消耗很少能源。比如旅游产业，通常情况下能源负荷确实较小。但说句玩笑话，如果今后某一天开通了太空旅

① 欧洲的小国如瑞士、卢森堡、摩纳哥、列支敦士登等国能源消耗水平多年来保持平稳。这些国家主要以金融业、旅游业、文化娱乐业立国，是无烟产业开发的典范。

行，想必就要另当别论了，一个旅行者往返太空所耗费的能源恐怕足以供其在地球上消耗几辈子吧！

诚然，人们可以为了减少能源的消耗而放弃已经习以为常的生活方式。比如，为了节约电力而放弃使用电灯照明，放弃使用各种家用电器；为了降低油耗而放弃使用交通工具，转而以步代行；为了减少能耗而放弃现有的舒适境遇，选择一种返璞归真的绿色生活等等。但问题是上述的设想能付诸实施吗？事实上这近乎不可能。因为从更宽泛的意义上说，我们经历的文明进步是从一种从低级到高级的不可逆的过程。对个人而言，这一过程不仅伴随着物质条件的提升，更经历着思想欲念的复杂化。这些变化都是不可逆的，而且不可逆的程度会逐步加大。如果有哪位富翁对此不认同，希望尝试着做个验证的话，那绝对有办法。他可以在城市闹市区的天桥上将一厚沓的钞票假装不慎撒落，最后看看撒落的钞票有多少被自觉地交回到自己手中，这样就可以检验社会的不可逆程度了。笑话归笑话，笑过理自明。

事实上，即便上述的设想能实施起来，又能维持多久呢？况且又有多少人真正愿意放弃现有的一切呢？退一步再讲，即便这一切的设想都能不折不扣地予以执行，那么也就意味着人类文明形态的衰退，因为人类社会生活复杂度的骤降其本身就代表着文明形态的崩溃。

由此可见，文明形态越复杂，其实也就意味着对能源的需求越多，这就是人类社会能耗不断增加的本质。如果某个时刻能源的供应难以为继，则往往意味着危机。危机无法化解并持续进行则会引发更严重的问题，文明的崩溃有可能就此酿成并蔓延下去。

3. 高能耗社会的危机

高能耗社会的危机通常发生在能源的供给满足不了需求的时候。而且这一危机迟早会来临，除非人类及早地应对并且措施得当。美国社会学家约瑟夫·泰特在 1988 年出版了其扛鼎之作——《复杂社会的崩溃》一书，该书具有发人深省的警示意义。在运用能量经济理论及复杂性理论对复活节岛文明、罗马文明等进行了深入的研究和总结后，作者本人深刻地指出，一个社会在其对社会复杂性的投资达到了边际报酬递减的临界点，这个社会就会崩溃。而崩溃的主要原因正在于它的复杂性，如同人类的其他努力一样，其最终不可避免地要遭遇到报酬递减的困扰[①]。由此说来，这些文明的崩溃并非是偶然的。

我们将“报酬递减”理论应用到人类社会的能源供应上，便可以相对直观地体察到能源危机是如何产生的。显而易见，薪柴能量品位比较低，但很容易获取；而煤的品位高，但却比薪柴更难采集，因

---

① 约瑟夫·泰特是美国犹他州立大学的教授，长期从事人类学与可持续发展研究，《复杂社会的崩溃》一书为他赢得了广泛的声誉。泰特教授认为，社会在解决问题的过程中会变得越来越复杂。社会复杂性包括分化的社会和经济角色，对于符号和抽象信息的依赖，以及不参与原始资料生产的信息生产者和分析者阶层的存在。这种复杂性要求一个持续的“能量”补充，当一个社会面对一个“问题”，比如能量短缺，或者难于获得，它就倾向于创造一个新的官僚阶层、基础组织，或者社会阶层，以应对这个挑战。例如，罗马帝国农业产量缓慢衰减，而人口则在增加，人均可获得能量降低。罗马人解决这个问题的方式是，向邻国进攻，获取适量的能量补充(包括金属、谷物、奴隶等)。然而，随着罗马帝国的扩大，保持交通、防御、地方政府等所需要的成本也在增长。最终，这种成本过于巨大，占有再多的领土也不能解决其谷物减产的困境。到了这时，帝国自然就要崩溃了。

为把煤转换到可用的状态要耗费更多的能量。石油开采、核能开发同样如此。人类最先利用能源的一定是最容易获取的能源，后续环境中所依赖的主导能源总要比先前的能源更难获得。整体上看，我们的收支比会逐步降低。前文讲过，人们开发自然资源就好比在苹果树上摘苹果，最容易发现，最好摘的苹果一定率先被人们收入囊中，剩下来的，要么是处在人力难以企及的位置而无法采摘，要么就是不好的苹果，不值得采摘。很显然，上述这一过程正是报酬递减的过程。以石油开采为例，我们开采石油并非信手拈来，而是要付出代价的，具体需要进行勘测定位、方案设计、钻井开采等一整套工作，这都需要人力与物力成本的投入，同时也包括实施这一整套工作的所有能耗成本。为方便比较起见，我们可以将其他成本都折合到能耗成本里来。对于最初的比较容易开采的陆地浅层油田，这种能耗成本是很小的，我们获得的报酬自然丰厚；但到了后期的陆地深层油田或海洋深层油田，开采的能耗成本将不断增加，换而言之就是，我们得到的报酬将逐步减少；最终，当成本增加到需要用现有的一桶石油的能耗代价来开采新一桶石油的时候，这时收支相抵，报酬为零。石油获取与供应的链条将中断，危机随之产生。

从更广泛的层面上说，文明形态复杂的社会是高能耗的社会。就像前文分析过的人类社会能耗增加的原因一样，维持文明社会复杂性的基本需要便是能源供应，这种供应必须是源源不断的，不断增长的。只要能源供应充足，就可以增加一个社会的复杂度。当然，这里所说的能源既包括木材、煤炭等碳基燃料，也包括水力、风力以及地热温泉等可再生能源，而人力、畜力等以粮食为源泉的动物能量也不能被排除在外。在能源供应一如往常的情况下，维持社会复杂性的根基一般是稳固的，不会有什么问题发生。而一旦能源供应达到峰值或者开始减少，那么这种根基就有可能松动，至少不会像先前那样牢靠，维持社会的复杂性将变得艰难。由此持续地发展下去，社会最终将达到一个临界点。这时，解决一个问题所得到的回报不足以补偿要付出的代价，社会由此会变得脆弱起来。量变到质变的过程正是如此，最终任何一个危机都可能成为压垮骆驼的那根稻草。在约瑟夫·泰特的眼中，社会的崩溃就是这样一步步产生的。

早在一百多年前，著名作家小泉八云在其《远东的未来》一文就对全人类敲响过同样的警钟[①]。他在文中提出了重要的论断："就人的生存而言，最适应生存下去的人是最能与大自然融为一体，同生共存，并能满足简朴生活的人"。如果将这一论断扩展开，其不仅适用于一个民族、一个国家，也适用于全球社会，甚至这看起来是宇宙的规律。

如果将人体看作一台机器，驱动其工作的燃料便是粮食。对于相同的工作量，如果一个人需要吃两块面包就可完成工作，而另一个人却需要吃四块面包才能完成。那么，在上帝这位精明的雇主面前，这俩人的受欢迎程度可想而知。选择的结果一定是高能耗的（吃四块面包）的那位率先出局；低能耗的（吃两块面包）最后存留下来。

在民族与民族的竞争中，情况同样如此。最会创造、最有耐力、最能节俭的民族往往会胜出；而需要过多消费的民族将可能面临消亡的命运。当两个民族竞争时，如果一方的智力或创造力高，当然这一方会在竞争中胜出，也就是说智力低或创造力低的民族会被取代。但是，如果两个民族的智力或创造力不相上下时，则忍耐力强、更节俭的民族一定会胜出。比如，美国人干的手艺活，如果中国人同样也会做，那么，美国的手艺人一定会被赶出市场。因为中国人

① 小泉八云（1850～1904），19世纪后半叶的著名作家，原为英国人，本名拉夫卡迪奥·赫恩，后归化为日本人。小泉八云精通日、英、法、希腊、西班牙、拉丁、希伯来等多种语言，学识极为渊博。

或许只需要美国人 1/10 的生活费就可以完成相同的工作量,而且可以忍耐更长的工作时间以及更差的工作环境。在中国的手艺人面前,美国的手艺人自然就没有了竞争力。如果美国人想取胜,那他就必须创造出更有价值的新手艺活儿。而且,这种新手艺活儿必须不能让中国人学会;否则,美国人会再一次被赶走。大自然之所以是一位伟大的经济家,就在于他绝不会搞错,最终获胜并存续下来的一定是保持最优的投入产出比的那个民族。

进一步上升到国家的层面,那么国家竞争力同样可以通过这种方式得以体现。比如,如果把美国和日本各比作一辆汽车的话,那么美国就像福特 SUV,体型笨重且油耗巨大;而日本更像丰田 Pruis,轻巧而省油。

事实上,美国和日本的工业品已经隐喻了各自的国民特质。大凡美国的产品,外观往往显得大气和厚重,材耗均不小。而反观日本的产品,通常是小巧而玲珑。如日本的汽车通常采用最轻巧的结构设计,在安全保证的前提下,往往采用最少的钢材用量,这样的车当然省油,日本的大多数工业品也都秉承这样的理念。诚然,上述的这些差别与美国的地大物博、日本的狭小物贫等实际国情有关,但更内在的原因却是两国民众各自独特的国民特质在起作用。这些特质由于长期潜移默化地养成,以至于深骨入髓,似乎融进了国民的血液。

美国人的国民特质决定了他们的生活方式。这一生活方式就是要求更舒适的出行、更宽敞的住房、更高雅的生活品质,而这一切都是以高能耗为代价。美国每户家庭至少有一部汽车,但通常在两部以上,一部小轿车、一部家庭旅行车,或者还有一部小卡车。而且美国人大手大脚惯了,不太关注油耗。美国市场上的汽车一般不标排气量,但如果仔细研究,通常会发现事实上几乎不可能找到 2.0 以下的小排量车。美国人的宽敞住房意味着需要配套更大功率的照明设施与空调设备，需要更多的家用电器占居空间，能耗增加最自然不过了。最独特的是美国人所崇尚的高生活品质，从一些生活细节上可略见一斑。美国家庭主妇很少会利用太阳光晾晒衣物，即使在阳光灿烂的加利福尼亚州也同样如此，她们习惯于用高功率的烘干机烤干衣物，这样既便捷又洁净。可见，把美国生活方式与高能耗的生活方式画上等号并不为过，由此也就不难解释为什么美国以占世界5%的人口，却耗费着世界25%的能源供应这一现状了。

反观日本人的生活方式，几乎与美国人相反。小巧与节约的理念已经贯穿到生活的方方面面。日本人喜欢小排量的汽车，而且出行的时候更多是选择节能的出行方式，如乘坐公共轨道交通；日本人建造的“小户型”住房远非美国人所能适应，单就厕所而言，仅仅刚好够放下一个马桶，再加上一点入厕者站起来的空间。日本造的迷你小家电正是为这样的“小户型”住房配套的，为的是营造一种简约而不简单的家庭氛围；日本人对器物的精巧设计与重复利用已经达到了近乎苛刻的地步。日本人不仅是把节约当成一种“省钱之道”，更把它当成一种生活的态度，一种生存的方式。在工业生产领域，日本企业更是把节约当作一种“赚钱之道”。多年来，日本的单位GDP产出能耗一直位居世界前列，远低于美国，这意味着日本工业品更低的生产成本和更高的国际竞争力。事实上，日本人的节约正是体现了他们对自然规律的尊重。个人的健康需要节食，社会的“健康”也需要节约。

如果要谈及“美国方式”与“日本方式”的前途问题，毋需冗言，看一看福特车与丰田车在全球市场的表现吧！当丰田一路驰骋，风行于全球，丰田公司雄踞全球车企头把交椅时；福特车的市场份额却一步步被蚕食，高人力成本几近将福特拖垮，公司竟濒临破产待救的境地。诚然，福特公司处于现实的困境有多种原因，但相比丰田的混合动力节油车型，福特产的高油耗汽车不受全球消费者欢迎却是不争的事实，尤其在油价高企与环保理念盛行的时候更是如此。可见，在市场上最适应生存下去的企业一定是最能与市场需求融为一体，并能满足低成本生产的企业。那么一个国家，某种程度上作为一个放大的企业，其实也概莫如此。

从生存方式的角度来看，高能耗社会的危机在于人类的固执己见，即对原有的高能耗依赖的顽固坚持。这既源自于人类自身天然的惰性，更归因于人类对现实世界的集体盲从。当全球社会仍若无其事地行进在石油依赖的薄冰上，当其他国家的民众依然把美国方式奉为圭臬，并渴望也能达到美国式的生活水准时，危机的到来恐怕是迟早的事。假如全人类都来依照美国人的方式生活，想必需要先造几个地球，然后再考虑如何分配与占据吧！

4. 谁是未来竞争的胜出者

谁是未来竞争的胜出者？看起来这是一个很难有确切答案的问题。这不仅取决于问题设定的范围和尺度，而且关系到可判定的评价标准。我们暂且抛却这样或那样的束缚，而是专注于从投入和产出上进行非严格意义上的意象化对比。我们可以说，未来的胜出者不在于这个民族或国家现今有多强大，也不在于它们的物产家业有多丰厚，而是取决于其与自然社会相处及融合的方式。即在与自然社会的相处过程中，向其索取的少，回馈的多，从而保持最优的投入产出比，这样的民族或国家也许才会最终胜出。

按照这样的标准，美国很可能不会胜出。因为仅就日常的生活开销而言，美国人就大大超支了。美国人的平均开销是中国人、印度人的十几倍，更是非洲人的几十倍。这包括舒适的汽车、宽敞的住房、高档的食品、便捷的医疗、丰富的文化及娱乐设施等等。依这样的生活水准，大多数美国人在非洲的生活条件下是无法生存的，他们想必会饿死。因为长期养成的国民特质根深蒂固，难以撼动。这就好比不能用稻米来喂鹰，而只能喂鸡；不能用稻草来喂狼，而只能喂牛一样。美国人无法依靠非洲人的食物来维持生存，动物世界的丛林法则未尝不适合于自然社会中的人。

在自然进化的长河中，我们人类既不是绝对的主宰者，也不能是永远的主宰者。远古时代也曾有过比我们人类更强盛的动物，其主宰自然的历史比人类现今要长久的多。这些动物无所畏惧、极度耐寒，不怕干旱，生命力十分顽强，但其中有些仍过早地灭绝了。有的动物正是由于生存过程中需要消耗更多的食物而绝种了，也就是到了地球都无法供养它们的时候，它们的灭绝是必然的。高食量的动物注定是不安全的，因为随时某个时候，它们就可能因找不到足够的食物而陷入危险中。从这种意义上说，高消耗的民族同样是不安全的。人类有时也会和动物一样拥有相同的命运，有可能出现因生存成本过高而灭亡的民族。

美国不会胜出的同时，非洲似乎也不会胜出。尽管与美国相比，非洲人的生存成本看起来很低。但问题是对非洲人而言，往往投入多，而产出少。古代社会对人类文明贡献较大的是以中国、印度为代表的四大文明古国；近代的人类社会文明毫无疑问是欧洲国家创造的天下；现代社会自然以美国为龙头了。迄今为止，非洲社会对人类文明的产出屈指可算，远远比不上欧美社会对人类文明进步的贡献，没有创造力的民族自然谈不上未来的胜出。

由此看来，日本似乎具备了胜出的一些征兆。日本的社会产出大，而投入却比美国小很多，相对于非洲和美国均有显著的比较优势。但是，如果日本遇到中国或印度这样的竞争对手，情况就不那么简单了。日本作为发达国家，其国民生活品质已经发展到一定高层次了，即使再节约，可挤压的空间已经缩小到极致了，远无法回退到中国或印度的水平。在社会产出相当的情况下，中国或印度的优势自然就显现了。

事实上，考虑到各个国家、民族都是发展进步的，影响一个国家在未来竞争中胜出的因素也是方方面面的，所以单方面地认为美国或非洲不会胜出的论点看起来比较偏颇，甚至有断章取义之嫌。保不准今后美国人会放弃现有的生活方式，或者非洲人的创造力会大大提升。这时推理的基础就发生显著变化了。另外，我们当然不否认一个社会或民族自我更新与进步的能力。只是在笔者的眼中，以现有条件或状况推测未来的结果更可行一些罢了。从本质上说，关于民族或国家的未来兴衰这样的命题十分重大，属于复杂性系统的超长期预测问题。从某种意义上说，根据现有理论和认识是不可预测的。短期的预测或许还有一些可能性。长期过程中几乎不可能，因为各种随机但又重大的事件的产生会使预测结果与实际状况大相径庭。因此，我们只是从产出与消耗的角度来试图说明一个简单的逻辑道理罢了。

论及至此，不妨联系现实，顺便引申到 2007 年爆发于美国并让全球深受其害的“次贷”问题。这场由美国“制造”的危机引发了全球的金融大动荡，后来愈演愈烈，转变成为了全球范围的经济动荡。关于这场危机爆发的原因，已经有多不胜数的分析和解释，其中许多经济学家都提出了深刻的见解。总结出了美国房屋贷款门槛过低、政府监管不力、财政措施失误、金融资本过度贪婪等一系列因素，甚至将前美联储主席格林斯潘在任时所奉行的货币政策也抬出来加以拷问。颇有不揪出“次贷元凶”就誓不罢休的意味①。但事实

---

① The Financial Crisis of 2007/2008 and its Macroeconomic Consequences[J], working pape. 2008. Joseph E. Stiglitz, The Mess That Alan Greenspan Made. Http://www.blogspot.com/2007/11/ Stiglitz.html.［美］理查德·比特纳著：《贪婪、欺诈和无知——美国次贷危机真相》，中信出版社，2008 年 7 月。［美］威廉·弗莱肯施泰因著：《格林斯潘的泡沫：美国经济灾难的真相》，中国人民大学出版社，2008 年 9 月。

上,真正从美国人生活及消费方式上反省问题、探究危机源头的美国学者却不多。如果说消费因素不是造成次贷危机的主要因素,金融衍生品的过多、过滥才是这次危机的直接罪魁祸首。那问题是美国人不加节制、不断膨胀的消费欲望恰恰促进了这些金融衍生品的诞生,它们的面世在很大程度上迎合了美国人的需求,反过来也助长了人们非理性的超前消费。因此,真正从本源上详加追溯。很可能的结果是,这次危机的根子出在"美国方式"上,上述的诸多原因便成为就事论事的应景之说。从反思或者自省的角度来看,笔者宁愿这样"片面地"看待问题。次贷危机就像是一场对大手大脚、寅吃卯粮的美式生活的报复和清算,是对高借贷、高消耗的"美国方式"多年积累问题的一次总爆发。

美国人素有超前、过度消费的习惯,而这一习惯成就了美国"最大消费国"、"最大债务国"这两个世界之最的称号。现如今推动美国经济增长的主要因素已不再是生产,而是消费。因为消费支出占美国经济产值的比重已高达 70%,美国已成为典型的消费经济国。为了对美国这种独特的消费经济加以辨识,不妨以一种另类的视角进行解构。

鲜为人知的是,美国除了前述两个称号外,还为世界贡献了"最大胖子国"这一称号。因为按照肥胖人口占本国总人口的比例衡量,美国高达 1/4 以上,远远高于其他大国,美国收获这一称号当属名副其实。有趣的是,美国对胖人的划分自有一套标准,除了一般的肥胖人群之外,美国还有"大胖子"和"超大胖子"之分。所谓大胖子,简而言之,就是低头看不见自己脚脖子的;而所谓超大胖子,就是自己看不见自己的脚脖子,别人也看不见其脚脖子的。统计数据显示,美国有 3500 万人属于这两类"病态肥胖"的范畴。其中超大胖子有1500万人[①]。这类人群属于糖尿病、高血压、冠心病等病症的高危人群，他们通常连系鞋带这样的动作都做不到，更不必谈外出工作了，只有领救济金，靠政府养活了。2008年美国大选甫一结束，《纽约时报》上刊登的一篇文章就调侃说，4100万美国胖子成就了一个瘦人，奥巴马收获了多数胖人的选票[②]。在文章作者看来，有这么多胖子的衬托，奥巴马本人当然就成了"皮包骨"。在一个胖人的国度，一个皮包骨的总统候选人，会受胖子选民待见吗？结果消除了一切疑问。美国肥胖人群的规模可见一斑，其政治影响力自然也不可小觑。

诚然，肥胖人群的成因很复杂，与人种、饮食结构、地域条件等因素密切相关。单独拿胖子与美国挂钩似乎并不厚道，但不可否认的是，黑人在非洲的时候身体健硕，为什么到了美国就臃肿成面包，这说明美国的社会土壤适合胖子的成长。除了一少部分人因先天疾病导致肥胖外，美国绝大多数肥胖人群的产生都是由于营养过剩。而这大多又集中于美国穷人，尤其是一些非洲裔、墨西哥裔的移民族群，这类人群的贫困很大程度上是由于天性慵懒所致，美国完善的社会保障与救济制度对他们来说无疑是如鱼得水，滋养了这一群人。这些人可以放着现成的工作不干，无所事事，每月静等领取失业救济。在他们看来这样的生活照样很滋润，在美国经常可以看到黑人聚成一大群，开着汽车领救济的场景。令人吃惊的是，这种慵懒的美国"闲人"并不在少数，而且日益传染，有逐步扩大群落的趋势。俗语讲，有话能管住嘴的人多，有钱能管住嘴的人少。领救济也能吃饱饭，加上不用活动，人自然就发胖。而且胖人的食量

---

① Fattest States 2008, Calorie Lab's United States of Obesity 2008 map（不健康的国家：美国肥胖人群调查研究报告2008）。

② Closon whitehead, "Finally, a Thin President", The New York Times under the headline. November 6th. 2008.

往往惊人,由于胖更懒得动,于是就越发体型逼人了。试想,一对普通的美国黑人夫妇,整日赋闲在家,以巨无霸汉堡、大包炸薯条、特大杯可乐为食。再近的路程也要以车代步。那么,他们俩加入到肥胖队伍看起来是迟早的事。

同样,专门拿美国胖子与消费经济挂钩说事,似乎也有以偏概全之嫌。但事实上,这正是美国高福利社会的一张剪影。从某种意义上说,胖子就是高福利社会的一种表征方式。如果大家有机会去朝鲜看看的话,就会发现,在朝鲜要找到个胖子,其难度就如同让台湾地区前领导人陈水扁承认“3.20 枪击弊案”一样困难,没有比这再鲜明的对比了。美国社会的肥胖成风反衬出的就是一种高消耗、富营养化的社会土壤。美国领导人当然清楚问题之所在,但往往避重就轻,得过且过。这一切源自于政治上的多方面考虑,比如选票、人权等因素。

对于这些问题,美国政府自有解决的其他招儿法。借助世界核心货币的地位,美国通过印刷的美元来购买其他国家的产品,这相当于透支自己的经济积累,大把借钱消费。尽管债台高筑成为最大的债务国,但显而易见的好处是保持了美国人优裕的生活方式与生活品位。从这个层面上说,谁在养着美国人的消费?是全世界。可是美国人并不一定这么看。他们被“惯”坏了,反而理直气壮地认为全球经济增长仰仗着美国人的消费,以至于目前全球各国都这么认为,没有对美国的产品出口,经济就会受损或者一蹶不振。世事有时就这么黑白颠倒、不可理喻。

事实上,如果没有源源不断从世界各地流入美国的资金,比如大把大把地购买美国的债券、金融衍生品,美国的庞大金融资本市场市场如何维系?“次贷危机”的根源或许正在于此。再深入一步,如果看到上述的那对美国黑人夫妇不仅有吃有喝,整日无所事事,托次级抵押贷款之福,住上了更大更好的房子,并且从没考虑过诸如省吃俭用、节支还贷等方面的问题时，其他国家的劳动人民将作何感想？是否有一种违背天理的感觉？这样一个不劳而多获、多劳而少获的生存模式，如果能够长久地存在于世，那只能感叹美国人及其所信奉的上帝太“伟大”了。

美国人当然不如上帝那样伟大，美国人所信奉的上帝同样也不是万能的，吹大的泡泡自然有破裂的时候。“次贷危机”的爆发使得投入到美国房贷市场的国外资本损失惨重，有的几近血本无归。这其实就是变相地为美国人高消费的生活买单，不仅是为其住的大房子，也为其吃的大汉堡。不过，这次危机也表达出另一种信号。那就是，美国这种自己消费、全世界买单的“套利模式”越来越难以为继，一方面是美国难以说服更多的资本继续执迷不悟地“玩”下去，或许可以变花样说服，但总得缓上一阵子时日；另一方面是即使有这样的资本，有的已被榨取多次，油水似乎越来越小，难以满足美国日益膨胀的胃口。

美国人常挂在嘴边的一句话是“上帝福佑美国”，不知道是希望上帝福佑美国人的这种幸福生活继续呢，还是另有所指。美国人其实不明白，在上帝这位精明的造物主眼里，消费无度、寅吃卯粮的人迟早是要被抛弃的，一个民族乃至一个国家莫不如此。历史上罗马帝国空前强大，有甚于当今的美国，而如此伟大的帝国就是在挥霍成性、奢靡成风中毁灭的，以史为鉴可以知兴替。德国人奥托·基弗所著的《古罗马风化史》一书中对此有详细的论述。正如书中描写的那样，罗马帝国末期，骄奢淫逸之风盛行，帝国负债累累，整个国家已经没有力量和精力再次征战了①。如今遗存下来的古罗马竞

① 《古罗马风化史》一书中，旁征博引了大量史料，敏锐地捕捉到了古罗马人抽象的理想、性格特征，进而细致地深入到当时的宗教、哲学、文学及历史等具体领域，在社会文化的相互勾连中，凸现出古罗马人逐渐形成的“征服”姿态，进而论述了罗马帝国的衰亡及其原因。

技场，也只能成为罗马帝国的后代们缅怀先辈荣耀的寄托地了。就像有的美国学者反思道："如果美国是罗马，华尔街就是我们的竞技场①。"以此看来，今天的美国与其确有几分相似之处。

从优越的美国人身上，更能体会到中国人朴实中所蕴含的坚毅。美国人像温室中的鲜花，要活的舒展与高贵；中国人像荒原上的野草，活的就是那份顽强和坚韧。面对饥饿，中国人能食糠咽菜，甚至忍饥挨饿；美国人就不一定能做得到，美国人看起来无法依靠中国人的食物来维持生存，就像狼无法进食喂牛的稻草一样。美国人像狼，没有吃的会满世界猎夺；中国人像牛，没有吃的靠自己反刍。

至于美国是否会因"次贷危机"而走向衰落？这的确是仁者见仁、智者见智的话题，笔者不能妄下论断。但有一点可以断言的是，美国人活不下去的时候，一定会想到掠抢其他国家乃至全世界，无论是以传统的殖民、战争的方式，还是以新式的经济、贸易方式，再或者以更创新的隐秘方式，比如换个新花样的金融创新方式。这既源自于其崇尚的社会达尔文主义，更取决于其独一无二的全球霸权地位；而中国人不怕苦难，无论什么样的困境，首先想到自力更生。如同这次危机一样，美国靠别国伸援手，中国却靠自己，立足于自身的积累和实力。这就像草一样，尽管风吹雨打，但总能顽强地挺过去。这种力量看似羸弱渺小，实却坚韧无比。历史上庞大的食草恐龙灭绝了，而供恐龙所食用的草却生生不息存活了下来，这就是典型的东方智慧，有时非西方思维所能比拟。

西方人说 21 世纪是属于中国的世纪，这或许是捧杀，或许是出

---

① 美国《MarketWatch》杂志主笔 Paul B. Farrell 在 2007 年一次经济高峰会议上讲了这句话。他援引其他数据指出，华尔街的道琼斯工业指数最初由 12 只股票所组成，分别是当时各领域的龙头，如今只剩下 GE（通用电气）一只还存在着，其他的公司都无法适应变迁，而被并购或逐出业界。有可能，仅仅是有可能而已，你开始会觉得，华尔街就像今天的古罗马竞技场，恐怕也将随着帝国的衰亡而灰飞烟灭。

于敬意。当然，西方人也对印度说过同样的话。由此看来他们的话有时自相矛盾，确实不必当真。不过，这些论调还是带来一些启示，而且有一点是相通的。那就是，与中国人相比，印度人同样具有吃苦耐劳、生活俭朴的天然品性。中国和印度都是存续了几千年的文明古国，这自有其存续的道理，看起来上帝欣赏他们的存在。

不过，需要洞察而且深入探究的是，美国看起来有其内生的不竭活力。美国之所以能在全球社会纵横捭阖、呼风唤雨，同样也有其他国家不可比拟的优势所在。这个优势看起来就是其超群的"智力"，最集中的表现就在于创新力。美国无与伦比的创新精神和创新能力，无论是在政治、经济、科技、文化以及军事等众多领域，都体现得淋漓尽致，这是美国得以崛起并长期傲视全球的最大资本和软实力。个中道理再简单不过。这相当于美国凭借"智力"创造出来的好活计，中国和印度并不会，只能跟在后面学。但当中国和印度即将学会并准备单干时，美国又花样翻新创造出更有价值的新活计，迫使跟随者又得重新学，总是存在一定的"代差"。这就是中国和印度长时间以来给美国"代工"，只能获取微薄的"工资"收益的最朴素解释。当然，通常见诸于台面的理由未尝不具有说服力，其一方面归因于不合理的国际分工，另一方面归因于不平等的国际经贸秩序，但本质的缘由却往往被故意忽略了。如果说一个人的智力体现在其聪明程度上，那么一个国家的智力就可以用创新力来衡量。创新是一个国家兴旺发达的不竭动力。美国未来的衰落，不在于对全球掌控力上的绝对弱化，而是来自于其创新力的相对匮乏。如果缺少了相对于其他国家的创新力，美国对全球的综合掌控力自然会弱化。

言归正传，就像高消耗的民族是不安全的一样，高能耗的社会也是不安全的。因此，高能耗的美国方式绝不应成为全球争相效仿的榜样，反而应该是被改造的对象。为了增加社会的稳定度，将高能耗的社会转变成低能耗的社会便是一条途径。例如，通过节约能源的方式实现这一转变，但前提条件是不降低社会的复杂性。在模式的选择上，我们需要依靠提高能源效率的内涵模式，而非简单地弃用某种耗能设施的外延模式。如利用荧光灯代替白炽灯来节电是内涵式的，而用蜡烛或煤油灯代替电灯照明则是外延式的，因为某种程度上社会生活的复杂性降低了。

不过节能这一方式存在着天然的缺陷，其最大问题便是治标不治本。因为即使再节约，石油等不可再生的化石能源总有耗尽的那天。此外，某些时候，全球经济的放缓会导致对能源需求的下降，比如发生经济危机时。但这只会是暂时的下降，因为当下一个经济景气周期来临时，一定会将之前节约的能源变本加厉地补用回来。因此，尽管节约能源是需要遵循的长久之策，而开发新的替代能源才是必由之路。

从能源利用的角度看，未来的竞争中的胜出者一定符合这样的标准。首先，其一定会遵循能源伦理学的理念，契合能源节约的自然准则，全面地实现能源节约的自然要求，成为节能型社会的自觉践行者；其次，其一定是能源利用方式创新方面的先行者，更是能源高效利用技术领域的引领者；最后，其一定是下一代主导能源的开拓者与最大利用者。

这些要求比较容易理解。节约能源倡导的是一种健康的能源利用观念，而能源高效利用与开发则体现的是一种创新与开拓的进取精神，两者的结合可谓与能源可持续发展的理念一脉相承。在能源开发与利用方面处于先进行列的国家，则更易于在国家竞争力方面处于前列。毕竟，能源是国家发展和文明进步的基石之一。在煤炭替代薪柴成为主导能源的年代里，英国不仅是最早进行煤炭规模化开采的国家，更是煤炭的最大利用国，英国当仁不让地成为了那个时代的王者；同样，在石油替代煤炭成为主导能源的一个半世纪里，美国不仅是最早进行石油规模化开采的国家，长期以来都是石油的最大利用国。毋容置疑，美国是当今社会的霸主。这似乎表明了能源结构与国家竞争力之间的某种微妙关系，英国与美国的依次崛起也暗合了一种新能源开发与利用之路。从这个意义上说，在开发与利用石油替代能源，抢占下一代主导能源的竞争过程中，未来全球的领导者有可能就此脱颖而出。

高能耗社会的未来在哪里？这寄托于人类对旧的能源利用秩序的打破，对新的能源利用版图的构建，也寄托于下一代主导能源的大规模开发与利用。

第四章 能源替代之路

如同人类社会形态的更迭不平坦一样，能源替代的进程也注定不会一帆风顺，其间必将伴随着替代能源与传统能源之间的博弈。在煤炭替代薪柴，石油替代煤炭的漫长历史进程中，无不体现着这种博弈。新能源对旧能源的替代，并非是完全将旧能源取而代之、弃之不用，而是新能源对旧能源在社会能源供给中的主导地位的替代。煤炭替代薪柴，并没有消灭对薪柴的利用，只是改变了千百年来人类钻木取火、伐薪烧炭的能源生活方式。同样，石油替代煤炭，也只是降低了煤炭在社会能源结构中的比重，取代了其在社会能源供给中的主导地位，煤炭的大规模利用并没有因此而停滞。由此可见，未来对石油的替代一定不是单一方案。某一种替代能源作为主导能源，其他类型的多种能源作为辅助能源，众多的能源利用新途径作为补充能源，这种共存的能源结构模式将会在很长一段时期内主导人类社会的能源供应。

1. 替代品的价值

在商品社会中，西方经典政治经济学中的价值规律被看作是商品生产的一般规律。价值规律认为，价格是价值的货币表现，价值规律要求商品实行等价交换。而在实际的商品交换中，由于受到市场供求关系等多种因素的影响，价格往往同价值相背离，表现在当商品供不应求时，价格就会涨到价值以上，反之，当供过于求时，价格就会跌到价值以下。商品社会正是通过市场这只看不见的手来不断调节社会生产，实现供需平衡。

煤炭、石油能源作用商品，自然也遵循这一规律。但问题恰恰就出在这里。一些人会想当然地认为，一方面随着社会对煤炭、石油的需求越来越大，而另一方面煤炭和石油作为不可再生的能源资源，可供应量必然越来越少。在需求增加与供应减少的双重作用下，其价格自然会越来越高。乍一看，这种观点似乎有些道理，但通过深入分析，这种认识却是站不住脚的，因为其忽视了替代品的价值。

美国学者罗塞尔·罗伯茨在其所著的《看不见的心——一部经济学罗曼史》一书中，讲述了一个经典的案例：作为经济学老师的戈登先生在课堂上给学生们提出了一个问题，假如世界已经探明的石油储量是5310亿桶，每年平均消费量是165亿桶，那么全球石油有多少年就会被消耗殆尽呢？聪明的学生直接按计算器，不到5秒钟就给出结果，5310/165＝32.18年；笨拙的学生用手算，很快也得出了同样的答案。但戈登先生却摇头说NO，并且不忘告诫学生们这是经济学问题，而不是数学问题。同学们都面面相觑，迫于无奈，戈登先生最后只好告诉大家,答案是永远也用不完。而且还不忘幽上一默:这可不是脑筋急转弯问题。其中最大的区别在于,从经济学的角度看,当石油越来越少,价格越来越高时,就会刺激市场开发出石油的替代品,剩下的石油由于成本太高而无法开采,自然就不会用完,这便是问题的实质。

上个世纪 80 年代,关于不可再生资源是否会耗尽这一问题,美国两位经济学家——马里兰州大学的朱利安·西蒙和斯坦福大学的保罗·埃尔里奇曾进行过一场著名的赌博。悲观派埃尔里奇认为,不可再生资源的消耗越来越多,迟早会被用完,其价格将会大幅上涨;而乐观派西蒙则认为,这些资源不会用完,因为技术进步会使替代品出现,从而解决这些问题。而且从较长时间看,其价格不但不会大幅上升,还会下降。在互不服气的情况下,赌博看来是最自然不过的解决方式了。两人选定以铬、铜、镍、锡、钨五种金属作为赌博对象。每人以假想的方式买入 1000 美元的等量金属,每种金属各 200 美元,以 1980 年 9 月 29 日的各种金属价格为准,假如到 1990 年 9 月 29 日这五种金属的价格在剔除通货膨胀的因素后上升了,则西蒙就要付给埃尔里奇这些金属的总差价;反之,假如这五种金属的价格下降了,则埃尔里奇就要付给西蒙。结果到了 1990 年,这五种金属无一例外地跌价了。尽管埃尔里奇觉得诧异,不愿相信这最后的结果,但他仍然守信地将输掉的几百美元赌资付给了西蒙。而西蒙也心安理得地照单全收,丝毫没有不好意思,反而觉得这才真正体现了契约精神。西蒙之所以赢得这场赌博,凭的就是替代品的价值,也就是替代品经济所反映的商品价格机制。比如,铜和锡的价格上涨分别导致了塑料制品、光导纤维等替代品的大量涌现。替代品的出现意味着供给增加,结果使这些不可再生的稀缺金属价格大幅下降。

事实上,西蒙掌握的并非什么高深的经济学新理论。因为早在

1931年，美国经济学家哈罗德·霍特林就在其经典的《可枯竭资源经济学》一文中对这些问题进行了深入研究，并且提出了著名的“霍特林原理”。该理论认为，当不可再生资源的价格上升至一定水平时，必然会刺激相关替代品的开发与生产，其价格会因替代品的大量生产而下降，甚至低于原来的价格水平[①]。从这个角度来说，西蒙的获胜不是偶然的运气，而是客观规律的必然结果。

按照霍特林原理，石油作为不可再生的能源矿产资源，在技术进步和价格机制的共同作用下，永远不会有耗尽的那天。不过需要注意的是，应用霍特林原理时有个重要的假设，那就是在一定的时候，需要有好的具备竞争力的替代品出现。对于不可替代的可枯竭自然资源，则明显超出了其讨论的范畴，尽管自然界中鲜见这样的资源。就石油来说，凭借人类社会对其依赖的深度和广度，石油至少可以被看作是不易替代的自然资源。因为如果石油容易被替代的话，人类就不会对石油产生如此程度的依赖了。可见，完成对石油的替代绝非如其他自然资源那样简单。我们回到埃尔里奇与西蒙的赌局。假如埃尔里奇当时更加深思熟虑一些，坚持以石油而不是那五种金属作为赌博的标的物，与西蒙进行对赌的话，或许结果就是另一码事了。要么是西蒙觉得占不到便宜而放弃赌局，要么就是变换底牌重设赌局。但无论如何，埃尔里奇至少不会一败涂地。

石油的替代不是一蹴而就的过程，石油也一定不是在剩余最后一滴的时候才完成替代的。煤炭替代薪柴、石油替代煤炭均不是在原来的能源枯竭后才开始的。如煤炭替代薪柴，并不是在薪柴消耗完了才进行，而且薪柴的可再生性决定了其是不会耗尽的。同样，煤炭现如今还在大规模利用，这并不相悖于石油替代了煤炭这一事实。沙特阿拉伯前石油部长、欧佩克创始人之一的亚玛尼亲王曾有

---

① 1931年哈罗德·霍特林发表了《可枯竭资源经济学》一文，被认为是资源经济学产生的标志。

句远比其本人有名的名言:“石器时代的结束并不是因为石头用完了,石油时代同样如此。”在对石油替代过程的总结上,这句话被引用的频次可以说足够多,已经显得有些老套了。但尽管如此,我们恐怕找不到第二个比这句话更深邃而又更简约的表述。

如果今后人类社会难以承受石油短缺之困,在石油储量所剩无几的时候就真正开发出了石油的替代品,从而完成对石油替代的话,这不啻是人类社会的福音,至少人类社会治愈了长期养成的“油瘾”。如果有不幸的情况发生,这里说是万一,万一在没有开发充足的石油替代品之前,人类就耗光了石油,那么世界末日似乎真就到了。

2. 能源替代的价格先兆

当一种能源被另一种新能源替代前,价格往往是极其敏感的信号,旧能源的价格一般会出现剧烈波动的过程,这是价值规律起作用的自然结果,通常可看作是能源替代进程的先兆。

在英国第一次工业革命前的很长时期里,木炭一直是英国的主导能源。木炭不仅用于英国普通家庭的炊事和取暖,作为燃料更是被大规模用于工业领域。尤其在冶金行业,木炭既是燃料,又是冶炼工艺过程的还原剂,使用相当广泛。由于木炭的获取需要更多的木材进行烧制,另外,木材也大量用于建筑业和造船业,英国有一半的工业体系可以说是建立在木材利用上。正是基于这层含义,史学家布罗代尔才说,18 世纪之前的英国文明是木材和木炭的文明①。

① [法]费尔南·布罗代尔:《15 至 18 世纪的物质文明、经济和资本主义》第三卷,三联书店 2002 年版。

随着英国社会对木材的需求不断扩大，不可避免地产生了木材供不应求这一难题，大量的森林被砍伐仍然无法满足社会的需求。更为不妙的是，英国的森林资源原本就比较有限，因此英国不得不耗费巨资从国外进口木材，木材的价格也随着需求与成本的加大而不断攀升。从1540年到1650年的一百多年间，英国的木材价格上涨了八到十倍，木炭的价格更是上涨了十几倍，这使得英国根本无力承受，最后陷入了极为严重的能源危机中，社会经济发展行将停滞。英国人当时为应对那场空前的能源危机而付出了巨大的牺牲和努力。

不过，英国人是幸运的，危机终究没有持续下去。就像一些王国的衰亡可以从能源方面寻找注脚一样，大自然千百万年来累积起来的能源，也会帮助一些国家在经济即将崩溃的时候走出困境。英国之所以能在经济上转危为安，很大程度上的原因是开发并利用了煤炭这种新能源，而木炭价格的飞涨更像是推进器，为煤炭大规模进入历史舞台起到了推波助澜的作用。从1650年开始，英国家庭、作坊与工厂逐步增加了煤炭的用量。1712年，英国工程师纽卡门发明的蒸汽动力装置——纽卡门蒸汽机在煤矿中得到了成功应用，使得煤炭的大规模机械式开采成为了可能，人类第一次真正掌握了能源。自此之后，英国的煤炭开采量大幅提升。到1720年，英国的采煤量已达到400万吨，约占世界煤炭总开采量的80%以上，煤炭使用量更是高居世界首位。在18世纪末期，英国的煤炭生产量更是达到了1000万吨大关。煤炭的大规模利用强有力地推动了英国经济的发展，使得英国成为当时欧洲乃至世界上最具生产活力的经济体，从而促进了第一次工业革命在英国的萌芽与发展。

显而易见的是，新能源的利用会对原有的能源供应结构重新洗牌，煤炭的大规模利用使得木炭能源的主导地位一落千丈，木炭的价格同样也是一落千丈，甚至回落到了比早期的价格更低的水平。

木炭除了在炭火取暖、烧烤烹饪等小范围场合使用外，在更大的领域已经乏人问津。

无独有偶，煤油对抹香鲸油的替代过程同样如此。作为19世纪美国家庭主要照明油料的抹香鲸油，在煤油对其替代前，抹香鲸油的价格曾经不断攀升，从1820年的30多美分/加仑上涨至1866年的2.5～3美元/加仑，四十多年间价格涨了将近10倍。而当从石油中提炼的煤油逐步成为主要的照明油料后，抹香鲸油的价格便大幅回落，从最高的3美元/加仑一直降到最低40美分/加仑，考虑通货膨胀的因素，抹香鲸油的价格事实上已经低于1820年的水平。抹香鲸油除了作为润滑油小规模继续使用外，鲸油产业从此一蹶不振，鲸油照明产业在20世纪初基本上就消失了。

当然，并不是说价格波动就一定会反映能源替代过程的发生。因为引起价格变化的要素很多。与此同时，价格因素也并非能源替代发生过程的唯一表征。或许有其他更多的因素我们并没有注意或者根本就不清楚。我们关注价格因素，只是因为价格在一定程度中体现了某种能源的稀缺程度，反映了某种能源技术的成本因素，我们希望从价格的影子中窥视到能源替代过程的大致貌相。

从价格因素的角度看，前面两次能源替代的过程之所以进行得比较顺畅，替代能源的低廉价格起到了很大的作用，其最大程度上消除了能源替代过程的经济屏障。在两次能源转换的初期，替代能源的价格都是绝对廉价的，具有天然的价格优势。按照可比的价格，1650年煤炭的均价约为0.5英镑/吨，并且后来很长时间维持在1英镑/吨的低位，"廉价煤炭时代"维持了近一百五十年的时间，直到工业革命后期。而石油同样是如此，1870年石油的均价约为0.6美元/桶，1945年"二战"结束时石油的价格约1.05美元/桶，1970年也只有1.80美元/桶，折算相当于2009年的10美元/桶左右，价格便宜得几乎和白送一样。西方社会地经济发展实实在在地享受了

“能源红利”[①]。从1945年到1970年的二十五年间，全球社会经历着前所未有的战后繁荣期，西方社会的经济规模更是急速膨胀，扩大了数倍，而此间石油价格仅上涨了70%左右，这其中非供求关系层面的原因居多，西方石油消费大国有着人为压低油价的利益考量，而产油国人为制造出来的“第一次石油危机”正是对这种人为压价行为的不满和宣战。维持了100年时间的“廉价石油时代”就此终结。

总体上来说，价格优势是煤炭、石油当时分别以不大的市场阻力，得以顺利地进入社会领域的主要原因之一，技术因素当然也不可忽视。就像廉价的煤炭曾经强有力地推动了17世纪中叶以后英国经济的快速发展一样。廉价的石油也是战后几十年西方经济持续高速增长的原因之一。在“二战”后的繁荣日子里，整个工业世界的经济增长很大程度上是靠廉价石油来推动的，这看起来是一段石油生产国与消费国共同的“蜜月期”，这种蜜月期在1973年后戛然而止了。

反观目前石油替代过程的艰难处境，替代能源在价格上的天然优势的缺失是主要症结之一。以太阳能、风能、生物质能等可再生能源为例，它们除了具有减小温室气体排放的清洁优势外，价格方面并不具有天然优势，甚至有的存在明显的劣势，从而造成对石油价格的变化响应迟钝，自然而然地弱化了其进入社会领域的机会。此外，大多数可再生能源属于间歇性能源，受自然条件制约与变化的影响明显，应用上的技术缺陷不言而喻。试想，在替代品一无价格优势，二无技术优势，仅依赖一定的环境生态优势的前提下，整个替代过程如何发生？对可再生能源而言，这是无论如何也绕不过去的市场门槛。技术上缺乏竞争力的替代品，赋予其再多的市场培育

---

① [美]特伦斯·霍普金斯，伊曼纽尔·沃勒斯坦等：《转型时代：世界体系的发展轨迹1945—2025》，2002年版。

机会通常也无济于事。

可再生能源呼唤在技术上的革命性突破,唯有如此才有望大幅度地降低价格成本。不过遗憾的是,这种技术突破迟迟没能到来。像太阳能电池一样,现有的技术水平除了发电效率稍高外,与五十多年前没有本质的区别。这也就解释了为什么过去几十年里石油价格历经数次暴涨,可再生能源的开发总是雷声大,雨点小;总是处在形式大于内容的尴尬境况之本因。

难怪不明就里的人会疑问:为什么人类历经数十年开发而可再生能源仍不具备大规模竞争力?为什么新能源在能源消费中仍只占很小的比例?为什么替代能源总是在油价暴涨的初期喧闹上一阵,而后期仍摆脱不了被边缘化的尴尬处境?这一连串问题的答案有着同一指向性,那就是,这场替代石油的征程从一开始出发就在崎岖的山路,而不是在塑胶跑道上,不平坦是注定了的。

3. 石油定价的多极博弈

目前为止,历史上还没有哪一种产品其价格形成过程像石油这么波诡云谲、复杂多变。解读石油的定价过程既需洞幽察微,更要面面俱到。

首先,石油的自然属性是一种碳氢化合物,由其派生出第一自然属性为燃料的能源产品,第二自然属性为化工原料的石化产品。

作为一种能源与化工属性兼具的商品,石油的价格自然符合价值规律的要求,其价格显然由供求关系决定。石油供不应求,则价格上涨;供过于求,则价格下跌,石油价格的波动受市场之手调节。从市场因素的角度解读石油价格的波动,这看起来简单而有效,但有时却会存在问题。因为其无法解释为什么有时石油产量一直大于需求的情况下，油价仍不断上涨，反之亦然。油价为什么会长期与价值规律的指向相背离？退一步讲，即使油价与价值规律的指向一致了，问题也依然存在。因为仍无法解释为什么短期内石油价格会产生巨大的波幅。比如，每桶石油的价格从几十美元到上百美元，再回到几十美元，这一趟跌宕起伏的过山车之旅极其短暂，竟然可以在一年多的时间里完成。与其惊叹其中的玄妙与诡异，倒不如感慨价值规律的缺憾与无能。就数字而言，2008 年 6 月份全球石油日均供应量为 8650 万桶，相比 5 月份增加 35 万桶。后面的几个月国际石油市场供求基本上保持平衡，但是国际油价却不理会，照样从 100 美元飙升到最高 147 美元。这些事实说明国际间石油供需关系与油价的关联度已经不高，市场不需要额外的石油来稳定价格。明眼人都能看出这种波动的背后有“黑手”在挥舞。可见，拨动油价之弦，聒噪整个世界的并非仅仅是市场这一只手。

其次，石油的社会属性赋予了其天然的金融特质，石油期货市场的建立使得石油成为了一种金融产品。纽约商品期货交易所和伦敦国际石油交易所就是当今全球金融资本上演石油博弈的两大主战场，日均数百亿美元的交易额使得金融市场对石油价格有充分的话语权。油价暴涨暴跌的幕后推手自然缺不了高盛、花旗、摩根等不少国际金融巨头的席位，当然也不少了各类对冲基金及大大小小的套利资本的身影。借助石油供求多少、美元汇率升降、地缘政治松紧等等一箩筐或明或暗、亦真亦幻的消息、题材和噱头，金融市场连轴转地上演着一出出刀光剑影的博弈大戏。国际油价时不时就被金融资本所绑架，成为它们手中的提线木偶，人为地把玩和操纵。从这个角度说，金融资本就是拨动油价之弦的另一只手。

把石油作为一种能源、石化和金融产品，从经济因素的角度来解读石油价格的波动，似乎很有说服力了。但这仍只停留在问题的表面,因为它无法解释有关石油的许多有悖于经济学常理的诡异现象。比如,在低油价的时候,一些石油产业巨头不停地增加石油产量、提高炼油能力;而在高油价的时候,他们却对开发新油田、提升炼油能力等赚钱买卖提不起兴趣。尽管从经济效益上讲不通,但这种情况却时常发生。再比如一些国家放弃本国油田不予开采,而宁愿舍近求远、花费巨资从别国进口高价石油,个中缘由也绝非经济因素所能考量。由此说明,还有第三只手在超脱经济的更高层面上拨动着油价之弦。

最后,石油的社会属性还赋予了其独有的战略地位,这使得石油更成为了一种政治产品。1973年由中东国家主导的"第一次石油危机"使石油价格在一年间从3美元/每桶暴涨至13美元/每桶,造成了全球的能源恐慌以及欧美经济的严重衰退。全球社会第一次领略到了石油作为政治产品的巨大杀伤力。而后,美国在深刻领悟石油政治之精髓的基础上,利用其在全球的优势地位,坐庄主导了石油政治的大牌局。从石油战略物资的储备到纽约石油期货的创立,从敲打萨达姆到驻军伊拉克,美国的一切行动无不是为这个大牌局服务。美国出牌之老辣、手法之娴熟、力道之精准至今无出其右者。美国对如何修订游戏规则总是成竹在胸,因而才会把石油政治的牌局打得既眼花缭乱又玄机重重。作为拥有全球军力部署以世界警察自居的美国,其对国际油价的掌控能力无可匹敌。众所周知,引发国际油价波动的因素很多,如产油国一场小小的政治动荡很可能就迅速传导到市场,蝴蝶效应般地引发国际油价的大震荡。但问题的吊诡之处就在于,类似的事态往往以美国的介入并以美国希望的朝向而收场。我们看到,伸长的美国之手每每紧攥;事实上,攥着的不只是饵料,还有拳头。这只超脱经济层面的拳头就是政治之手。

在分属于市场、金融、政治的三只手相互掣肘、相互角力下,石油自觉不自觉地受到这三只手的合力作用，最终被拿捏成了将能源、化工、金融、政治这些分野明显的符号凝聚于一身的复合体。历史上还没有哪一种物品能像石油这样被赋予如此多重的身份与角色，并且每一种身份都名副其实，每一种角色都能完美胜任，与其叹服这三股力量的塑造力，还不如叹服石油本身的魅力。

在如此多重身份的背后，石油所承载的必然是以其为靶心的各种纷繁复杂利益的代言人角色。这张精心编织的利益之网背后牵出的石油大亨、石油用户、国际炒家、金融资本、欧佩克组织等一长串的名字，它们初期本是分属于不同利益的主体。随着全球化的彼此融合，经济上的相互渗透，其潜移默化的结果已然使这种利益分野也模糊起来，催生出许多非汝非吾又亦此亦彼的利益纠合体，友朋与敌手的界定陡然也模糊起来，愈发显露出石油政治大网的盘根错节、藤缠蔓绕。

如果说，起初石油价格的形成过程仅仅是作为能源产品的单声部独唱的话，那么，伴随着各方的长袖善舞、粉墨登场，你方唱罢我登台，这种局面到后来就逐渐被多声部的大合唱所取代。长期的磨合让这种大合唱摆脱了初始的杂乱与不默契，变得雄浑而流畅。但问题是，石油的敛态并没有受大合唱美妙的影响而松弛下来，反倒是越发收紧，石油就像人类社会发展的传动链条一样，在各种利益的纠葛拉扯下，这个链条越扯越紧，有可能在某一个时候顷刻间绷断。

对于石油价格的形成过程而言，上述三手并力的石油定价模式并非一成不变。随着石油战略物资属性的进一步凸现，石油作为政治产品的性质和地位不断得到强化。世界范围内的石油争夺彻底撕开了温情的经济面纱，石油定价过程的丛林化倾向越来越明显。传统的市场因素＋金融因素＋政治因素的三分模式，即油价形成中市场、金融和政治因素各占 1/3 的简单均分模式，其对解释石油价格在多向度、高频次层面的变化越发显得力不从心。经济因素看起来似乎不再是油价的主导因素。种种迹象表明，政治因素已经在主导着石油价格的潮起潮落，经济活动已经降格为一种从属的影响因素。正是基于此，英国剑桥能源研究协会主席丹尼尔·尤金才语出惊人地声称："石油，10％是经济，90％是政治。"尤金的结论夸张与否自不必言，但他对政治因素的倚重程度由此可见一斑。而与尤金相比，亨利·基辛格博士的观点更是有过之而无不及。1973年，这位美国前国务卿更发出振聋发聩的论调："如果你控制了石油，你就控制住了所有国家……"这句话注定成为了各国展开石油争夺的政治箴言，此后几十年，有关石油的一幕又一幕制裁与反制裁、控制与反控制、联盟与反联盟的国际大战轮番上演。美国执世界之牛耳，忠实而又灵活地践行着这一箴言。

上世纪80年代美苏冷战进行得如火如荼的关键时刻，为了进一步打击前苏联，美国启用了石油这把利器。压低油价将会对作为石油出口大国的"北极熊"产生重大打击，这是美国当年潜心研究后得出的结论。美国人算了一笔账：如果国际油价每上涨1美元/桶，莫斯科每年就多收入10亿美元；如果石油价格下跌10美元/桶，前苏联必将遭受100亿美元的惨重损失。当时这一结论是极其明确的，不明确的只不过是计划实施的方式与时机，美国只需要进行相应的筹划罢了①。正是在这一背景下，尽管当时总体上国际石油市场供大于求，美国却私下鼓动沙特继续加强石油生产和出口供应。为保证计划顺利实施，美国在向这个世界上最大的石油出口国进行大量投资的同时，并许以其世界上最先进的石油生产、加工、提炼的技术与设备。

结果可想而知，沙特就像被注射了大剂量催乳激素的奶牛，短

① ［美］彼得·施魏策尔著：《里根政府是怎样搞垮苏联的》，新华出版社2001年版，第123页。

时间产出量激增。沙特的石油日产量1985年8月前不足200万桶，几周后便猛增至600万桶，到1985年12月更飙升至900万桶。本来全球石油供需平稳，市场风平浪静。但沙特这个“搅局者”却给平静的湖面扔进了深水炸弹，其激起的浪花与愤怒一样强烈。国际石油市场开始全线崩溃。短短四个月的时间，国际油价从1985年秋的最高30美元/桶暴跌至1986年初的10美元/桶，下跌幅度超过60%。这对前苏联来说简直是一场噩梦，几乎一夜之间外汇收入便损失了一百多亿美元，占到了当年外汇收入的一半，由此引发的财政危机更是一发不可收拾。

美国的石油价格战之所以效果显著，主要是摸到了前苏联的软肋，而这又与前苏联特有的地理环境背景密切相关。前苏联的石油储量大多集中在西伯利亚与乌拉尔地区的冻土地带。就石油开采的难度和技术要求而言，在寒冷的冻土上采油所花费的代价要比中东沙漠大得多。当时前苏联的平均产油成本高达15～16美元/桶，而沙特的平均产油成本仅为5～7美元/桶，中间相差两倍还多。这意味着，油价足够高的话，两者都赢利；但当油价低迷的时候，沙特石油天然上便成了前苏联石油的替代品，迫使后者出局。

而仔细考察1991年苏联解体前的那十年国际油价行情及变动区间，就会发现问题的吊诡之处。油价最高时30美元/桶左右，最低时5美元/桶左右，长期油价徘徊在7～14美元/桶的区间；这意味着油价的最低底限为沙特的产油成本，长期油价的天花板则是前苏联的产油成本。至此，波诡云谲的油价变化终现端倪。这分明就是玩弄“北极熊”，将其仅存的体力折腾殆尽的游戏。由于人为地将油价压得如此低，总是在前苏联的产油成本之下。其用意就是，前苏联产油越多，亏损就越严重；石油出口越多，经济上失血就越甚。照这样的“玩法”，再强壮的体魄也会被“玩残”，何况这是在“北极熊”本来就很虚弱，身体上亟需“补血”的关键时候。在这场沙特明为祸首、实为帮凶，美国实为主谋、虚位以控的油价暗战中，石油政治的精髓得到了完美的诠释。美国、沙特、苏联三方的结局一目了然：谋事者意得志满，经济侍从政治主；帮凶者毫发无损，堤内损失堤外补；受害者一蹶不振，经济上不见起色。事实也的确如此，这场油价的暗战给本身就内外交困的前苏联增添了更大的经济创伤，为日后的解体埋下了祸根[①]。

冷战其实就是一场各种斗争手段无所不用其极的“超限战”，结果以“北极熊”被“山姆大叔”猎杀并肢解而告终。而石油价格战就像是山姆大叔猎熊过程中，在施打了一套眼花缭乱的组合拳后，偷偷放出的致命一枪。

4. 石油政治大牌局

21 世纪开启的新一轮油价狂飙的大戏，不知又隐匿着多少不为人晓的秘密？面对油价轮番的涨势，喜的一方弹冠相庆，忧的一方满面愁容，喜忧参半的声色不露，不同的回应代表着各方的利益诉求。虽说石油价格形成的过程是个多方参与的大合唱，但指挥棒却牢牢握在美国人手中。历史往往惊人地相似，又时刻变幻着原本的面目。

从利益指向上看，此轮石油价格暴涨的过程，正是财富从发展中国家流出的过程，看上去更像是通过石油价格杠杆对财富进行再分配。准确地说，是对绝大多数发展中国家实施的财富大挪移。

如果按照利益指向划分和敲定博弈的各方，全球石油涨价的过

① [美]迈克尔·埃克诺米迪斯、罗纳德·奥力格尼著：《石油的色彩：世界最大产业的历史、金钱和政治》，石油工业出版社 2002 年版，第 100 页。

程更像是一个大牌局。其实质就是一个美国坐庄、石油出口国赢钱、西方发达国家分成、多数发展中国家掏包的博弈游戏。而牌局后面更是观者如云，自愿不自愿地充当着陪看客的角色。我们先分析这个牌局的利益结构。

先说赢钱的。毫无疑问，石油输出国是这个牌局的最大赢家，这好比它们一上手就握有一把好牌（石油资源），以至于不赢钱都不可能。这包括欧佩克成员国和非欧佩克国家。目前，世界上80%以上的石油储量和输出量归这些国家所有。它们从石油的涨价过程中赚足了美钞。据统计，仅海湾六国2008年的石油收益就近6000亿美元，俄罗斯、委内瑞拉等国也赚得钵满盆满。

再说分成的。西方主要发达国家也是获益者，它们是收益分成者。尽管手里几乎没有好牌，但它们通过种种手段抢到了不少好牌，尽管不保证能赢钱，但在这场诡谲的牌局中不输钱就已经算是成功了。

如果说前两次的石油危机，油价暴涨对西方发达国家造成了沉重打击的话，后来它们就变得聪明了，极力吸取之前的教训。一方面西方发达国家在减少能源消耗方面做出了巨大的努力，取得了显著的效果，如能源利用新技术的层出不穷，使得整个社会的能源利用效率明显提高；同时，西方发达国家“后工业化社会”的特征极为明显，因为大多数国家完成了高耗能工业向发展中国家的战略转移，这自然也降低了对石油的依赖。另一方面，西方发达国家以各种手段，通过跨国公司在产油国拥有许多大油田的股权和大量石油相关业务。2003年伊战后，伊拉克大部分石油资源的开采权被美国埃克森石油公司、英国石油公司和壳牌石油三家分享就是明证。许多大的石油公司可以说仍然控制在西方发达国家手里。这样它们在油价上涨时可以分享巨额的资源收益，对冲了油价上涨的损失[①]。

然后说掏包的。既然有人赢利，自然就有人吃亏。高油价的最大受害者就是那些需要大量进口石油，而却没有对冲措施的发展中国家。因为它们手里既没有好牌，也没有抢到几张好牌，而且牌局还不得不坚持打下去，这样看来，从口袋里掏钱是逃脱不掉的了。这其中以中国、印度这两个全球最大的发展中大国为代表。作为世界上人口分列全球前两位的大国，其对外石油进口的依赖度高得惊人，其中中国石油消费50%以上依赖进口，印度更高达70%以上，加之印度自身的石油储量远小于中国，情况比中国更严重。高油价近乎于对这些国家的一种大“盘剥”，多年积累的财富有可能在不经意间就悄悄发生了转移。这看起来就是一场“石油版”的劫贫济富的游戏。

以中国为例，2001年初中国外汇储备为2000亿美元，国际石油价格在25美元/桶左右，可购买石油80亿桶；2008年3月，中国外汇储备居世界首位，达到1.68万亿美元，以石油价格70美元/桶计算，中国可购买240亿桶。虽然中国外汇储备增长7倍多，但通过石油反映出的真实购买力仅增加了2倍。尽管这只是静态的简单对比，但揭示出来的问题却是深刻的，这说明中国手上的美元资产大幅贬值了。正是基于这一道理，当2007年西方社会指责伊朗不增加产量从而导致油价飚升时，伊朗石油部长努扎里对那些指责予以了强烈的反驳，不过他的话意味深长：“问题不是油贵，而是美元太便宜了。”

高昂的油价对广大发展中国家来说，会大大增加石油消费的成本。这意味着同等条件下要花费更大的代价实现发展的目标。而且石油作为最主要的基础资源之一，其价格上涨将会沿整个产业链

---

① 舒先林著：《美国中东石油战略的经济机制及启示》，《当代世界经济与政治论坛》，2005年第1期。

向上传导，引发能源、化工、交通运输等广泛领域的成本提升，进而波及整个经济体，引发通货膨胀，对经济发展带来较大的负面影响。

曾几何时，“中国制造”为全球提供了物美价廉的消费品，一时风光无限。但目前这种生产模式却越发难以为继。因为其本来就是多产多销、利润微薄。如果生产、运输、销售成本再被高昂的油价所拉抬，就已经近乎于陷入赔本赚吆喝的境地。高油价无疑就是对中国这个“国际工厂”的巧取豪夺。而与中国地位相似的印度、越南等国，其境遇也好不到哪里，同样处于被“盘剥”的境地。

观察过去几十年的经济史可以发现，每隔十多年全球社会就要发生一次有关财富转移的“剪羊毛”故事，所不同的只是变换着修剪的对象和方式而已。1973年发达国家因石油危机被剪；1985年日本因广场协定被剪；1997年东南亚各国因亚洲金融危机被剪；联想到这些，2006年以后发展中国家因油价暴涨被剪，这看起来就不算奇怪了，更不必提全球各国因“次贷危机”集体被剪了。

最后重点说坐庄的。为什么说美国一定是庄家呢？很显然，这个世界上目前除了美国，没有哪个国家有坐庄的资格与实力！那么庄家美国的利益如何呢？作为世界上石油进口和石油消耗最大的国家，高油价看起来与美国的利益指向并不一致，美国似乎是高油价的最大受害者。尽管高油价也使其他国家受害，但美国会玩这种“伤人三千、自损一万”的游戏吗？眼睛经常容易被表象所蒙蔽。

透过问题的本质看，此次石油暴涨的最大收益者正是进口石油最多的美国，听起来匪夷所思吧？但事实上千真万确。就像不能仅凭哭声的大小就确定谁最受伤一样。有时候哭得最伤心的往往并不一定是最难过的；两方争吵中占理的也不一定是呼喊得最凶、声泪俱下的。按照我们一般对赌局的浅显认识，庄家顶多不获利而白忙活，但鲜有吃亏的，因为庄主的有利位置在那里摆着！事实也的确如此。美国这个庄家尽管手里没有几张好牌，但并没有关系。它不靠在牌局的台面上赢钱，而是凭借庄家的有利地位玩一种“抽头”的套利游戏，也就是说玩牌的各方都需要给他“上税”。

美国之所以会有这种“抽头”的收益。这和其在全球的霸权地位密不可分。众所周知，石油全球贸易的主要结算货币是美元，也就是说石油是以美元为主进行标价的。通过推高石油价格，压低美元价格，一扬一抑之间，美国便实现了最伟大的套利。而压低美元价格的办法很简单。由于美国是世界上的“核心货币提供国”，全世界都认美国的“绿票子”。美国只要开动印钞机，就能用纸币轻易换取石油，而代价就是一段时间内美元汇率走低，美元贬值。

对其他国家如中国或印度而言，购买石油所付出的美元是实实在在地挣取的，是他们以实物产品或服务换来的，可以说每一分都是血汗钱；而美国则不同，他的美元是从印钞机里出来的。正如美国经济学家保罗·克鲁格曼精辟描述的那样：“全世界都在努力生产美元能够购买的商品，而美国则负责生产美元，利用其核心货币提供国的地位，以印刷品的价格换取石油。”那么这一价格是多少呢？就是印刷一张百元美钞所需要的成本 6 美分，换句话说，别的国家 70～80 美元/桶得到的石油，美国 6 美分就可以得到。这是由美国作为庄家的地位决定的。当然，美国也不能无度地滥印钞票，这会削弱美元的核心货币地位。因此，美国玩的是一把双刃剑，但它要玩一种令人心跳的平衡，既要极力砍到对手，又要避免伤到自己。

坐庄的好处除了几乎是白用石油外，还有其他好处。尽管生产石油的欧佩克国家确实挣足了美元，但这些“石油美元”大部分仍要流进美国市场，寻求保值增值，这本身就在为美国的贸易和财政赤字买单。再者，美国的石油公司控制了全球石油贸易的绝大部分，油价即使涨到了天上，对美国而言也无非是把钱从左手转到了右手。美国的石油消费主要在于交通运输以及补充石油储备，因为美国大部分的工业化生产过程自有其他国家如中印等国代其完成了，它只要印刷钞票购买现成的产品或半成品就可以了。因此,油价的涨跌其实对美国实体经济总体影响是很小的,影响大的主要是美国的汽车、交通运输等对石油价格极度敏感的行业;其次也包括美国的普通老百姓,高油价让这些习惯了寅吃卯粮过日子的美国人感觉到手头紧巴了。但这些困难可以通过发放行业补贴、民众补助等方式从国家层面上予以统筹解决。

我们试着通过博弈各方出牌与应牌的方式模拟一个牌局,考察油价是如何被这个牌局影响和推高的,进而洞悉油价变化的脉络。为简化矛盾及叙述起见,博弈各方简化为美国(庄家)、欧佩克(石油输出国)、法德(西方发达国家)、中印(发展中国家)为四家,金融资本(高盛、摩根等资本巨头)作为操牌手,负责推动油价涨跌。这几方对油价的利益诉求及影响方式分别为:美国希望油价缓慢稳步走高,以对应美元缓慢贬值的节奏。美国以地缘战争、库存变化、美元汇率等影响牌局;欧佩克希望油价在高位长期稳定,不希望油价过高而引发替代能源的盛行,以利于获取长期稳定的高收益。欧佩克以增减产影响牌局;法德属于骑墙派,在美国与欧佩克中寻求平衡,以结盟方式影响牌局;中印希望油价在低位运行,以减少经济运行成本,不具备有效的影响方式,主要以口头申辩影响牌局。我们以2002年国际平均油价为25美元/桶起始点,由此观察这个牌局是如何运作的。

2003年庄家开始叫牌

美国叫牌:伊拉克拥有的大规模杀伤性武器将对世界安全构成严重威胁,铲除萨达姆政权将为中东地区除去一个产生暴力、侵略和不稳定的源头。(2003年2月15日美国总统布什讲话);

法德应牌:伊拉克的主权和领土完整必须得到尊重,反对美国单方面对伊动武。(2003年2月25日法国总统希拉克讲话)。美伊应对具体的和平建议达成共识，借以替代采取军事行动的决议。(2003年3月13日德国总理施罗德讲话)；

中印应牌：对伊军事行动必须回到国际框架之内，联合国是唯一授权机构。(2003年2月26日中国外交部发言人讲话)；

欧佩克应牌：将密切关注伊拉克局势动荡对世界石油市场的变化，并对市场走向做出迅速反应，在必要的时候增加产量。(2003年3月1日欧佩克发言人讲话)；

美国出牌：反对无效。2003年3月20日伊拉克战争正式打响。

借助伊拉克战争，金融资本将油价推高至35美元/桶，2003年的平均油价维持在30美元/桶以上。

2004年庄家重新叫牌

美国叫牌：全球经济复苏将引发对石油消耗需求的异常增长，预计石油日需求总量将达到8240万桶，较2003年增长260万桶。(2004年1月国际能源机构报告)；

欧佩克应牌：第二季度石油有望下降，推行减产保价将十分必要。(2004年3月欧佩克报告)；

美国应牌：美国的商业石油库已存处于历史低点，敦促欧佩克继续增产。(2004年10月美国能源部能源信息署声明)；

欧佩克应牌：欧佩克下半年日300万桶的产能已经达到历史最大化，供需缺口将加大。(2004年11月欧佩克报告)；

借助供需矛盾加大的因素，金融资本将油价推高至55美元/桶，2004年的平均油价维持在41美元/桶。

2005年欧佩克开始叫牌

欧佩克叫牌：石油资源和石油供应都很充分，居高不下的油价已使需求增长势头放缓，美元贬值才是油价走高的重要因素。(2005

年 6 月欧佩克轮值主席、科威特能源大臣讲话)；

美国应牌：世界经济发展良好，但自然灾害尤其是“卡特里娜”飓风以及一些炼油厂火灾，将对十分脆弱的国际油价向高位运行起到推波助澜的作用。(2005 年 10 月国际能源机构报告)；

法德应牌：油价高位运行将对欧盟经济带来负面影响，应重新评价美元汇率问题。(2005 年 11 月 5 日欧盟委员会负责能源事务的委员皮耶巴尔格斯讲话)；

中印应牌：油价已经明显处于高位，有下行的需要。(2005 年中国国家信息中心预测报告)；

借助美元汇率及自然灾害问题，金融资本依照美国的指向将油价推高至 70 美元/桶，2005 年的平均油价维持在 56 美元/桶。

从 2003 年到 2005 年的国际油价走势可以看出，分别借助战争、供需矛盾、美元汇率、自然灾害四方面的题材，油价被一步一个台阶稳步推高。经过 2006 年的高位震荡后，油价重新步入上涨轨道，2007 年到 2008 年的油价走势更加疯狂，进一步说明了各方的博弈更加激烈。以 2007 初油价 50 美元/桶为基准，观察油价是如何演绎疯狂的。

2007 年美国开始叫牌

美国叫牌：以中国、印度为代表的新兴国家的石油需求增长太快。这必将带来供需的不平衡，从而快速推高油价。(2007 年 3 月高盛公司研究报告)；

中印应牌：这种指责毫无道理。其不仅无法合理解释 2007 年世界石油总需求同比增长 0.8%、2008 年预计增长 1.2%的情况下，油价会为什么翻倍？同时也无法解释在 2002 年至 2006 年期间，世界石油消费量只增加了 7.7%，而油价却上升了 4.2 倍。两者的增幅明显不同步，没有相关性。(2007 年中国国家信息中心报告)；

法德应牌：中印等新兴国家的快速需求的确是石油供需缺口增大的主要原因之一。（2007年4月欧盟领导人讲话）；

借助中印石油需求大幅增长的题材，油价被推至60美元/桶。

美国叫牌：欧佩克目前的产能所剩无几，供应缺少弹性。这是石油供应上出现的突出矛盾。（2007年4月美国能源部能源信息署报告）；

欧佩克应牌：目前世界存油达到五十多天以上，市场上供油应充分。根据以往的历史数据和经验，不存在供应短缺的问题。（2007年4月欧佩克发言人讲话）；

借助欧佩克石油供应短缺的题材，油价被推至70美元/桶。

法德叫牌：8月份将进入美国传统的飓风季节，这将对美国的石油供应和炼油业产生重要影响。（2007年7月法国道达尔石油公司研究报告）；

借助美国即将遭受飓风的题材，油价被推至80美元/桶。

欧佩克叫牌：欧佩克决定将每天的生产配额提高50万桶。（2007年9月欧佩克发言人讲话）；

国际油价应声而落，但随即不久又继续攀升至90美元/桶，这源自于美国的继续叫牌。

美国叫牌：目前中东地区巴以局势紧张，苏丹、委内瑞拉、尼日利亚等产油国局势同样不稳，加上中国对石油需求的持续上升，将会对石油供应带来更大压力。（2007年12月高盛公司研究报告）；

借助地缘局势紧张的题材，国际油价接近突破100美元/桶。

美国继续叫牌：美国将继续增加战略石油储备，目前每天购买大约6.7万桶至6.8万桶石油用于增加战略石油储备，而世界日均石油需求量是8500万桶左右，我不认为这会影响石油价格。（2008年4月10日美国总统布什讲话）；

借助美国布什总统的讲话，国际油价被金融资本推至120美元/桶以上。

从上面的演绎过程中可以看出，油价似乎被一只无形的力量托着一路向上爬坡，每到油价缺乏上涨动力的关键时刻，这种力量就立刻被释放出来，助推油价再一次向上跨跃。最明显的是当油价在100美元/桶徘徊的时候，美国总统布什“适时”出来宣布继续增加石油战略储备，这无疑是令油价跃上120美元/桶而人为放的一把火。

我们领略了石油在金融博弈层面上所演绎的疯狂，而这个石油政治的大牌局其深意不仅仅在于经济层面。如果说美国推高石油价格，意在中国倒退20年的说法有些夸张的话，但绝对存有遏制中国发展的战略利益考量。美国主导的反恐战争胜利后，其战略外交已经发生重大转变，防范中国这种正常国家挑战美国的霸权地位已经重新调整成为美国对华战略的重点。高价石油一定程度上可以遏制中国经济的高速增长，进而使中国的经济和政治稳定受到威胁，这与美国的战略目标一脉相承。作为世界上第二大石油消费国，只要石油价格被推高并维持在130美元/桶以上，中国就需要付出较高的经济代价，多少年靠出口服装、玩具、鞋帽积累起来的财富就将拱手相让。中国每出口一双鞋子的利润最多一美元，一桶石油就让中国损失几十美元，反差显而易见。事实上，尽管高油价对石油进口国的经济发展均会带来较大的负面影响。但问题是各国对高油价的承受力是不同的，西方发达国家的承受极限要远高于发展中国家。日本的一项研究结果表明：世界经济整体所能承受的高油价极限是126美元/桶。而发达国家普遍比发展中国家承受力高：美国为160.1美元/桶，日本为168.1美元/桶，英国为160.1美元/桶，而中国和印度分别为99.5美元/桶和62.6/桶美元，还有一些发展中国家则更低[①]。如果油价长期维持在100美元/桶之上，想必还没

① [日]牧野润一著：《世界经济究竟能承受多高的油价》，《经济学人》周刊（日本），2008年5月20日。

有等到发达国家开始叫苦,一些发展中国家就首先已经崩溃了吧!

当然,将油价上涨说成美国设计主导的一场阴谋,无论何时何地都会有一些人不信服。因为要找到足够证据来证明这个"阴谋"几乎是不可能的,除非相关的档案和文件完全解密。不过可以试想,如果有一种游戏既可以从中套利,又可以打击潜在的对手,从国家实用主义的角度来看,美国为什么不去做?如果说上世纪80年代美国通过石油武器打击前苏联是理所当然的话,凭什么就相信美国会对中国网开一面?有时候必须审视美国的战略眼光和危机处理的手段,像所有的国家一样,美国考虑问题首先基于本国利益。但如果美国占不到先机,那么它也要阻止其他对手得到利益,这就是美国崇尚的政治逻辑。

在石油政治这个大池子里,在缺乏真正有效的跨国度、跨领域的监管之下,活跃在前台的只是形形色色、虚无缥缈的各种代理人,幕后的主使着实难以寻觅。但这并不等于无迹可循,而唯一能依靠的就是利益考量与分析。中国古代先哲韩非子曾说,做马车的希望人们富贵,做棺材的希望人们死亡,并非是一个天性善良,一个用心险恶,而关键是利益使然①。我们分析问题也往往需要如此。利益的指向会将事态发展的脉络一缕缕呈现出来,它是一把打开代理人与主使之间重重暗门的钥匙。

如果提起2008年下半年开始的国际油价暴跌的图景,就更加耐人寻味了,这从另一面凸显了油价形成过程的人为痕迹。2008年7月份,国际油价还站在147美元/桶的最高点俯视全球,而到了2008年12月,油价已跌至40美元/桶的绝对低点。在大约一百多个交易日里,国际油价如自由落体轰然跌去逾百美元,几乎是以日均1美元

① 出自《韩非子·备内》第十七,原句为:故舆人成舆,则欲人之富贵;匠人成棺,则欲人之夭死也。非舆人仁而匠人贼也,人不贵则舆不售,人不死则棺不买。情非憎人也,利在人之死也。

的下跌速率快速坠落。从147到40,短短五个多月,却恍若隔世。

情况之所以这么吊诡,因为美国"无心"玩了,庄家死了!但迟早还会活过来!

5. 石油替代的崎岖之路

廉价的石油曾经给全球社会带来过巨大的福音。20世纪的社会进步有多少是靠廉价石油推动的?尤其是"二战"后的繁荣日子里,整个工业世界的经济增长有多少又是廉价石油的功劳?无人能算得清,但绝对能看得到,全球社会可谓无时无刻不享受着这种"石油福利"。也正是这种福音使得全球社会患上了深深的"油瘾"。从"第一次石油危机"起,人类社会就为寻找石油替代能源而做出了种种努力,但看起来困难重重,全球社会对石油的依赖丝毫不减。个中原因值得深思。

在全球社会开发石油替代能源的征途中,欧佩克组织是最大的绊脚石。这个创立于1960年的石油出口国之间的组织从成立之始至今,时刻都在影响着国际石油市场的风云变幻。欧佩克创立的宗旨在于平抑石油供需、消除油价波动,确保石油长期、稳定供应。但它后来似乎背离了这一要义,看起来更像是一个垄断的卡特尔组织①。即使欧佩克自身坚决否认,但并不妨碍做这样的认定。卡特尔组织的称谓一般限于企业组织,欧佩克是一个国家间组织,看起来风马牛不相及,但其本质上无疑都是一样的。其都是以赢利为目

① 卡特尔为法语Cartel的音译,原意为"协定"或"同盟",卡特尔是垄断组织形式之一。生产或销售某一同类商品的企业,为垄断市场,获取高额利润,通过在商品价格、产量和销售等方面订立协定而形成的同盟。

的，通过在商品价格、产量和销售等方面订立协定而形成的带有垄断性质的同盟。欧佩克俨然已成为全球最大的卡特尔组织。

欧佩克为了维护其成员国利益，总是力求油价维持在一定的范围内。油价过低会影响其收益，油价过高也会影响其收益，因为过高的油价会促进石油替代能源的开发与利用，最终同样损害欧佩克的利益。对欧佩克而言，最理想的情况是油价维持在一定的高价位，但这个价位又低于一般的石油替代能源的临界成本，这样就使得石油长期无法被替代，从而维持欧佩克的话语权及其成员国长期而稳定的高收益。从这个层面上说，欧佩克组织客观上阻碍了替代能源的开发。

上世纪 80 年代，风能、太阳能等新能源刚刚燃起了萌芽之火，但不久就被欧佩克的增产计划所扑灭，石油价格大幅回落，这些可再生能源处于被冷落、被边缘化的境地。油价暴涨后又暴跌，造成了替代能源的极度不适应，开发与应用的风险骤然加大。油价的剧烈波动尤其不利于能源领域的替代与技术创新，其主要原因在于，油价一定时期受多种因素影响而表现出的变化，未必能反映石油供应的长期走势，尤其在供应趋紧的初期更是如此。油价并非线性上升，更可能呈波浪起伏状态。对于投资者而言，油价变化所发出的信息经常是混乱的。油价的短期回落极易动摇投资商的热情和信心，而且资本市场的关注力往往不稳定，其急功近利的运作模式也给替代能源的开发带来极大的不确定因素。

人们需要清醒地认识到，油价的下跌也并不全是好事，油价下跌更像是一把双刃剑。好的一面在于，油价下跌能起到一种稳定市场的作用，缓解高昂的油价对经济的冲击，抑制通货膨胀。同时，石油消费成本的减少也能减轻人们的开支负担。从这方面看，油价下跌是个好消息。

但另一方面，低廉的油价蕴含的风险或许要大于它所能带来的好处，尤其是在石油供需保持着脆弱平衡的今天。欧佩克组织认为，合适的油价应该在75～80美元/桶的范围。较低的油价会抑制产油国对于新油源的勘探、开发和基础设施建设的计划。于是问题来了，一旦世界经济脱离了衰退状态，对石油的饥渴重新回来，那时会出现什么样的情况呢？如果供应量跟不上需求的增长，价格上涨将更猛烈。从这个意义上说，2008年147美元/桶的国际油价并不一定是历史最高点，未来油价超越200美元/桶并非遥不可及。

更为重要的是，过低的油价其实是一剂甜美的毒药。它使开发石油替代能源变得不经济，替代能源的开发随之又面临一系列困境。随着石油价格的下降，人们对摆脱石油依赖的积极性，追求节能和高效生产的动力都会减弱。这使得全球社会在可持续发展和气候保护方面的种种努力将再次经受考验。长远看，这对人类社会并无益处。低廉的油价使得石油"苟存于世"，延续着石油的社会寿命，而高昂的油价才更像是敲响着欧佩克的丧钟。

如果说欧佩克是石油替代能源开发中的绊脚石，那么石油公司更像是维持现状的"守成者"，其"道德觉悟"也并不见得比欧佩克高尚多少。作为企业，石油公司趋向于获取更大的经济效益，这本来无可厚非，只不过这种利益往往局限于小圈子，而且考虑不到那么长远罢了。相对于开发新型的替代能源，石油公司总是热衷于把现有的石油资源分掉，原因很简单，一样的经济目的，以更易行的方式实现，资源立即就转化成现金了。

毫不夸张的说，全球社会现如今正面临着极其关键的抉择。如果人类的短视与惰性还是占了上风，那么人类开发石油替代能源的种种努力很可能再次化为泡影。全球社会将再次被锁定在一条惯性巨大的旧有轨道之中。所谓锁定，指的是这样的处境：没有外部的强力推动，路径将很难被轻易改变。一些悲观人士甚至声称，全球社会将重蹈之前的覆辙。我们有时不难感受到人类社会试图摆脱石油依赖所面临的艰难程度。

不过从自然哲学的辩证观来看，我们也不必为黎明前的黑暗所牵绊，知难而上才是迎接曙光的正途。自然哲学的辩证观告诉我们，自然物质虽然是有限的，但是附着在自然物质上的满足人类需要的能力是无限的；石油的枯竭仅仅是石油这种自然物质的枯竭，而不是曾经由石油所提供的用来满足人类需求的能力的枯竭，这种能力只是借助于石油这个载体来发挥作用，在石油枯竭之前完全可以转移到其他载体上。想必这就是人类社会能够戒除“油瘾”的精神力量之所在吧！

石油什么时候会开始被真正替代呢？问题的难度在于石油的替代不是一个时间节点，而是一个时间过程。纵观油价近些年上窜下跳的巨幅波动，与历史上新旧能源更替时的图景何其相似！从这个角度来说，能源领域的变革已然箭在弦上，或者还可以说，对石油真正意义上的替代过程已经在悄然进行，只不过替代过程的标志需要后续进一步认定。那么，我们能做什么呢？我们需要做的，就是加速新能源到来的步伐，迎接新能源的革命。

第五章 迎接新能源的革命

人类使用的能源可分为一次能源与二次能源。所谓一次能源，指的是可以直接从自然界采集利用的能源，这既包括煤炭、石油等化石能源，也包括水力、太阳能、风能等可再生能源。电力由于是经煤炭、水力等一次能源转化而来，因此被称为二次能源。从一次能源利用的角度来看，18世纪的能源革命，是以煤炭代替薪柴，蒸汽动力代替人力、畜力的革命，这造就了第一次工业革命的辉煌，蒸汽机的发明成为其标志。19世纪开始的第二次能源革命，是以石油代替煤炭的革命，以内燃机的发明为标志。内燃机的发明提升了人类交通工具的动力性能，推动了汽车、远洋轮船、航空工业的迅猛发展，人类的足迹由此遍布了地球空间。21世纪的能源革命既是一场全面替代石油的革命，又是一场能源利用新技术大行其道的革命，清洁能源和高效能源的概念要被以往任何时候都更受重视，氢能、太阳能的大规模利用将使人类向更遥远的外太空进发。这场能源革命，其意义足以比拟历史上任何一次能源替代过程，许多方面更是有过之而无不及。我们这个时代的脉搏是什么呢？两个字：变革。

变革就是我们当今这个世界的主旋律。那么我们这个时代亟待变革的领域有哪些呢？能源领域就是其中的一个，这场触手可及的新能源革命因而具有非比寻常的意义。

1. 新能源——经济增长新引擎

源自美国的这场次贷危机与经济发展周期有关，但从经济布局上看，与之前美国的产业导向也有不小的关系。科学技术是第一生产力，科技变革与进步对经济带来的刺激作用往往十分显著。“二战”后的科技大发展使得西方发达国家的经济保持了几十年的繁荣。上世纪 90 年代初，在美国经济增长乏力，衰退迹象明显表露的关键时刻，克林顿政府适时调整了产业导向，搭乘了以互联网为代表的信息技术革命的快车，从而激发了美国经济的新活力。一大批高科技公司在美国硅谷纷纷崛起，美国由此享受了长达十年的经济繁荣，同时也带领全球一起迈入了信息社会。随后，生命与基因技术、纳米技术等也被寄予极大的厚望，被作为新的增长引擎加以培育，但不幸的是无功而返。由于缺乏一个具有带动优势的产业群崛起，互联网泡沫后的一段时间内，美国经济相对表现疲软。这时，大力发展金融业和房地产业成为了新政策的首选。而相关政策的导向结果十分突出，美国经济在金融业、房地产业创造繁荣的高速轨道上一路飞奔，直至 2007 年出现危机。现在看来，短期内金融业和房地产业想再次成为经济增长的火车头已经不可能了，这两台引擎估计要熄火很长一段时间了。因为不敢再为其加油了，否则更危险。

经济危机的破坏力是极其巨大的。但如果一分为二的辩证来看，危机的发生也并非一无是处。经济危机就像荒原上的野火，一场大火烧掉一切，无论是动物和植物，还是旧有的生态秩序。但当灰烬散尽之后，新的生命气息又会开始萌动。无论是信心，还是新兴的产业和机会，都会像更多更顽强的野草一样，倔强地重新生长起来。这便是中国人所强调的“危中有机”的道理，从危机中积极地看待问题，有时破坏未尝不是建设。

2009 年初新组阁的美国领导层面临着巨大的考验，对于困难重重的奥巴马政府来说，复苏经济的最大难题就是找到新的经济增长点。也就是找到那些代表先进生产力，具有长期潜力的行业，就像当初克林顿政府选择信息产业一样，这是经济得以复苏的关键。而让那些拒绝变革的落后产业继续存活，这种救助看起来就像是撒钱。美国一些国会议员反对政府救助福特、通用、克莱斯勒三大汽车公司，原因正在于此。另外，刺激经济也不是仅仅把钱交到消费者手中那么简单，问题的关键是要创造新兴的、有长期竞争力的就业岗位，这样才能形成一种良性的循环。

奥巴马政府并不保守，正如奥巴马总统本人所声明的那样，新政府会积极面对危机，并且广开言路。这使得众多的美国顶尖经济学家纷纷为政府“支招”，2008 年诺贝尔经济学奖得主保罗·克鲁格曼就是其中的一位。他因准确预测 1997 年亚洲金融危机而声名鹊起[①]。面对新的危机，他似乎比别人更能获得关注。当一些白宫智囊担忧美国经济陷入长期衰退，就像上世纪 90 年代日本陷入“迷失的十年”那种困境时，克鲁格曼认为这种担忧不无道理，但他希望不要延续那么长的时间。他曾坦言道：“危机持续十年的确是让人悲

① 保罗·克鲁格曼现为普林斯顿大学教授，《纽约时报》专栏作家。1996 年，克鲁格曼在其《流行国际主义》一书中预言了亚洲金融危机，隔年就一语成谶；2000 年他看空美元，认为商品市场将出现长期牛市，2001 年之后油价也应其预言一路飙升；2006 年他指出美国房地产市场的泡沫问题，批评布什政府无所作为。现今，学界给了克鲁格曼另一个“尊号”——最准的乌鸦嘴。

哀的，但人们用常规的方法是不够聪明的，要终结危机，常规的方法远远不够。”那么，有没有非常规的方法呢？这是奥巴马内阁所关心的。克鲁格曼认为，对环境的要求可能成为经济复苏的一个驱动力，比如新能源、提高能源效率、温室气体减排等等，这可能将吸引新一轮投资，尽管对于政府而言，这种举措可能收效比较慢。事实上，克鲁格曼与其他经济学家的区别在于，他往往能把经济增长的动力聚焦在很小的范围内，从而使他能找到更接近事物发展的“最终元素”，这也可看作是其才能的表现。后来的情况也说明了其影响力，奥巴马总统上任后的经济刺激计划与克鲁格曼的建议如出一辙。除了没有给克鲁格曼作为政府经济顾问的头衔外，奥巴马政府该给克鲁格曼的礼遇几乎都给了。不过，克鲁格曼可并不一定领情。正如他揶揄政府所说的那样，还有一种可能，奥巴马政府之所以选择发展清洁能源这条路，这是因为他眼前没有发现别的路，尽管这种可能性很小。

其实，不仅对于奥巴马政府，而且对于全球社会而言，无论从先进生产力的代表性上、社会的需求以及长期潜力上看，新能源产业都是这样一种必然选择的朝阳产业。新能源产业的内涵丰富，涵盖了新动力汽车、可再生能源开发、石油燃料替代、高效能源技术、节能产品研制、工业清洁生产、温室气体减排等众多领域和交叉层面。从其对全球社会影响的深度、广度及产业带动的力度上来看，新能源产业与信息产业可谓不分伯仲。甚至在一些经济学家眼中，新能源革命可与工业革命相提并论，而且较之后者具有更加深远的意义。新能源革命是人类能源利用的载体越来越丰富的过程。通过新能源利用产业链的拓展，其对经济的影响力可能不亚于今天的石油与煤炭，这种变化一旦发生，将不可逆转，将会为未来社会开拓更为广阔的发展空间。

新能源产业具备改变整个经济发展方式的功能。在解决石油替代问题的同时，又减少了温室气体排放，解决了全球气候变暖的环境困局。发展新能源产业符合全球可持续发展的大趋势，将是全球社会从“高碳经济”转向“低碳经济”的绝佳切入点。再者，传统化石能源的稀缺性越来越明显，发展新能源产业将强化各国在国际能源市场上的博弈能力。清洁能源产业最有可能确立一个国家的产业比较优势。在新能源开发方面取得领先地位的国家未来才会有主导优势。

正如美国前副总统戈尔长期所宣称的那样，需要看到并坦承的是，美国在新能源领域具有极大的优势。美国在新能源技术领域有着长期的基础研究与技术积累，有着大量的原创性成果和专利技术。无论是在太阳能、风能等可再生能源的开发应用技术方面，还是在生物燃料、氢燃料等石油替代燃料的研制方面。更重要的是，美国在新能源基础研究领域专家云集，应用研究领域同样是人才济济。如果研究开发计划与产业扶持措施都比较到位的话，美国在新能源产业的诸多方面都有望取得决定性的领先地位，从而带动全球新能源产业群的大范围崛起，为经济发展注入新鲜血液。可以预见，围绕新能源所集成的产业群将有望成为新一轮经济周期繁荣的支撑点。新能源的开发有望成为本世纪最重要的经济增长引擎，成为最有能力创造就业机会和社会财富的新经济支柱。

2. 汽车的明天比石油好

汽车是石油的消耗大户，尤其像美国的悍马等一些汽车品牌，更被形容为轮子上挂着油桶的“油老虎”[1]。目前，全球汽车的饱有量已接近10亿俩，每年有40%以上的石油消费被庞大的汽车部落所占据。谈到石油替代，自然先要涉及到汽车，石油的兴盛就是从汽车开始的。石油盛于汽车，也很有可能衰于汽车，这或许是其逃避不掉的宿命。

2009年美国三大汽车公司福特、通用、克莱斯勒几乎均到了崩溃的边缘，破产重组或者是它们无奈的结局。以福特公司为例，作为美国早期工业的象征之一，福特车加流水线的生产模式成为了美国大工业崛起的先声，承载着美国资本主义的光荣与梦想。福特公司的缔造者亨利·福特，这位毕生致力于将汽车从奢侈品变成大众消费品的产业巨人，不但完全实现了自己的梦想，而且将人类社会带入了汽车时代。但是他或许不会想到，福特汽车在百年之后遇到了前所未有的巨大危机，这次危机远甚于历史上任何一次，将福特带入了几近破产的境地。人们一般把福特公司的危机归因于美国经济不景气，油价高企对汽车业的冲击等缘由。但这看起来并非是本质原因，如果说福特最初的起步与腾飞契合了新能源发展的脚步，但是到了后期，拒绝变革似乎成了它最大的失败之处。

1930年前后的经济大萧条时期，福特汽车之所以能安度危机，那是因为福特代表着汽车前进的方向，暂时的困境并不能阻挡其发展的脚步，低潮期过后总会迎来更大的发展新浪潮，福特汽车在“二战”后的跨越式发展证明了这一点。但后来，福特更像是一个躺在功劳簿上的固步自封者。上世纪70年代的两次石油危机敲响了汽车工业变革的钟声，以福特为代表的美国汽车业对此并不敏感。而

① 2009年6月3日，四川腾中重工宣布收购通用汽车旗下的悍马品牌(Hammer)。中国业界认为，悍马是美国高耗油汽车的代表(平均每百公里油耗21.4升)，市场前景未来堪忧，被看作是通用最希望甩开的“包袱”。如果收购方不能脱胎换骨改造悍马，这种引进模式有可能使中国成为国外夕阳产业的“回收站”。

日本汽车却趁着变革的机会迎头赶上，美国汽车遥遥领先的局面随后被打破。此后十几年，美日之间频频打响的汽车贸易战就证明了日本汽车后来者居上的勇气与实力。上世纪 90 年代，当丰田汽车率先行动，向全球消费者力推以油电混合动力为代表的新能源车型时，美国汽车公司的动静并不大，甚至无动于衷处于观望状态。结果美系汽车被日系汽车进一步赶超，错过了一次重要的变革机遇。从某种程度上说，美国汽车工业今日的惨淡局面与之前的保守主义不无关系。事实上，福特公司并非不清楚开发新能源车型的重要意义，但关键时刻保守的运营策略往往占了上风，加之根深蒂固的惰性使然，使得福特公司的新能源车型通常停留在研发与计划层面，与真正的商业推广与营销总是存在差距，往往给人虎头蛇尾的感觉。这与丰田公司积极变革、雷厉风行的运营风格形成了鲜明对比。可以说，福特汽车的困境正是目前美国汽车工业现状的缩影。从新陈代谢的意义上说，福特的倒闭未尝不是好事，它让企业间优胜劣汰，给予汽车工业一次重焕新生的机会。美国不少经济学家及国会议员反对救助福特等汽车公司，原因就在于此。他们认为福特汽车就是拒绝变革的典型，它的破产是咎由自取。人们普遍认为，在全球经济不景气、石油价格剧烈波动的今天，继续“喝油”的汽车销量下滑实属必然，销量的大幅下滑已使美欧汽车业陷入困境，迫使它们寻找新的出路。

从汽车产业发展的态势看，经过一个多世纪的发展，汽车产业现在也到了亟需变革的时候。这种变革并不是如外观设计、控制技术、材料更新等细枝末节上的变革，而是在于其动力的变革上。发展新能源动力汽车已成为发达国家汽车工业的必然之举。传统的汽车内燃发动机一百多年间历经多次技术改造乃至革命后，性能指标上已经日臻完善，可革新的空间小之又小。汽车引擎的相关配套技术也已发展到极致，节油发动机技术方面也难以再有“革命性的突破”，再追求革新已近乎于苛刻。此外，汽车耗费了全球40%以上的石油供应，贡献了25%的温室气体排放。能源与环保的双重要求已经迫使汽车工业必须审视未来的发展道路，必须在动力方面进行革命性的抉择。

传统汽车工业的破落恰好减小了新能源汽车崛起的阻力，成为了新能源汽车步入市场的契机。在目前这场汽车新动力的赛跑中，没有哪个国家是绝对的领跑者，这是后发国家迎头赶上，甚至全面超越的最后一次机会。新能源汽车正面临着多种方向性的选择：

第一种选择便是替代燃料车。这些替代燃料包括液化石油气(LPG)、生物柴油、燃料乙醇、甲醇、二甲醚等烃类物质。从本质上说，替代燃料车与传统的车辆区别不大，其无非是更替了燃料来源。至于发动机的结构、运转方式等内在方面，其与传统的车型并无二致。传统的车型甚至稍加改装就可以摇身一变成为替代燃料车，这是一种顺势而为的替代方式。

第二种选择是电动车。相对于石油的稀缺性及来源单一，电力的来源与供应是充足的。这为电动车的兴起与大规模提供了理论依据之一。电动车型既包括油电混合动力车，以丰田公司的Pruis为代表，一般情况下具有50%以上的节油效果；另外也包括纯电动的车型，以比亚迪公司推出的FDM双模车型为代表，所谓双模，主要是指油动模式与电动模式可以实现100%的自由切换，FDM车型可以实现100%的节油效果，只不过这时能耗全部转为电力。

第三个选择就是气动车。顾名思义，就是通过气体驱动汽车运转。这里的气体不是普通的气体，而是指压缩气体，压力通常高达300个大气压以上。气动车的原理并不复杂。流动介质如空气、氮气等从高压储气罐中释放出来，引入汽缸膨胀后推动活塞运动作功，从而实现车辆的运转。这种车以法国的e. Volution车型为代表，细抠字眼看，它是“气车”而非汽车。尽管气动车与传统的汽车有相似之处，如都是通过气体膨胀推动活塞、曲轴这样的机械传动装置运转。但本质的区别在于，气动车利用的是加压空气而非加压蒸汽，改变的只是空气的体积、温度等物理状态，不会有额外的衍生气体产生；而内燃机汽车由于涉及到氧化、燃烧等化学反应，不可避免地会带来尾气污染排放。从动力源上看，尽管气动车在运转过程中没有产生能耗，但给高压储气罐充气的过程事实上会消耗大量的电力。因此，气动车可看作是另一类型的电动车，只不过是储存能量的媒介由蓄电池换成了储气罐而已。从严格意义上说，纯电动车、气动车并非如生产商所宣称的那样“零排放”，由于电力的生产过程会产生污染气体排放。因此，这些车型只不过是将污染源从汽车尾气排放管转移到了发电厂的大烟囱，并不能称为真正意义上的零排放汽车。但有所进步的是，由于发电环节更加清洁而且效率较高，排放的废气相比更容易收集和处理。因此，电动车、气动车相比传统的汽车更加清洁高效。

第四种选择是氢能源车。其动力源包括氢内燃机和氢燃料电池。从原理上看，氢内燃机与传统的汽油或柴油机没有本质上的差别。所不同的是氢能的品质更高，不仅能量密度更大，而且更加清洁高效。这对汽车引擎的结构设计、材质、安全性等方面提出了更高的要求。技术上看，氢内燃机距离实际应用并不存在难以逾越的屏障。人类社会对氢动力的开发利用经历了半个世纪的技术积累，应用程度上已经达到了一个较高的层次。导弹、火箭、航天飞机等高速、超高速飞行器都是以氢能为主要动力的典型代表。可以说，普通大众对于氢能既熟悉又陌生。之所以这些航天军工领域的能源技术没有现身于日常生活中，原因很简单，经济因素制约了氢能的民用推广。在军事战争或外太空探索等体现国家意志层面的较量中，经济成本通常是让位于政治战略的。尽管氢能的开发与应用成本极其高昂，仅提取液氢燃料的代价就不菲，但在军事或航天领域，为了在对抗中获得优势，这些成本几乎是不予考虑的，甚至某些时候被认为是必不可少的。这正是一些先进的导弹每枚造价动辄上百万美元，一些航天飞机每次飞行的燃料费用就高达数千万美元的原因之一。这样高昂的能源成本在民用领域显然没有竞争力。从经济性的角度来说，获得廉价、稳定、持续的氢燃料供应是氢能得以具备竞争力，大规模应用于民用领域的关键，氢燃料电池的开发利用上同样面临这一突出问题。

燃料电池的诞生具有划时代的意义，其足以与内燃机的诞生相提并论。尽管燃料电池比内燃机早半个世纪问世，但在社会认知与应用程度上看，燃料电池却与内燃机相去甚远。自从1839年燃料电池被英国人格罗夫发明以来，其一直处于缓步发展的过程中。上世纪50年代由于美苏两国展开太空竞赛，燃料电池的开发与应用才得到了长足的进步，由此也受到了更广泛的关注。此后，各种新型燃料电池相继被开发出来，以氢为原料的燃料电池更成为其中的翘楚。

毫无疑问，燃料电池的发展是极为缓慢且滞后的。从燃料电池发明到1959完成第一台工程样机，其间经历了120年，而通常一项新技术经历这个阶段，所需的时间大约也就60年左右。而从完成第一台样机到实现商品化，大约需15～30年的时间。假如按照这个开发周期衡量的话，那么燃料电池最迟在上世纪90年代初就应该进入商业化阶段。但现实情况是，这一过程推后了近20年。之所以出现这种状况，主要还是由于以石油燃料为基础的内燃机工业发展得太顺畅了，低廉的油价使得内燃机动力设备遍地开花，客观上阻碍了其他技术的发展。此外，在能源利用方面，人们习惯于以内燃机为主导的热力学思维模式，而忽视了电化学在动力设备上的应用和开发，这使得以电化学技术为代表的燃料电池开发被大大延缓了。如果人们在20世纪的前半叶，就注意到燃料电池动力设备的价值，以及相关基础研究的重要性，比如着手研究电极反应速度、超电压、电催化等有关的基础问题和解决方案。那么，燃料电池产业和技术的发展或许就不是现今这样的窘境了。从某种意义上说，人们今天对燃料电池的大量基础研究正是在补昨天落下的课。

燃料电池与普通的蓄电池有所不同，蓄电池只是起到了蓄电的作用，本身并不产生电力。而燃料电池却像太阳能光伏电池一样，本身可以产生电力。太阳能电池将吸收的太阳能转化为电力，目前的发电效率维持在20%左右，也就是说，太阳能只能将约二成左右的太阳辐射能予以转化利用，能源利用效率比较低下。氢燃料电池的发电效率通常高达80%以上，完全颠覆了传统的发电方式。我们知道，人类社会目前广泛应用的发电方式是基于英国科学家法拉第在1831年创立的电磁感应理论，简而言之就是特定条件下使感应线圈转动而产生电力。比如利用煤炭、石油、天然气、铀等化石能源驱动蒸汽轮机或燃气轮机发电；或者利用水力、风力等可再生能源驱动水轮机或涡轮机发电。尽管具体的技术路线不一而足，发电的效果各有千秋，但本质上的原理都是一致的。氢燃料电池与上述的发电方式截然不同。传统的发电方式中间需要进行能量的多次转换，如热能或动能转变为机械能，机械能再转变为电能，多一次转换就会多一份能量损耗，并且这种损耗是不可避免的。因此，传统的发电方式其能源利用效率一般不超过60%。氢燃料电池是一种燃料与电力径直对接的产物，即通过氢燃料与氧的电化学反应直接发电，不存在中间环节，因此也就不存在额外的损耗，氢燃料电池的发电效率比传统的发电方式都要高，主要原因就在于此。另外，从热力学理论上看，燃料电池的能量转换效率要高于内燃机。因为内燃机热效率受到卡诺循环定律的限制[①]，而燃料电池的效率则不受上述规律的约束。所以，只有配备了氢燃料电池的汽车才是一种真正

---

① 所谓卡诺循环定理，即在相同的高、低温热源温度之间工作的一切循环中，以卡诺循环的热效率为最高，卡诺循环为提高各种热机的效率指明了方向和极限值。

意义上的新动力车型。其优势不仅体现在高能效上,更体现在高洁净性上。理论上讲,氢燃料电池车的排放物是可供人直接饮用的水,比自来水还纯净。其对环境的影响甚微,几乎可以忽略不计。在燃料电池的研发与制造方面,加拿大的巴拉德公司处于全球领先的地位,德国戴姆勒·奔驰公司的氢动力车配备了巴拉德公司的多款燃料电池,目前在市场上已越来越具有竞争力。

那么,不久的将来,上述的几种替代车型究竟哪一种会力拔头筹、脱颖而出呢?这自然又是个仁者见仁、智者见智的话题。答案并非像单项选择题那样简单,因为新能源汽车技术的适用性因市场而异,目前还没有一个适用于全球的单一解决方案,不同国家的现实国情通常会带来迥异的选择结果。

我们以巴西为例,这个南美国家目前是全球最大的乙醇替代燃料车使用国,乙醇燃料的消费占巴西全国汽车能源消费的30%以上。这对于巴西降低石油依赖,改善本国大气质量起到了显著的成效,一时间引得其他各国趋之若鹜、纷纷仿效。事实上,巴西的成功经验并不具备多少复制性,尤其是对于中国、印度这样的人口大国而言,情况更是如此。

巴西地广人稀、植被繁茂,其所处的热带雨林气候使得生物资源的自然生长条件得天独厚。这为巴西利用玉米、甘蔗等农作物资源制造乙醇燃料打下了坚实的物质基础,巴西的汽车乙醇工业能得以可持续发展的根本原因正在于此。反观中国、印度等国,其自然禀赋和人均资源条件均不及巴西,十几亿人口的吃饭问题始终是头等大事。人与汽车"争食"的矛盾如果出现,将很有可能引发严重的社会问题。对中国、印度而言,解决人的口粮问题远比汽车的口粮重要。巴西的成功模式并不见得就能简单复制到中国、印度等国,遭遇水土不服也是常有的情况。从这种意义上说,巴西的肉或许就是中国和印度的毒药。再比如,对于电力资源尤其是水电资源比较丰富的国家,发展电动车或气动车就显得比较适宜。同时也可以达到减少石油依赖,改善大气环境的效果。退一步讲,即使在电力资源相对短缺的国家,为了减少石油耗费,仍然可以选择电动车作为解决方案。相比石油资源的稀缺和来源单一,电力的优势不言而喻。

从技术成熟度、经济性、适用性等多方面因素综合评价,电动车在经过长期的孵化后,将步入成长的繁荣期,一些性能稳定、续航里程长、具有价格竞争力的电动车品牌将会被消费者逐步认知和接受。像中国比亚迪公司推出的FDM双模车型,其充电一次的续航里程已经达到100公里以上,电池储存技术基本上满足了实用性的要求,具备了广阔的发展前景。当然,强调电动车的重要性也不能厚此薄彼,开发氢能源车同样意义重大。毕竟,氢能源车代表着未来的发展方向。

我们通常把速度飞快、一路疾驰的车称之为飞车。事实上,未来有望出现名副其实的“飞车”。有谁规定了今后的汽车就一定要贴在地上跑,而不会在低空飞呢? 没有! 只要汽车具备了足够强劲的引擎。这一切又有什么不可以实现的呢? 事实上,位于美国波士顿的一家公司已经生产出了基于混合燃料的可飞行的汽车,它可以看作是未来飞车的一种雏形,有望成为介于汽车与飞机之间的一种特殊交通工具。这种飞车着陆之后便可以当作汽车,收起飞行翼后便可正常行驶在高速公路上。笔者坚信,未来的飞车其动力必将更加强劲,氢能源所带来的超强动力性恰好可以大展身手。

人类未来的通行方式本来就是海陆空全方位、立体式的交通。在由地下交通(地铁)、地面交通(火车、汽车)、水路交通(轮船、潜艇)高空交通(飞机、航天飞船)所构成的立体交通空间中,唯一没有被占据,而且大有发展空间的就是低空交通了。未来的“飞车”完全可以和直升机、飞艇等低空飞行器相媲美。氢能源车的盛行将使交通堵塞问题迎刃而解,司机们的自由度也将大为增加,塞车的时候就不用再无奈地等待了，至少可以选择飞离现场。不过，旧问题的解决总会带来新矛盾的产生。对于今后出现“低空交通管制”这样的交通新术语，恐怕我们就不必见怪了。

尽管目前汽车工业遇到了种种困难，处于前所未有的艰难境地。但同样也需要看到，汽车工业展现出了去故纳新、生机萌动的另一面。与石油工业的暮色沉沉、日薄西山相比，新能源汽车业更显朝气蓬勃、前途广阔。从这个意义上说，汽车的明天比石油好。

3. 能源更替过程的脉络

人类社会的能源更替过程有着一定的脉络可循，其最基本的规律前已阐述。从最初伐薪烧炭，到后面利用氢能，人类社会所利用的能源从全部含碳到碳氢互存，再到全部含氢。逐步实现着从低品位能源向高品位能源，从低清洁能源向高清洁能源的演进过程。当氢能作为主导能源挑大梁的时代过去后，为了使能源利用过程更加清洁，人们将会利用氢的“同胞兄弟”，也即氢的同位素氘和氚元素（分别读作 dao 和 chuan）作为能源开发的物源（见图 5—1），它们的“含氢量”看起来更大，氘和氚分别被称作重氢和超重氢。这看起来是人类社会的终极选择。

薪柴 ⟶ 煤 ⟶ 石油 ⟶ 天然气 ⟶ 氢 ⟶ 氘、氚

固态　　液态　　气态　　等离子态

图 5—1　能源替代过程的状态

所谓同位素，是指一种元素存在着质子数相同而中子数不同的几种原子。由于质子数相同，那么核电荷数和核外电子数也都是相同的，因此，同位素的化学性质是相同的；而由于中子数不同，同位素的原子量会有所差别。打个简单比方，氢、氘、氚就好比是性格上极其相似，但体重有所不同的三胞胎兄弟。如果将氢的体重比作 1 个单位，那么氘和氚的体重一个比一个大，分别是 2 个单位和 3 个单位，这也就是氘被称作重氢，氚被称作超重氢的原因。

相对于化石能源的有限储量，氘和氚在海洋中可以说无处不在，其含量高达几十万亿吨，几乎是无穷无尽的。氘和氚是自然界中最容易实现核聚变反应的元素，如果将海水中蕴含的氘和氚全部用于核聚变反应，其释放出的核聚变能足够人类利用上百亿年。所谓核聚变能，简而言之就是等离子态的较轻原子核聚合为一个较重原子核的变化过程中所释放出的能量。这一剧烈的能量释放过程遵守自然科学中著名的质能方程。原子弹（核裂变）、氢弹（核聚变）正是基于这一原理而成为现实的。

在进行核聚变反应时，氘和氚元素处于等离子态。我们知道，物质通常被分为固态、液态、气态三种物理状态。事实上，自然界中还存在不属于这三种状态的情形，等离子态被称作是物质的第四态，它是一种物质经过充分电离、整体呈电中性的物理状态。普通大众通常对等离子态的概念比较陌生，其印象一般是源于等离子电视的宣传或称谓。其实日常生活中经常可以接触到等离子态，只是我们不注意而已，如蜡烛的火苗、电焊的弧光等就是典型的等离子态物质。

当等离子态的氘和氚进行聚合反应时，反应温度高达几千万甚至上亿摄氏度。如果同时还具备足够长的能量约束时间及其他附加条件，这种聚变反应就可以稳定地持续进行。太阳之所以炙热无比，正源自于太阳内部无时无刻不进行着剧烈的核聚变反应；氢弹之所以威力惊人，利用的也正是核聚变反应时瞬间所产生的巨大能量。目前，全球为数不多的国家正在实施受控核聚变的前瞻性研究计划，与之相关的托卡马克系统的研制也取得了初步的进展。托卡马克系统俗称为“人造太阳”，即通过人工环境模拟太阳内部的核聚变过程，以便获得巨大的核聚变能供人类所需。如果受控核聚变的研究真正大获成功的话，则意味着人类社会不用再单靠自然界的太阳提供一切能量了，需要的时候人们可以制造出“太阳”来满足自身对能量的需求，这将一劳永逸地解决人类社会的能源短缺问题。然而，利用核聚变能的最大困难不在于实现核聚变反应，而恰恰在于实现受控。即核聚变反应瞬间所积聚的巨大能量需要按照人们的意愿缓慢释放，如在半年或一年的时间内释放完毕，这样才能达到利用的目的。否则像大自然的闪电一样，尽管瞬间产生强大电能，但同样瞬间即逝，利用价值基本上为零。如果人类利用核聚变能就像氢弹爆炸过程那么迅猛的话，这种不可控制的能量瞬间释放恐怕就不是福音了，只会给人类带来巨大的灾难。

事实上，作为“人造太阳”的托卡马克系统说起来不难理解，但实践起来却是异常困难。自从上世纪 50 年代托卡马克系统出现于前苏联以来，至今已经过了大半个世纪。由于认识问题的角度和理解的程度不同，圈子外的普通民众总是比较性急，认为研究人员无能，进展缓慢；圈子内的研究人员认为这已经很快了，研究进展的速度并不比高能加速器及计算机芯片领域的进展慢。在专业研究人员看来，就是这么快的发展速度，21 世纪中叶以后人们才会比较务实地谈论核聚变发电的远景方案。如果说 2050 年实现商业化，那听起来仍然像是天方夜谭。其开发的周期之所以比较长，原因在于，类似托卡马克系统这样的大科学工程需要足够的时间和资金投入，一代又一代的大规模装置需要相继建造，不能跨越，更不能违背科学规律而意气用事，这种时间过程上的积累是无法逾越的。而其他如从月球上获取大量的氦－3 元素，从而相对容易的实现核聚变反应，这些设想更是泛泛之谈。氦－3 反应堆的等离子体参数要求比托卡马克系统更高，而且世界各国至今还未遴选出公认最佳的等离子体约束方案。至于氦－3反应堆何时真正形成气候，着实难以预料。人类现在研制的托卡马克系统还处于最初的低级阶段，其释放能量的最长时间仅为几百秒，远远达不到作为能源加以利用的时间周期要求，距离大规模商业应用更有很长的一段路要走，至少需要几十年乃至上百年的时间，核聚变能也因而被认为是遥远的能源。

从能源形态上看，人类加以利用的主导能源经历着从固态（薪柴、煤）、液态（石油）到气态（天然气、氢），将来再到等离子态（核聚变时的氘和氚）的演进和变化；我们有时甚至不得不思索是否背后有只无形的手在操控，以至于这种演进的过程看起来既按部就班，又水到渠成。如果有的话，那只能是大自然“精心设计”的巧手。

从时间上看，人类社会能源更替的时间也在加快，从薪柴过渡到煤，人类社会用了几千年；而从煤过渡到石油，用了几百年；之后的能源更替的周期就越来越短。可以说，人类社会利用能源的进程中，能源的品位、清洁度以及形态方面的演进变化预示着能源更替过程的方向指向，能源更替的时间则标记着新旧能源的生命周期，这一切构成了能源更替过程的脉络，使得我们由此可以窥知能源开发与利用过程的基本貌相。

事实上，能源利用史已经告诉我们，在通常没有外力干预的一般情况下，人类社会的能源利用体系将会呈现“固体—液体—气体—等离子体”这样一条平稳、自然的升级过程，其显著特征就在于“脱碳化”，从最不清洁、化学结构最复杂的低效能源逐渐发展为越来越清洁、化学结构越来越简单的高效能源。我们现在所广泛利用的燃料体系尽管具有能量集中，开采方便等优点，但并非是最有效率的能量载体。其中，碳氢比是最显著的评价指标。我们知道，碳元素与氧元素反应结合过程中会释放能量，但以同等的比例来看，碳所集聚的能量实际上要比氢少，因此，当我们燃烧碳氢化合物如煤炭、石油以及天然气时，尤其是含碳量较为丰富的煤时，氢所含有的高能量部分地被碳所含有的低能量所抵消了。化石燃料所含的碳越多，它所释放的能量相对就越少。薪柴几乎全部是碳元素，因此它的能量密度很低。煤炭中所含的碳元素与氢元素的比例大致为1比1，石油中碳元素与氢元素的比例大为1比2，以甲烷(CH_4)为主要成分的天然气中比例为1比4，因此，煤炭是化石燃料中能量密度最低的。如果我们完全摒弃碳而改烧纯净的氢，自然就不会出现能量抵消的现象。事实上，作为能量密度极高的燃料，氢的能量密度远高于汽油，氢所产生的能量几乎是同等质量的汽油所产生能量的三倍。这就是我们看到的基本趋势，我们也有理由坚信并坚持这一趋势。

我们不妨依照上述的趋势而行，把对石油的替代作为探讨的焦点。我们知道，石油的能源替代品相当之多，如生物柴油、乙醇燃料、煤制甲醇、煤变油、二甲醚、天然气、核电、太阳能、风能、氢能等等不一而足。其实，这些替代品是良莠不齐的，我们通过上述的几条准则对这些替代品的优劣加以评判。既然能源替代过程是有方向指向的，是从左边向右边进行的。那么显然，寻找石油的替代品最好在石油的右边进行(见图4—1)。而生物柴油、乙醇燃料、煤制甲醇以及煤变油等看起来可以替代石油的新能源，其实并不符合这一要求。制造生物柴油的主要原料如油菜、大豆，制造乙醇燃料的主要原料如玉米、小麦，其本质上都是与薪柴毫无差别的陆地生物质资源。既然同类的薪柴已经被替代了，那么生物柴油、乙醇燃料反过来要替代石油显然不合时宜。煤制甲醇、煤变油这些煤化工产品也存在同样的情况，其无非是从固态变成液态，改头换面了而已，其本质上仍旧是煤，用煤替代石油显然不合时宜。

当然，不合时宜并不是说一定就不可行。生物燃料、煤化工燃料替代石油可以成为某种特定条件下的权宜之计。如在巴西这样地广人稀、生物质资源极其丰富的地区开发生物燃料，当然也就不能妄加诘责；再比如在中国这样煤炭资源相对丰富、石油资源相对短缺的国家，一定程度上开发煤化工燃料也未尝不可。但需要明确的是，这种权宜之计只能是权宜之计，决不可作为长久之策，更不能全面推而广之。否则，由此衍生而来的粮食安全、环境恶化等一系列问题将远远超出能源问题所能考量的范围。就煤变油而言，用一种不可再生资源替代另一种不可再生资源，本身就是不可取的，更不必谈及煤变油过程还需额外耗费大量的能量及水资源，排放大量的二氧化碳气体，以及对周边环境的破坏了。煤变油项目如果大规模上马，仅环保问题就成为难以承受之重，其他如经济效益、资源效益就更不必详加提及了。2008 年初油价 100 美元/桶时，不少上马煤变油项目的投资者还徜徉在巨额收益的憧憬中；2008 年末油价 40 美元/桶时，煤变油已处于保本甚至亏损的边缘。如果以后社会进一步发展了，要求对煤变油企业的资源损耗、环境污染、温室气体排放等方面加以约束，课以相应的税赋。这些企业看起来就没有存活之路了。

相比不可再生的煤化工燃料，生物燃料的可再生性使得其开发和利用蒙上了一层诱人的面纱。在某些时候，生物燃料的开发经常被抬高至国家战略的层面，有些时候竟与保障能源安全这样的国家利益考量相提并论。事实上，国家安全是有优先等级之分的，能源安全固然重要，但粮食安全相比能源安全则是更大的安全，这对人均资源相对贫乏的中国、印度而言尤其如此。美国地球环境研究所莱斯特·布朗先生是生物燃料的坚定怀疑论者，作为横跨环境、粮食研究领域的双料专家。上世纪 90 年代他曾以《谁来养活中国》一文为中国人所熟知[①]，该文就中国的粮食问题作出了不少有益的启

① [美]莱斯特·布朗：《谁来养活中国》，《世界观察》(美国)，1994 年 9 月。

示，引发了国人的警醒与深思。布朗先生之所以反对利用农作物大规模制造生物燃料，因为他深入研究过生物燃料开发与粮食供应的关系问题。其中有一条重要的研究结论：如果用粮食制造生物燃料以供汽车之需，按照美国1英亩农田所产的玉米提炼875加仑燃料乙醇的技术水平，折算后约相当于1公斤谷物对应0.3升生物燃料。那么一辆最普通的家用轿车加满一箱燃料需要耗用200公斤左右的谷物，这相当于一个成年人半年以上的口粮[①]。若按轿车平均三天耗费一箱燃料计，则一辆轿车日均所消耗的粮食相当于26位成年人一天的口粮。换句话说，如果某个人驾生物燃料车仅出行一日，那么他就需要近一个月不进食，这样才会弥补粮食消耗之缺。可见，就燃料消耗而言，人与车根本就不在一个量级上。妄图用人吃的燃料（粮食）填满汽车的“血盆大口”，本身就是自不量力的。再深究一步，目前全球汽车饱有量已接近十亿辆之多，即使其中的一半即五亿辆汽车完全依赖生物燃料行驶，那么便相当于全世界额外增加130亿的人口来分享粮食资源。这对全球社会无疑是巨大的噩耗，对自然生态环境更是灭顶之灾。2007年美国所产玉米的25％总计约1亿吨被制成了乙醇燃料；欧洲每年用于制造生物燃料所耗费的粮食与美国相当。欧美的“汽车吃粮”相当于全球5亿人的口粮被额外消耗掉。问题是，即使美国产出的所有粮食全部转化为生物燃料，也仅够全美国不到二成的汽车所需，根本解决不了美国的液体燃料紧缺问题，反而会引发粮食大范围短缺。2005年以来全球粮食价格一路攀升，生物燃料的大规模开发被认为是罪魁祸首之一。因此，有联合国官员才义正词严地抨击说，使用粮食生产汽车燃料是一项“反人类的罪行”[②]。

---

① Lester R. Brown，《Plan B 3.0：Mobilizing to Save Civilization》，134～135.

② Grant Ferrett “Biofuels：crime against humanity”(BBC). http://news.bbc.co.uk/2/hi/americas/7065061.htm.

另外，即使小范围开发生物燃料，同样也存在不少问题。不考虑石油价格波动带来的价格风险及经济效益问题，仅就资源效益而言，有时候用农作物制造生物燃料就看起来得不偿失。万物生长靠太阳，生物能源的本源就是太阳能。农作物通过光合作用将吸收的太阳能转化成体内的化学能贮存起来，生物燃料开发利用的正是这种化学能。去除能量转化过程中的散失与损耗，最终真正可资利用的太阳能少之又少，与其这样辗转迂回地利用太阳能，反倒不如直接利用太阳能——如同太阳能热水器、太阳能光伏发电等方式——那样更便捷，收效也会更高一些。我们以大豆造生物柴油为例，考虑到大豆种植与收割过程人力与机械的能耗；化肥与农药制造过程的能耗；大豆装卸与运输过程的能耗，大豆制造生物柴油过程的能耗，最终收获的生物柴油中所蕴含的能量几乎等同于整个过程耗费的能量。有时甚至能量收支还难以相抵，因为这还没有考虑土地资源与水资源、土壤肥力、气候状况、采收条件等多种自然因素，如果由于上述某些原因导致大豆歉收，那么收支不抵就太正常不过了。为了赖以生存的口粮，人类的农业耕作无论多么兢兢业业也不为过。但问题是如果仅为汽车加油，那绝对要画上一个大问号。这样做是否值得？想必明眼人心中早已有谱了。事实上，不仅粮食类生物燃料的开发会遇到上述一系列问题，开发非粮食作物的生物燃料也同样如此，至少土地资源是需要考虑的重要约束条件。古希腊哲学家普罗泰戈拉最早提出了以人为本的思想理念，现代社会更是对此推崇备至。那么在能源利用领域，避免“人车争地、人车争食”就是贯彻这一理念的直观体现。从某种意义上说，生物燃料就像是装在新能源瓶子里的旧酒，尽管外表看起来光鲜亮丽，但真正品起来并不一定香醇可口。

如果说煤变油、豆变油还有一定科学依据的话，那么“水变油”听起来就比较离奇，细想起来就更是离谱了。但就是这样离谱的事情竟然在上世纪 90 年代初的中国被炒得沸沸扬扬，以至于满城风雨。一些国家级的报纸也连篇累牍地予以了正面报道，甚至称其为中国第五大发明[①]，加之一些记者身临其境，煞有其事的现场描述，许多读者面对这些消息往往不明就里，不由得不信服，甚至振奋不已；一些投资商更是心血来潮，纷纷改弦易辙，上马“水变油”这一“朝阳项目”。当然，最终的结果可想而知，水变油事件后来“荣列”中国“十大伪科学事件”之首。许多介入水变油项目的资金这回真真正正是打了水漂，只不过泛起的不是水花，而是几星油花而已。对于那些现场进行采访报道的记者而言，如果说他们主观上没有参与整个事件的动机，还不能称为元凶的话，那么他们客观上已然成为了这一伪科学事件的“托儿”，起到了推波助澜的帮凶作用。这一方面说明了这些记者在新闻报道上求新、求功心切，另一方面也凸显了新闻从业者科学素养的不足。回过头来看，水变油事件一开始就展现了参与各方的知情与蒙昧、冲动与无知，而恰恰是他们合伙上演了这场不折不扣的闹剧。

其实，稍微了解能源替代的规律，便可以轻而易举地挑出水变油过程的破绽，这对判断整个事件的真伪十分有效。即使受认知能力所限，只能暂时判别个大概端倪，但也至少不会对水变油项目深信不疑了。

我们知道，油主要是以碳氢元素为主的混合物，是含有高能量的合能体能源。所谓合能体能源，简而言之就是自身可储能的能源。薪柴、煤炭、天然气、氢气都是含化学能的合能体能源。而水由氢氧两种元素组成，它是氢氧元素化学能平衡的产物，也即水中不含额外的能量，简单理解为非合能体。试想，如果将不含能量的水变成高能量的油，那么需要补充多少能量才可以成行呢？代价一定

① 《经济日报》:《水真能变成油吗?》,1993 年 1 月 28 日。

是不菲的，绝不是那些现场记者所目睹的那样，仅向水里添加少量化学试剂那么简单了事。况且，能源替代规律已经清楚地表明，替代能源的含碳量是逐步减少的，人类社会的能源利用史是脱碳的历史。水中不含碳元素，而油里富含碳元素。将不含碳的水变成富含碳的油，这种变化过程事实上是逆能源利用的历史潮流而动。即使一时得逞，但最终注定也要失败。

再者，水也不可能变成油。因为水中不含有碳元素，无论如何进行多复杂的化学反应，也不可能变出含有碳元素的油来。如果这种变化过程能成功，那意味着对拉瓦锡、门捷列夫等一批大科学家几百年来创立的化学科学体系的彻底颠覆，而我们现有的化学理论体系也要推倒重来。这显然不可能，可能的反倒是用水来制氢气，低成本的水变氢工艺一直为科学家们所孜孜以求，是最能体现创新价值和科技含量的研究领域。道理很简单，既然氢氧燃烧结合成水的过程会释放出巨大的能量，那么想人为地将其拆开，不费一番代价是不可能的。

水变氢，高科技；水变油，伪科学，真理与谬误的距离有时就一字之隔。

4. 何以来替代石油

不久的将来，在人类社会的能源供给中，哪种能源能挑起大梁，担当起替代石油的重任呢？这确实是个各抒己见、众说纷纭的话题，不同的考虑问题的角度会带来大相径庭的结果。无论最终的结果如何，对替代石油的主导能源而言，至少有几条基本要求需要分别予以满足。

首先,目前的条件下利用这种能源不存在难以逾越的技术壁垒。比如,雷电、海啸、地震等自然界剧烈的释能过程,尽管能量密度堪称天文量级,但现有的技术条件无法完成对这些能量的收集和利用,只能望其兴叹。人类把它们定义为自然灾害,而从没设想过它们是可资利用的能源,原因恰恰就在于此。与这些超乎寻常的自然力相比,人类改造自然的力量实在是太渺小了,完全是小巫见大巫。再比如,核聚变能源尽管前景广阔,但远超出目前现有的科学技术所能驾驭的范围。因此,它仅仅是未来的能源,现在讨论实际应用还为时尚早,替代石油更是无从谈起。

其次,这种替代能源要比石油更清洁,符合能源更替的客观要求。从这个角度来看,煤化工燃料、生物燃料并不符合要求;太阳能、风能、水电、核电才是比较理想的清洁替代能源。而且,我们需要澄清一种似是而非的观念,即水电是环保无污染的。事实上,建立水坝来发电的主要理由通常就是基于环保展开的。水力发电的碳排放确实是很小的,基本上为零。但吊诡的是,在水坝建造过程及之后所引发的环境问题却不能被人们全面考虑和评估,这使得一些人造的水坝,尤其是大型水坝到底能否经得起大自然的环境考验,仍然是未知数。人们能评估到的是,一般装机容量低于2.5万千瓦的小型水电站对环境的影响不大,可忽略不计,是宜于开发的环保能源。但问题是,这种小型的水电站又能对解决能源紧缺问题起到多大的贡献呢?事实上,与其说可再生能源带给人类社会的是一种可资利用的清洁能源,倒不说它带来的是一种清洁发展的追求与理念。按照现有的发展条件,可再生能源在几十年内都难以担当起支撑人类社会能源供应的重任。人们之所以热衷于大力开发太阳能、风能等可再生能源,主要还在于它们清洁、无污染,符合人们对于气候保护与可持续发展的长远需要。我们实在不要奢望单纯依赖太阳能或风能就可以解决全球社会的能源供应,短期看,这是不切实际的冲动和幻想。我们只要能更便捷、更高效地利用可再生能源，并且在一定程度上缓解气候危机，这已经是可再生能源对人类社会的巨大贡献了。

再者，这种替代能源的储量要足够大，要能够满足全球社会长期而稳定的能源需求。按照这种需求，核裂变能会被排除在外。因为核裂变反应所需的铀矿物同样是不可再生的化石燃料，其在地球上的储量也极为有限的，仅够人类再用几十年，自然无法满足人类社会的长期需求。太阳能、风能尽管储量巨大，但由于受到天气状况、地域方位、间歇条件变化等多种因素的制约，无法满足能源稳定性供应的需求。如太阳能利用受到日照强度、大气能见度、昼夜间歇变化等多种因素的影响；风能利用受到风力强度、风向变化、季节间歇变化等多种因素的影响。因此，尽管全球社会对太阳能、风能抱有极其乐观的期待，相关投资领域也是表现得炙手可热。但由于太阳能、风能总体而言是间歇性能源，受能源利用条件和技术的严重制约。所以只能在特定时候、局部区域下进行开发与利用，难以担当起全天候、全范围的能源供应重任，自然也无法作为主导能源大规模替代石油。试想，到2050年全球能源需求届时增长一倍；同样假设化石燃料及核电的消耗量保持不变。那么，可再生能源的产出必须增加70倍，这种困难是极其巨大的[①]。除此之外，像潮汐能、波浪能、地热能等可再生能源，它们均是储量无限的清洁能源，但同样属于间歇性能源。利用过程中总是受到种种条件的制约，其面临的境况与太阳能、风能一样，只能局部利用而无法全面展开。而且，可再生能源也并非是人们通常意义上所认为的利用潜力无限。尽管太阳能、风能、潮汐能等资源量是无穷无尽的，但这些能源的利用过程是以某种载体而实现的。如太阳能光伏发电需要铺设太阳能

① IEA:《World Energy Outlook 2008》,2008.11.12.

电池板，风力发电需要安装风力发电机。地球上可供安装这些太阳能电池板、风力发电机等能量利用载体的空间毕竟是有限的，而且制造这些载体所用的材料同样是有限的。因此，我们不能想当然地掐指算，全球阳光充足的地区都安装上太阳能电池板，有风的地区都安装上风力发电机，届时能源利用前景将如何如何。这其实都是不切实际的主观臆想，真正实施起来困难将多得多。比如，要想产生相当于目前能源消费总量一半的电力，我们需要1亿台风力发电机，而且要保证它们的产出充分可靠①。我们也无法想象如果整个撒哈拉大沙漠都铺设上太阳能电池板，这将是什么景象，同时我们也不清楚这将给周围生态环境带来哪些影响，更何况这还将面临其他一系列难以预料的复杂问题。

最后，这种替代能源的包容性要好，要能满足全球社会对石油的多用途需要，从而实现在替代石油的过程中的柔性对接。所谓柔性对接，即替代石油的过程不能对现有的工业体系造成严重的冲击。石油的自然属性赋予了其特殊之处，表现在石油不只是一种能源产品，更是三千多种化工产品的原料。因此，石油的替代不能只着眼于能源领域的替代，同时应考虑到石化领域的替代。这样才能使全球社会的石油替代和过渡过程更加平稳和有序。

当然，这种替代能源还需要担负起时代赋予的多种内涵，最好像石油一样具有承载多种社会属性的潜质。如果这种替代能源将多效用的社会属性集于一身，将使其更引人瞩目，更有望脱颖而出。

在全球社会大力开发新能源的今天，读者们或许看惯了各种有关新能源的报道，大家也许会有这样的感觉：新能源那是很好的，可是都很难实用化，不管新能源的前景被描绘得如何美好，眼下还是要依赖石油作为整个社会的主导能源。有这样的想法并不奇怪。

---

① Martin Wolf："Can we conut on a hundred million windturbines?" The Financial Times，2007.10.22.

新能源之所以“新”，想必就是因为它们都有这样或那样的问题，还未能成为“旧能源”吧。太阳能是我们一般最容易想到的可加以利用的能源，但目前太阳电池的发电成本极高，是常规煤电成本的10倍以上，这种高的能源成本对于卫星、飞船等航天探索领域的高投入而言当然无足轻重，但对于社会生活领域的开销，这种高电价显然超出了普通消费者所能承受的范围。在没有政府补贴的情况下，单靠纯粹市场层面的商业开发难度自然不小。相比于太阳能的高成本，有的新能源连谈论成本的时候还没有到。比如“人造太阳”（受控核聚变能）的利用，那还是很遥远的事，非一朝一夕所能实现。

从上述多方面的现实状况通盘考虑，最有可能满足人类社会切实需求，从而替代石油成为未来社会主导能源的只能是天然气。当然，这里的天然气不单指传统概念上的常规天然气，因为常规天然气的储量相比石油也并不十分富裕。这里的天然气更指的是一种非常规的“固态天然气”，俗称“可燃冰”。它是一种在地球上储量极其丰富的新能源，是大自然馈赠给人类的能源“新宝藏”。

第六章 水火相容可燃冰

当人们谈起燃料时，脑海中通常会出现火焰熊熊燃烧的场景。而冰块则被看作是与火互不相容的东西，正所谓“冰火两重天”。但就是这种冰火不相容的场景却被可燃冰完美地结合起来。顾名思义，可燃冰就是可以燃烧的冰。当然，它并非是我们所说的一般意义上的冰块，尽管外观看上去与普通冰块没有两样，但是当这种冰冷、雪白的“冰块”靠近火焰的时候，它就会立刻熊熊地燃烧起来（见图 6—1），释放出巨大的热量。在化学结构上，可燃冰的主要成分是天然气，是一种天然气与水在低温、高压条件下形成的冰状晶体。因此学名叫作天然气水合物，其广泛分布于海底沉积物层及陆上冻土带等低温、高压

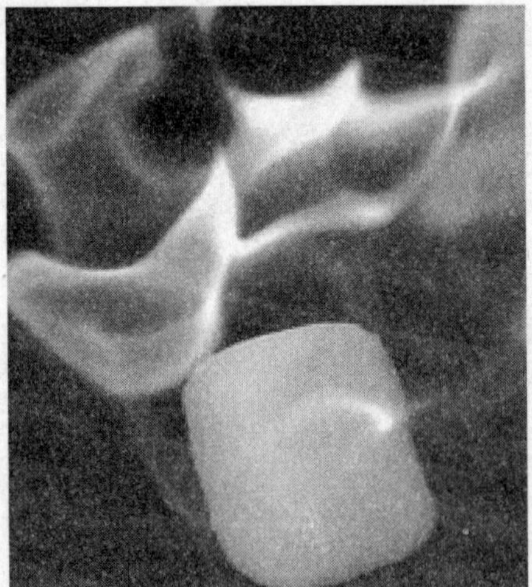

图 6—1　正在燃烧的可燃冰

的自然环境中，是天然气在自然界的主要存在形式，比传统油气资源多得多。在全球传统油气资源日渐枯竭的大背景下，可燃冰的开发无疑为人类的能源更替之路点燃了新的曙光。如果说人类社会的能源更替过程是一场接力跑的话，如今再次到了交接棒的关键时刻。我们需要用可燃冰这种“白金”替代石油黑金。

1. 曲折的认识历程

在这里，读者或许会问了，既然自然界蕴藏有如此多的可燃冰资源，为什么人类没有尽早予以开发利用这种“白金”，反而弃多求少、舍优择劣，导致了现今的能源危机以及气候危机呢？的确，存在这样的疑问是很自然的。在这个问题上，历史似乎与人类开了一个不大不小的玩笑。

事实上，人们对这类“冰块”的探究由来已久，最早可追溯到 200 年前，那时石油还没有开始大规模开发与利用。1810 年，英国科学家汉弗莱·戴维在实验室中将氯气通入了水中①，结果在 0 摄氏度以上出现了固体状的“冰块”，而且确定不是水结成的冰块。因为通常情况下，0 摄氏度以上的温度条件是不会结冰的。本来水和气是不相容的，但在一定条件下，它们竟然结合在一起形成了单独的一种冰状晶体。由此，人们首次意识到了竟有“气水合物”这种物质。至此之后，人们出于科学探索上的好奇，再也没有停止过对气水合物的研究和探索，研究人员纷纷把各种各样的气体例如甲烷气、二氧化碳气等通入水中试一试，看是否能够形成类似的“冰块”。随着

---

① 汉弗莱·戴维(1778～1829)：英国皇家学会会员，发明矿井灯，发现氯单质。

实验条件的不断进步，科研已经在实验室中证明，只要条件合适，几乎所有气体都可以和水生成类似的“冰块”。遗憾的是，当时这一切的发现都只是停留在实验室的局部范围内，并没有在更大的层面上引起足够重视①。以至于人类后来将能源利用的目光锁定在了石油上，轰轰烈烈地开始了一个世纪之久的寻找和争夺石油的大战。

一次意外的事件使得可燃冰引起了人们的广泛关注，而这相距实验室中发现可燃冰晶体已经过去了近一个世纪。1934 年，美国工程人员在阿拉斯加的天然气输送管道里发现，有一些异常的“冰块”堵塞了输气管道，并且难以根除，这给天然气输送带来极大的麻烦，后来查明这种冰块就是可燃冰②。也就是说一定条件下，管道中存有的水与天然气结合形成了可燃冰固体（见图 6－2），从而阻断了管道的连通，人们这才认识到了可燃冰的重要性，只不过是从负面的角度。至此之后，人们对可燃冰的研究工作开始逐步深入。但是，研究人员一开始似乎本末倒置了，他们把主要精力放在如何消除输气管道的堵塞上，以期在工业条件下对可燃冰进行预测和清除，并没有考虑将可燃冰作为一种能源加以研究和利用。因此，那时候人们希望这种“冰块”越少越好，只要能保证天然气管道正常输送就谢天谢地了。

直到上世纪 60 年代末，在前苏联科学家马科冈等人的努力下，可燃冰这个“麻烦制造者”才终于翻了身，人们开始从积极的层面对可燃冰加以重视了③。科研人员在思考，此前不论是在实验室里，还

---

① Sloan E D. Clathrate Hydrate of Natural Gases (2nd) [M]. New York: Marcel Dekker, Inc, 1998, P120～228.

② Hammerschmidt EG. Formation of gas hydrates in natural gas transmission lines. Ind. Eng Chem. 1934;26: 851.

③ Makogon YF. Gazov Promst. Hydrate formation in the gas－bearing beds under permafrost condition. 1965;5: 14.

是输气管道里的可燃冰，都是人为环境中产生的。那么在自然环境中，如果满足可燃冰形成所需的低温高压、有气有水的条件，是否有天然的可燃冰存在呢？当然不排除这样的可能。

事实上，这种条件在自然界还真不少。例如像南北极那样的永久冻结区，青藏高原、西伯利亚等寒冷的冻土带，几大洋的海底地层等等，就连彗星上也不能排除。由此科学家推测，自然界中天然存在着可燃冰。果不其然，1968 年人们在前苏联西伯利亚北部的麦索雅哈气田首先发现了可燃冰，并成功实施了试验开采，一直持续了几十年。这成为可燃冰勘测与开发过程中的经典一幕。至此，人们对可燃冰在未来能源结构中所扮演的角色开始了重新定义，可燃冰作为石油接续能源的概念才逐步清晰起来。

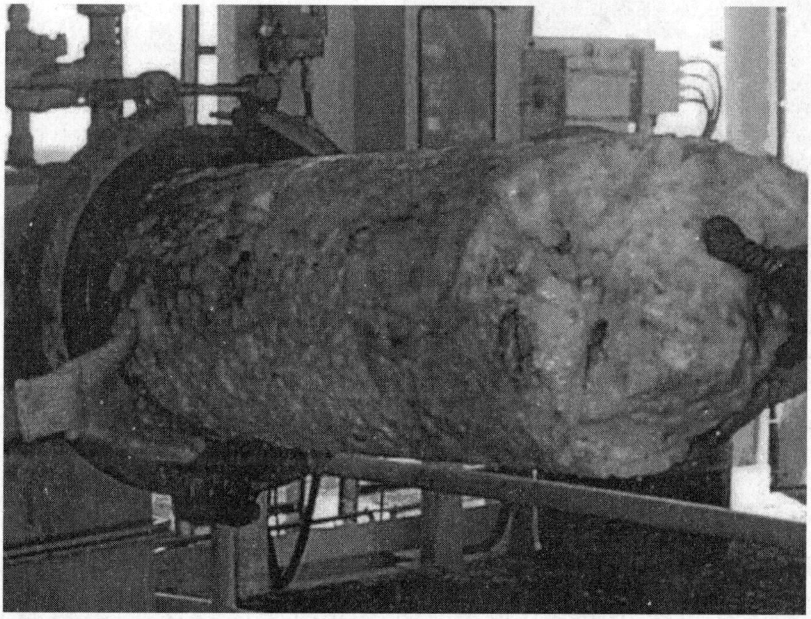

图 6—2　管道中取出的成块可燃冰固体

2. 极其庞大的储量

在实验室的微观条件下进行观察，可燃冰的结构是极其独特的。水分子搭建了无数精巧的“笼子”，这些笼子大小不一，甲烷、乙烷等不同“体格”的气体分子就“寄宿”在这些笼子里。没有这些笼子，气体分子就无处藏身；而缺了这些气体分子，那些空笼子自然也无法独立存在。液体与气体这两种物质结构迥异的分子就如此相依，巧妙地结合在一起，令人不由得不叹服大自然的巧夺天工。可燃冰的微观形状像笼子一样，因而也被称作笼型晶体（见图 6—3）。

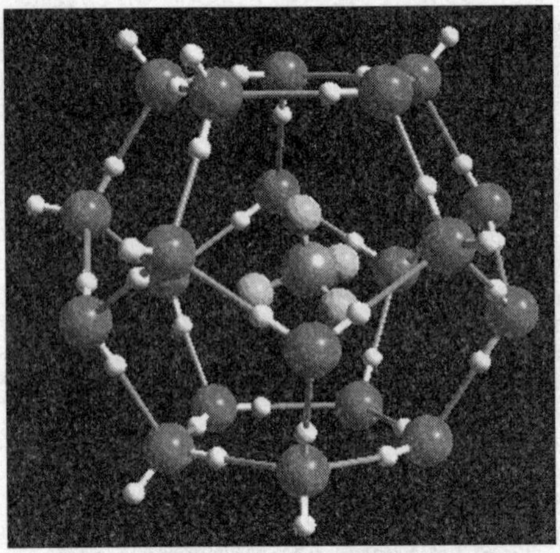

图 6—3　可燃冰的笼型微观结构

同样，正是由于这种笼型结构，使得可燃冰晶体能尽可能多地容纳天然气。通常 1 立方米体积的可燃冰可含有高达 150～180 立方米以上的天然气资源，从这个角度上看，可燃冰更像是高密度储存天然气的精巧容器。

自然之手的玄妙不仅体现在对可燃冰微观结构的精雕细琢上，宏观层面上也同样能显现出自然之手的雄浑与厚重。这一点从可燃冰在全球的分布与储量上便可感知无余。可燃冰在自然界大面积存在，这已在全球大范围的地质勘探中得到证实，并且为各国科研人员所普遍公认。根据可燃冰赋存的条件推断，目前在地球上大约有 30％的陆地是可以形成可燃冰的潜在地区，而在大洋水域中约有90%的面积也属于这样的潜在区域。谈及可燃冰的具体储量，由于采用的标准不同，各国的不同研究机构对全球可燃冰总储量的计算值有不小的出入。但无论采取哪种标准计算，可燃冰的储量在数值上都堪称天文量级。

目前，研究领域公认的数据是可燃冰所蕴含的碳含量高达2.5×10^{13}吨之多①，是目前已探明的所有常规化石燃料包括煤炭、石油、天然气等碳含量总和的两倍。换句话说，按照目前人类社会的能源消耗水平，全球可燃冰中蕴藏的能量足以供人类利用数百年。尽管上述的储量数字已经极为可观，但一部分科学家仍然坚持这是比较保守的估算，他们报有更乐观的期待。由此也难怪能源学家惊呼，可燃冰是继煤炭和石油之后大自然奉送给人类的又一"能源厚礼"。

目前，全球范围内已勘探出的可燃冰矿区已多达一百二十多处。美国、俄罗斯、日本等国已发现大面积的可燃冰分布区，如美国的阿拉斯加地区和墨西哥湾海域、俄罗斯西伯利亚冻土区及萨哈林岛、日本冲绳海槽等区域，可燃冰的探明储量均十分可观。如在美国阿拉斯加北坡地区，地下的岩层中储藏着数量巨大的可燃冰资源。据美国地质调查局（USGS）的统计数据，约2.5万亿立方米的天然气可供开采，足以保证美国1亿户家庭超过10年的用气需求②。目前，美国康菲石油公司正在阿拉斯加进行试验开采工作（图6－4）。

2009年5月29日，美国地质调查局再次宣布，雪佛龙石油公司的工程钻井人员在美国墨西哥湾中部的沃克海岭发现非常集中的含可燃冰的储层，这是雪佛龙公司在墨西哥湾开钻的第一口这种类

---

① Kvenvolden，K. A. Methane hydrate：a major reservoir of carbon in the shallow geosphere? Chemical Geology 71，pp. 41～51.

② USGS. Assessment of Gas Hydrate Resources on the North Slope，Alaska，2008.

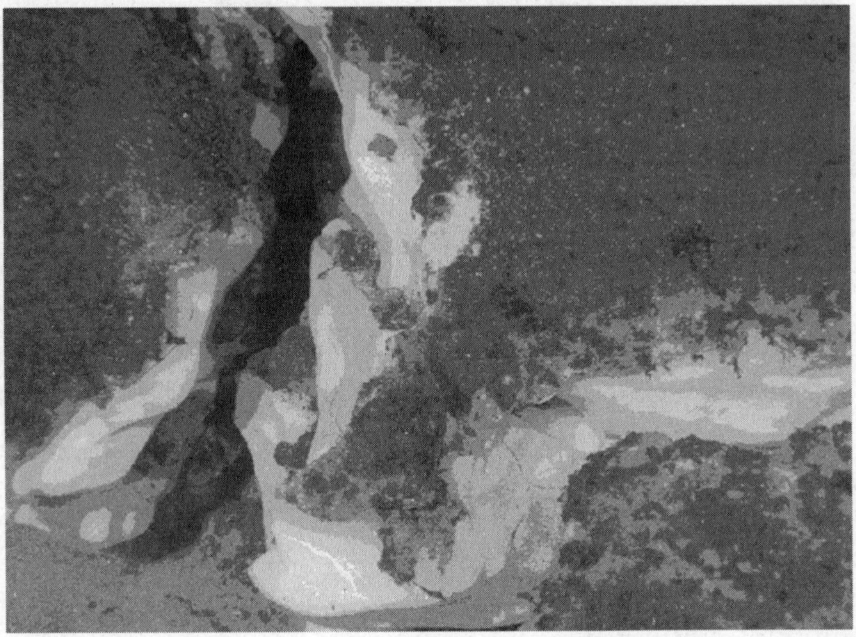

图 6—4　美国获取的奶酪状可燃冰沉积物

型的试验井，资源潜力相当大。再如日本静冈县的陆坡海域，仅初探的可燃冰资源所含天然气量高达 7 万亿立方米之多，如果能全部开采，足够日本使用 50 多年。另外，日本冲绳海槽也是可燃冰资源的富集区（图 6—5），有望成为日本的后续能源基地。

中国在周边海区也发现了大面积的可燃冰赋存证据，并于 2007 年 5 月在南海北部海域采集到了高含气量的可燃冰实物样品。由此证明了中国在可燃冰资源方面的巨大潜力①。据中国地质调查局的前期调查，中国南海西沙海槽已圈出的可燃冰资源区分布面积达五千多平方公里，资源量约相当于 190 亿吨油当量，这对清洁能源比较

① 《南海琼东南盆地天然气水合物稳定域分布特征及资源预测》，[J]《地球物理学报》2004，47(3)：483～490。

紧缺的中国而言，不啻是一个福音。即使其中只有三成左右的可燃冰资源可以开采出来，也可以极大地缓解中国能源供应紧张的局面。未来几十年间，中国如果能开发南海可燃冰资源，像“西气东输”那样，实现“南气北输”，这将对中国未来的经济发展产生重大的推动作用。

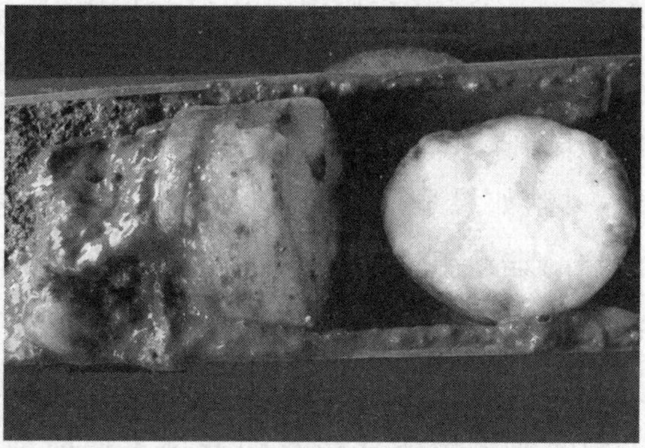

图 6—5　日本科研人员在冲绳海槽获取的可燃冰样品

3. 石油的天然替代品

由于可燃冰的主要成分是天然气，其燃烧以后几乎不产生任何残渣或废弃物，二氧化碳排放量较之石油减少四成。因此，可燃冰的清洁性自不待言。需要强调的是，可燃冰在全球极为丰富的蕴藏量，其可以满足全球社会对清洁能源长期而稳定的需求，这是可燃冰得以替代石油，成为下一代主导能源的关键。

尽管可燃冰开采上的难度不小，目前还没有形成一套成熟和有效的开采方案。但是，现有的条件下开发可燃冰并不存在难以逾越的技术障碍，这是可燃冰作为石油替代能源的关键问题所在。我们正视可燃冰资源开发中所面临的种种困难，但却无须过分地放大这种困难。一些石油领域的权威专家总强调可燃冰开发过程中的困难，而对可燃冰开采过程中有利的一面却视而不见，甚至有意屏蔽之，这不由得不令人怀疑他们所抱有的动机。我们不妨回过头来看看石油的开采历程，这有助于我们认识到问题的本质。我们现在所面临的问题就像在石油利用之初人们面对几千米下的油层一筹莫展一样，如果早期的工程人员一开始就失去了冲出困境的勇气，对面临的难题想当然地认为束手无策的话，石油或许仍静静地躺在幽深的地层中，等待着我们去发现和开采。现在看来，这些当初石油开采过程中所面临的难题都称不上为难题了，甚至有些问题都是小儿科。大多数横亘在石油开采人员面前的问题已经得到了完美地解决。而唯一没有解决的问题就是，如何使地层中像石油一样可供开采的能源越来越多。这个问题看起来不由人类单方面说了算，而是取决于人类的智慧以及与大自然和谐相处的程度。不过目标已经有了，问题的答案之一就是可燃冰。我们面临的问题是在地层中如何安全、有效地寻找和开采替代石油的能源，而不是单单依赖于石油。假设一百多年前人们率先开采的不是石油，而是可燃冰，那么想必目前又是另一番境况了。当然，这种假设在一些持有历史必然论的人看来是站不住脚的。不过，我们只是希望借此说明替代能源选择时所面对的历史偶发性。就可燃冰的开采而言，我们目前面临的有利局面较之以前石油开采时要多得多。理论上来说，人们可以利用与开采石油和常规天然气几乎大同小异的钻探技术进行可燃冰中甲烷气的开采，也可以再开采常规气田的时候“捎带”着开采可燃冰资源，唯一不同的地方在于环境控制方面的考虑。这无疑省却了一系列纷繁复杂的理论开创与技术储备工作。随着可燃冰试验开采方案的进一步完善与优化，可燃冰的商业化开采看起来只是时间问题。人们已经有足够聪明的办法开采深达数千米海底的石油，那么也就一定有能力开采储藏深度相对更浅的可燃冰。这一点我们无须怀疑。美国计划在 2015 年前后实现商业开采，日本也紧追其后，预计在 2016 年达成同样的目标，甚至很有可能大幅提前。与之相关的试验开采工作已经在美国、日本、加拿大等国紧张而有序地进行，在很大程度上已与石油开采活动无异，可看作是准商业化的开采。我们可以说，商业化开采的成功将是可燃冰进入社会生活领域的重要标志，目前正处在黎明的前夕。

从能源替代的角度上来看，可燃冰替代石油是人类社会的顺势之举，其不仅满足了全球社会对清洁能源的需要，而且实现了能源品位上的提升。我们对石油和天然气的能源品位简单加以说明。由于严格意义上说它们均为混合物，并无单一的热值概念，故以它们各自的平均热值来大致衡量其能量密度。一般的工程计算中，石油的平均热值取 1 万大卡/千克；天然气的平均热值取 8500 大卡/立方米。由此而言，1 千克的石油所蕴含的能量相当于 1.17 立方米的天然气，表面看起来天然气的能源品位并不比石油高。但事实上这样对比本身就是不恰当的，石油和天然气是两种不同状态的物体，比较二者的能量密度至少要划归在可比条件下才比较合理。如果以单位质量作为基准，则常温条件下 1 千克天然气所蕴含的能量接近约 1.2 万大卡，显然高于石油。如果再以相同的形态为基准，比如将液体的天然气(LNG)与石油进行对比，那么单位质量的液化天然气所含有的能量较之石油要高许多倍。

更为关键的是，可燃冰中所蕴含的天然气能担当起全球社会赋予石油的多面手角色，满足社会对石油的多用途需求。天然气接续石油可以实现整个替代过程的柔性对接，从而减少了对现有的工业体系造成较大冲击的可能性。众所周知，石油是 3000 多种化工品的原料，这正是石油的独特之处。无独有偶的是，石油所扮演的各种角色中，天然气几乎同样可以胜任。除了为数不多的个别领域，天然气基本上可以全面替代石油，天然气不仅能成为 2600 多种化工品的原料，而且更便于实现物理输送与化学变性。在天然气无法胜任的个别场合，石油化工产品的替代则可交予可再生的生物资源来完成。这样就实现了对石油作为化工原料品的闭环替代，全球社会的石油替代和过渡过程也因而将更加平稳和有序。

可燃冰也可以担负起时代赋予的多种内涵，而且这一点看起来更甚于石油。毋容置疑，环境保护已经成为全球社会关注的焦点，尤其是温室气体排放导致的全球气候变暖问题，更是人类社会正着力解决的重中之重。二氧化碳气体的过度排放目前被认为是全球气候变暖的罪魁祸首。事实上，甲烷气体的排放同样不容忽视。甲烷的温室效应极其强烈，较二氧化碳大 20 倍之多。也就是说，1 份甲烷气体造成气候变暖的效果相当于 20 份以上的二氧化碳气体[①]。组成天然气的气体成分中 95％以上是甲烷气，如果可燃冰中蕴藏的巨量天然气逸散于大气环境中，将会释放出庞大的甲烷气体，这会对全球气候变暖的趋势带来极其显著的加剧效应。对全球社会而言，这无疑意味着巨大的环境灾难。因此，开发可燃冰的意义不仅体现在能源行业，更体现在环保领域。如果说能源驱动着人类的进步与发展，那么环境则承载着社会的前途和未来。从更高的层面上看，可燃冰将发展与未来这两项关乎全人类的基本命题天然地联系了起来，这远非其他任何载体所能比拟。

无论从哪种角度上衡量，可燃冰都称得上是石油的天然替代品。

4. 一朵带刺的玫瑰

正像硬币的正反两面一样，任何事物都会有优劣之处。玫瑰看起来娇艳无比，但一定不要忘记它带着刺，可燃冰就是这样一朵带

① Kvenvolden, K. A, Methane hydrate in the global organic carbon cycle. Terra Nova 14, pp. 2002. 302～306.

刺的玫瑰。尽管其在全球的储量十分庞大，开发前景无限广阔，但这丝毫不能掩饰当前的现实困境。人类在可燃冰开发利用上正经历着巨大的挑战，这尤其体现在环境保护方面。

可燃冰在自然界的赋存环境是有条件限制的，即高压力、低温度的特殊环境，通常压力要求达到100个大气压以上，温度要达到10摄氏度以下。在这种环境下，可燃冰才可以“舒舒服服”存在，而一旦破坏了这种环境，可燃冰将无法适应，难以保持原有的稳定状态。就像冰雪在温度较高时消融一样，可燃冰在这种情况下自然也会融解，很快分离成天然气和水。当周围环境没有变化时，可燃冰在海底地层或者冻土层中会稳定地存在，但如果人们将其开采后带离到海面或地面上时，由于赋存环境遭致了破坏，可燃冰将很快会融解并气化，瞬间就消散得无踪无影。可燃冰对环境的变化十分敏感，因此指望大规模开采出可燃冰的固态晶体是不现实的，当然也是不必要的。人们恰恰可以利用可燃冰对环境变化比较敏感的特性来实现对其开采。通过人为地改变可燃冰的赋存条件，促使可燃冰先分解成天然气和水，然后再按照开采常规天然气的方法那样开采可燃冰，这不失为一种解决开采难题的迂回之策。目前可燃冰的各种试验开采方法如热解法、减压法和注入试剂法等都是遵循了上述的技术路线。比如，热解法是向含有可燃冰的地层中注入热水，通过改变可燃冰赋存的温度条件，使得可燃冰分解出天然气以便采收。

除了上述几种方法外，科研人员还设想出一种新方法，也就是置换法。即让二氧化碳气体分子把寄居在由水搭建的笼子中的甲烷或乙烷分子“驱赶”出来，而二氧化碳分子最终将占据这些笼子。实际上就是用二氧化碳气体把可燃冰里的天然气置换出来。由于二氧化碳气体形成的水合物其比重比海水大，于是就会沉入海底深埋，这样相当于将大气中的二氧化碳气体转移到海底，既可以减缓大气中的温室效应，又开采利用了天然气。当然这种一举两得的方法目前还处于最初的设计阶段，距离真正的应用还有很长一段路要走。

无论采取上述哪一种开采方法，安全性方面都面临着重大的难题。即如何有效收集可燃冰分解出来的天然气；同时，如何保证开采过程中含可燃冰地层的稳定也是重中之重。我们知道，可燃冰中的主要气体组分甲烷气是温室效应极强的气体之一，如果甲烷气大量泄露到大气中，将会加剧地球环境变暖，使地球温度升高，导致冰川融化等一系列环境问题。这显然是我们不愿看到的，也是可燃冰开采过程中必须极力避免的。另外，可燃冰开采后会导致原本结构稳固的沉积层被“掏空”，海底地层的支承力由此变弱，在外力的诱发下容易造成大陆架边缘动荡，引发钻井变形或坍塌、海底滑坡等地质灾害（见图 6—6），严重的情况还会引发可燃气体爆炸、海啸等灾难性事故[①]。

正是基于上述一系列原因，在不少能源专家的眼中，可燃冰既是一种极具前景的能源，同时更是一种危险的能源。甚至危险的程度不亚于核弹，因为相比威力巨大的核弹，可燃冰被认为是更大层面上的“气候炸弹”，其波及的范围是整个地球环境。因此，他们警告说，可燃冰的开发利用就像一柄双刃剑，如果利用得当，将造福于人类子孙后代；而若被滥用，将会给全球带来巨大的灾难，需要人类倍加小心对待。当然，这样的观点无可厚非，环境安全方面的考虑自然很重要。而秉持这样的观点往往很安全，既迎合了人们对新型能源追求的渴望，又可以将衍生的安全责任问题一推了之。但问题是过分地强调环境安全也会带来负面作用。最终导致争辩与论证无休无止地进行，唯独缺乏实践与解决具体问题的时间。我们可否

---

① Hampton M. A, Lee H. J, Locat J. Submarine Landslides. Reviews of geophysics [J], 1996, 34(1): 33～59.

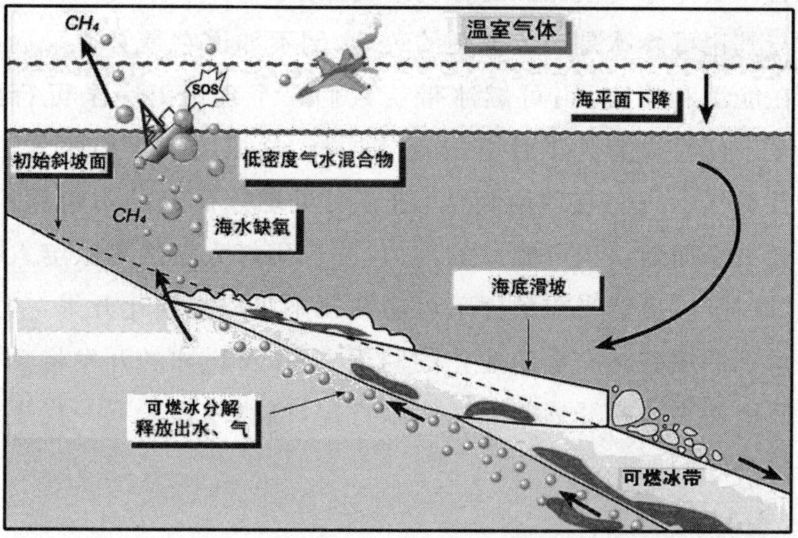

图 6—6　可燃冰分解引起海底地质灾害示意图

将可燃冰利用过程中的“得当”之处多加考虑，而无需将“不当”之处予以过度地关心，以免这些问题始终牵绊我们的神经，束缚我们的行动，导致本该进行或尽早开展的工作由于种种顾忌而被取消或推延。我们不妨换一个角度考虑问题。我们不把可燃冰的开采作为能源问题的解决方案，而是作为应对气候危机的一部分。因为对地层中存在的可燃冰资源而言，即使人类自身不开采，由于地震、气温变化等诸多因素的影响，可燃冰中蕴含的甲烷气有一部分仍然会从地层中自发地冒出来，科研人员在海底勘测过程中经常会遇到天然气从海底地层中喷薄而出的情形。而大规模的可燃冰分解并喷发甲烷气的事件在地球的历史上被认为可能发生了多次，从而带来了地球史上的极端气候升温事件。所以，我们将可燃冰开采出来加以燃烧利用，本身这一过程就是在缓解气候的变暖，因为甲烷气燃烧后的产物之一是二氧化碳，其温室效应较之甲烷要小很多，这对于规避其潜在的危害具有重要意义。由此，我们不妨将可燃冰的开采利用看作是全球气候保护的有机组成部分。

与其说可燃冰是一朵带刺的玫瑰,倒不如说它是必须采摘的玫瑰。在能源利用方面,可燃冰带给人们一个理论上完全可行的选择。至于何时成为人类社会的现实选择,这取决于人们的需求、动机以及勇气。我们有理由相信,随着对可燃冰研究的不断深入,人们将会更全面地认识可燃冰的潜力,并且用好大自然奉献给人类的这一“厚礼”。虽然当前条件下可燃冰还不足以规模化开采,一旦有了技术上的突破与完全商业化的利用方案,可燃冰的开发将会一发不可收地而大规模开展起来。可以肯定,可燃冰作为下一代主导能源只是早晚问题。

5. 有关可燃冰的谜团

可燃冰的声名并不是仅限于能源与环保领域,自然界不少未解之谜也和可燃冰扯上了关系。比如,一些日本科学家猜测,在距今6500万年前的那次陨星撞击地球的著名天文事件中,受到环境剧烈变化影响的海底可燃冰曾释放出巨量的甲烷气体,温室效应使得陆地和海洋温度急剧上升。最终,气候环境与其他因素的共同作用导致了恐龙的灭绝。而约5500万年前的古新世末期,全球温度异常导致的物种大灭绝也被认为可能与海底可燃冰中的甲烷气灾难性的大释放密切相关[①]。当然,这些假说都还停留在科学探索的最初层面,形成系统的理论还需要大量的科学论据予以证实或证伪。如果说上述事件太过久远的话,那么有关可燃冰的种种谜团中,最近的

---

① Hesselbo *et al*. Nature, 2000, 406.

也最有名的当属百慕大三角洲之谜了。

所谓“百慕大三角洲”，它是指北起百慕大群岛、西到美国佛罗里达州迈阿密、南至波多黎各的一个非常辽阔的三角形海域(图 6—7)。

20 世纪以来，数以百计的船只和飞机先后在百慕大海域神秘失踪，成为多年的未解之谜。2009 年 6 月初，法国航空公司一架客机发生空难。一些媒体猜测认为与百慕大三角洲有关，因为法航飞机失踪地点与百慕大三角洲同属于大西洋海域，人们下意识地便将两者联系起来。但有所不同的是，法航飞机失踪海域位于巴西纳塔尔和西非利比里亚之间，属于大西洋中部海域，而百慕大三角洲则位于大西洋北部，两处相距千里之遥。因此，这种联系显得牵强附会。不过，让人有所联想的是，法航客机失事的原因从一开始就扑朔迷离，飞机上的黑匣子始终也踪迹难觅，几乎就是过往上百宗“百慕大

图 6—7 百慕大三角洲方位及法航飞机失事位置示意图

三角洲”灾难传闻的现实翻版。人们本来对有关百慕大的传闻就感到神秘，但凡有一点瓜葛，人们就首先试着把灾难与百慕大灾难挂上钩，这实在是自然而然的事，不足为奇。

从上世纪 50 年代开始，全世界的科学家对与百慕大有关的怪异现象进行了种种诠释，发表了不少研究假说，包括“磁场说”、“黑洞说”、“次声波说”等等，甚至还有人将其归结为外星人作祟。但这些假说往往顾此失彼，只能解释其中某类个别现象，无法大范围推而广之，因此不能使人彻底信服。西方不少国家因而也把百慕大三角区称为“魔鬼三角”或“神秘三角”。

新世纪以来，美国科学家布鲁斯·迪那多提出了新的观点。他认为，百慕大地区的船只失踪原因远没有那么奇异，很可能是海底突然爆发出的大量气泡弄沉了过往船只而已。为了使自己的观点更有说服力，他引用了古希腊数学家阿基米德有关浮力的古老定律来解释这种现象。阿基米德曾最早发现，如果一个物体要能够浮在水面上，那么水的密度必须大于这个物体的平均密度。正如木材能浮在水面上，那是因为水的密度大于木材密度的缘故；石块则不行，因为水的密度小于石块的密度。轮船之所以能浮在水上，这是由于轮船是空的，其巨大的空腔体积使得轮船的平均密度大为减少，从而小于水的密度，这些都是显而易见的道理。但布鲁斯强调，水中的气泡能使水的平均密度降低，低到小于所漂浮物体的平均密度。从而使漂浮在水面上的物体沉没，这种道理也并不难理解，因为气泡的存在相当于“稀释”了水的密度。不少学者承认迪那多的论断是全新的观点，但新的质疑又随之而来，问题是海水中从哪里来那么多的气泡呢？不过，海洋地质调查人员似乎已经给出了有利于迪那多的证据。

20 世纪以来，地质调查人员在百慕大三角区进行过大范围的海洋勘察。大量结果显示，百慕大三角区海底蕴藏着极为丰富的可燃冰资源[1]。百慕大海域是海洋生物十分繁盛的热带洋区，许多有机生物死亡后便沉到了海底。于是在长期的地质演化中出现了这样一个转化过程：即死亡的有机物分解出甲烷气，甲烷气又转化成可燃冰。这些可燃冰与海底泥沙等多孔隙的沉积物混合在一起，形成了一个密度约为 0.9 克/立方厘米的海绵状多孔环境，其比水的密度 1.0 克/立方厘米要小。可燃冰在这样的环境里有时是不稳定的。由于压力和温度的变化，浅层的可燃冰很容易分解，有时几乎是爆炸般地分解出上百倍于固态可燃冰体积的甲烷气体，这一结果极大地支持了迪那多的"气泡说"。

迪那多声称，这些巨量的气泡可以使周围海水的密度大为降低，海水会瞬间失去原有的浮力，如果此时恰好有船只经过，就会因为海水浮力不足而在数秒钟内像石头一样沉入海底。同样，气泡在海面上会形成强大的涡流和气旋。要是飞机如直升机飞得不高，就会从海面上空被旋吸入海水里，这就像人摆弄纸制玩具一样轻而易举。更为危险的是，当甲烷气体遇到飞机灼热的发动机时，很可能会发生爆炸，酿成机毁人亡的灾难事故。尽管这些现象听起来比较离奇，甚至有些牵强，但在迪那多看来，这却是自然而然的结果。而且事情至此还远远没有结束，因为迪那多不仅敢于设想，而且勇于实践。

为了实际验证他的观点，2003 年初，迪那多在一名电影特技大师的帮助下，在美国佛达里达州的海湾里人工炮制了一起"百慕大沉船事件"，令人惊讶的是，一艘重达 4 吨的游艇被他们人为制造出来的海底气泡活生生地吞没了。电影特技大师菲尔·贝克任此项

---

① McIver, Richard D. "Role of Naturally Occurring Gas Hydrates in Sediment Transport," American Association of Petroleum Geologists, Bulletin, 66:789, 1982. Bermuda Devil Delta Region is Possibly Containing the Rich Natural Gas Hydrate. Science technology and engineering, Year 2007, Iussue 6, Page 1157～1160.

实验的总设计师,《未来水世界》等不少好莱坞灾难电影大片中的特技场面,就是出自菲尔·贝克之手。因此,他对操控这种场面简直是了如指掌。在佛罗里达海湾的实验水域,菲尔·贝克和他手下的工作人员通过软管将空气压缩机内的压缩空气送往水底,压缩空气喷出后经过一个40英尺长、20英尺宽的特制水底栅格,进而变成了成千上万个强大的气泡迅速冲往水面。为了让游艇足够重,菲尔·贝克命令工作人员在游艇上装载重达数吨的混凝土石块。工作人员在经过五次排放压缩空气及模拟海底气泡爆发后,离奇的事情发生了,浮于水面的游艇果然在一片气泡中沉入了水底。

整个实验过程中,摄影师们真实地记录下了这场人为制造的"百慕大沉船灾难"的全部场景。事后菲尔·贝克激动地表示:"那艘船果然在翻滚的气泡里沉了下去,作为电影特技师,我以前也曾弄沉过好多艘船只,但我从来都是在船上凿一个洞让它沉下去,而绝没有想到海水气泡也能制造出同样的效果!"对于迪那多而言,他不会仅满足于沉船实验,他认为这些还属于小打小闹,他希望得到更多。就像他所发现的那样,百慕大海域产生的天然气泡有时非常之广,可能达数英里之宽,这样大范围的气泡喷发足以弄沉一艘长达数百英尺的货船。现在人工模拟出来的场景与自然界的实际状况相比,简直就是小巫见大巫了。

虽然迪那多的"气泡说"一定程度上得到了事实验证,但该假说并非无懈可击,许多学者也不完全信服,而且他们寻证觅据,罗列了不少硬伤,一场"口水仗"看来是不可避免地要打下去了。有关百慕大三角洲的种种谜团目前仍在争论不休中。尽管传统的假说被接连否决了,但新的假说依然层出不穷。可燃冰真的是一把解开这些谜团的钥匙吗?让我们继续拭目以待。

6. 可燃冰带来的技术变革

从人类的能源利用进程看，可燃冰的利用将具有里程碑式的意义。不仅如此，可燃冰还衍生出了许多新的科学方法和技术工艺，可应用到气体分离、溶液萃取、海水淡化、甲烷储运等众多将对人类生活带来巨大影响的领域。

可燃冰晶体中水的含量高达80%以上，因而可以通过形成可燃冰这一途径来浓缩水溶液。因为其生成温度一般高于冰点，所以采取这种方法比冷冻浓缩更经济。在特定场合下，通过人为满足可燃冰的生成条件，进而生成可燃冰晶体，便可以依照设定的要求达到分离混合物的目的。其既可以根据性质的差别分离不同种类的气体，如利用不同气体与水形成晶体时在压力上的差别，通过控制压力使易生成水合物晶体的组分发生从气态到固态的相态变化，从而实现气体混合物的分离；也可以分离液态混合物，如为了在保持原有品质的前提下萃取中药汁或果汁中的水分，可以摒弃传统的蒸馏方法，选择通过生成可燃冰来分离混合物的"新工艺"，某种程度上说，这更易于实现特定需要。再比如海水淡化领域，可燃冰分离技术也将大有用武之地[①]。

淡水是当今社会重要的稀缺资源之一，这已成为众所周知的客观事实。"如果不珍惜淡水资源，人类的最后一滴水恐怕就是自己的眼泪"。类似这样的公益广告语足以令人警醒。不过，仅仅珍惜淡水资源是不够的，如果不善加开发，未来淡水资源的短缺将可能会

① 熊颖等：《天然气水合物的应用技术》，《天然气与石油》，2008. 26(4) 12～15.

酿成人类社会的重大危机。目前,海水已经成为人类获取淡水的新源泉,用可燃冰分离技术淡化海水或许就是破解危机的有效途径之一。

将天然气通入备用海水中,满足可燃冰生成的特定条件,可燃冰固态晶体生成后便实现了海水中的盐类矿物质与水在形态上的分离。这些分离的可燃冰晶体中就包含着所需的淡水资源。据计算,每生成1立方米体积的可燃冰就可分离出0.87立方米的淡水,产出量相当可观。而循环往复上述过程相当于完成连续的海水淡化工艺。该项技术具有能耗低、设备简单、紧凑的优点。就目前科技水平而言,尽管该项技术的经济性还有待提高。但在中东一些缺水但经济富足的国家如沙特阿拉伯,该技术已经实现了工业化应用。随着技术工艺水平的提高,可以预料,基于可燃冰分离技术的海水淡化今后将会成为重要的淡水获取渠道和技术分支。

除了上述应用领域,可燃冰在天然气输送方面也将带来新的变革。目前,现有的天然气的运输途径主要采用输气管道、液化天然气(LNG)、压缩天然气(CNG)三种方式。而通过可燃冰技术运输天然气将会是第四种方式,其利用的正是可燃冰高密度储存天然气的特性。管道天然气输送主要应用于陆地上远距离的输送场合,其最大的优点是输气量大,但初投资同样也比较大,而且受到地域条件的限制,一般属于国家层面上的应用范围。如俄罗斯向欧洲的天然气输出、中国的西气东输工程均属这种情形;LNG输送方式主要应用于海上远距离的天然气输送,目前已经成为全球海上天然气输送的主要途径。由于将天然气在低温条件下液化成为了密度极高的液体,因此LNG方式的输气量同样不菲,但问题是LNG船的造价巨大,通常单艘轮船的造价1.5～2亿美元以上,加之运输过程中维护费用高企,因此也同样属于资金密集型输送方式;CNG方式通常应用于小范围、低输气量的场合,一般通过可承载200个大气压左右的压力容器储存气体，广泛应用于天然气动力汽车、民用燃气站等领域，由于CNG输送方式的初投资并不大，适合于中小规模的天然气输送领域[①]。

正如前文所介绍的那样，可燃冰就像高密度储存天然气的容器，通常1立方米体积的可燃冰可储存高达150～180立方米以上的天然气。因此，相比前三种运输方式，可燃冰态天然气运输方式具有高效、安全、灵活的优势。在一定的运输距离区间，更具有成本上的优势，约为传统的输气方式成本的1/2到1/3，未来的市场应用前景十分广阔。更为重要的是，可燃冰高密度、低成本储气的特点使得开发一些中小型天然气田成为可能。这些中小气田在传统的条件下由于开发的经济效益不大，往往处于废弃的境地。新技术的利用可以使这些废弃的气田重焕生机，从能源利用的角度看，这未尝不是一件幸事。

与可燃冰有关的技术还可应用到生物酶控制、二氧化碳储存、汽车驱动、空调、冰箱的制冷等众多领域，带给人们社会生活方面的巨大变革。

7. “白金”替代“黑金”

就利用价值而言，可燃冰无疑称得上是“白金”，与石油黑金相比毫不逊色。目前大多数国家之所以都没有考虑大规模开发这种“白金”，关键的原因就在于人们现在仍未摸索出既安全又经济的可燃冰开采方法。那么对于目前的这种困境，人们自身难道就没有责

① 刘锋等：《船载天然气水合物的输送及其经济性》，《天然气工业》，2005年7月，P126～130.

任吗？在这一点上，人们似乎正在为曾经的集体短视和盲从而付出代价。

早在上世纪 70 年代末第二次石油危机之后，前苏联一批科学家就呼吁开发可燃冰资源以减轻全球社会对石油的单一依赖，从而缓解石油危机的蔓延，解决未来的清洁能源供应问题。现在看来，这种观点是如此切中问题的要害。但遗憾的是，这种理性的声音被石油世界的喧嚣与纷争所掩盖，很快变得无足轻重，可燃冰的开发也就成为了可有可无的事①。为了减小石油短缺对社会经济带来的冲击，以美国为首的西方国家大力开发核能、氢能等各种新能源，但唯独缺少了可燃冰。如果说美国在替代能源开发上的短视还不足为怪的话，那么全球社会集体盲从的行为则需要深思了。这使得可燃冰真正受到全球社会重视的时间推迟了近 30 年。如果在上世纪 70 年代人们就开始加大可燃冰的研究与开发力度，想必目前可燃冰的开发将是另外一种景象了。可燃冰至少会为全球社会所熟知，人们面对石油紧缺的局面也就可以从容应对了。当然，历史不能倒退，我们现在加快可燃冰的开发力度未尝不可行，正所谓亡羊补牢，犹未晚也。至于人类社会何时用上可燃冰这种革命性的替代能源，这取决于可燃冰商业开发的进度和成效，更取决于人类社会对清洁能源的追求和认知程度。

作为人类社会最理想的石油替代能源，可燃冰真正受到重视是在上世纪 90 年代末期。随着大洋勘探计划(ODP)等一系列国际合作研究计划的实施，可燃冰领域的开发骤然升温，其研发进展不仅为发达国家所密切关注，更被提上了开发日程。美、俄、日等国先后投入不菲的资金进行可燃冰的研究，并且分别给出了可燃冰商业开采的时间表。比如美国计划在 2015 年进行可燃冰的商业开采，日本

---

① Makogon, Y. F. Perspectives of development of gas hydrate accumulations. Gasovaya Promyshlennost 3, pp. 16～18 (in Russian) 1981.

原本紧随美国之后，希望在2016年实施商业开采，但由于受到多种因素的刺激，日本已经将该计划的执行期大幅提前，至少日本打算在美国之前第一个实施商业开采。可见日本人在可燃冰开发领域打算力拔头筹的决心和勇气。对此，日本人自有通盘的考虑。

能源是社会赖以维持和发展的前提，后续能源的开发更是关乎一个国家的经济安全。在这方面，日本显然比其他国家体会更深。作为能源严重匮乏的发达国家，日本人一直为本国的能源安全而忧心，日本的石油对外依存度几乎达到100%。由此也就不难理解日本为什么要迫不及待地开采周边海域的可燃冰能源了。目前，日本的工程技术人员正在位于加拿大北部马更歇三角洲的马利卡气田紧锣密鼓地进行可燃冰试验开采，以便于为随后的商业开采进行技术储备及方案优化设计。在日本与加拿大签署的合作开采协议中，保密内容被作为专门的要求予以了强调，一般人士很难去试验开发地参观或探访，研究同行之间正常的学术考察活动也被限制或取消。由此，马利卡气田的试验开采活动被蒙上了一层神秘的面纱。

对于马利卡气田的试验开采技术而言，日本采取的开采方法为“降压法”，其具体的工艺路线是在海底的可燃冰地层钻一个深孔，通过压力泵给地层空间降压，使得地层中的可燃冰分解，天然气与水分离后便会喷到钻井口被收集，开采工艺路线的后半部分与常规天然气的开采基本上一致。日本也已经圈定好了后期实施商业开采的区域，该区域是距离本州岛50公里的日本冲绳海槽。该海域水下500米的浅部地层中预计蕴藏着1万亿立方米以上的天然气资源，开发潜力及开采可行性均符合日本的期望，是日本实施商业开采计划的理想场所。而目前马利卡气田的试验开采结果将很大程度上影响日本商业开采的进度。如果一切计划顺利进行，那么日本有望在2010年左右实施商业开采计划。

可燃冰的开采将是日本能源利用史上的转折点，日本将一举改变多年来能源完全依赖国外进口的被动局面，转而使用上本国自产的清洁能源。日本也将不会像之前那样面对被动局面而无力还手了，因为它在能源供应渠道上多了一道选择，其意义不可谓不大。日本上至首相议员、下至黎民百姓均对可燃冰均表现出了浓厚的兴趣，对可燃冰的开发进程更是热切关注。想必原因就不言自明了。日本最大的天然气分销商——东京燃气公司油气资源部主管奥井敏治的话极具代表性："我们正在密切关注政府的可燃冰开发项目，希望有一天能通过管道接收到在我们自己的国土上开采出来的能源，我们和普通日本民众一样，期待着这一天尽快到来。"

根据现有试验开采数据的不完全统计结果来看，可燃冰的开采成本十分高昂，获取每立方米天然气的成本高达 10 美元，折合成油价相当于 200 美元/桶的天价。当然，这只是在小规模的试验开采情况下得出的结论，并不足以采信，当可燃冰规模化开采后，成本自然就会大幅度降下来。煤炭、石油等化石能源开采的初期均是如此，可燃冰自然也遵循这一原则。

诚然，可燃冰的开发与传统油气资源有所不同，可燃冰以固体形态储存，而且海洋可燃冰资源多储存在深海浅地层区域。因此，传统的油气开采过程中的"浅海深钻"工艺过程需要转变为"深海浅钻"，而且要将传统的"无分解开采"转变为"分解开采"。这是开采过程中的不同之处。可燃冰的商业开发涉及资源、技术、经济和环保等多方面问题，科学原理和单项技术现在已基本成熟。要将它们集成，所耗费的时间可短可长，这要视市场的需求及资金投入程度而定，大致为 5～10 年。如果以净能源收益率作为指标，可燃冰是最应该首先开发的能源富矿。此外，受原油价格剧烈波动的影响，传统的油气公司对可燃冰的商业开采前景仍举棋不定，但日本人的研究成果给悲观人士带来了新希望。他们的结论相对更乐观，甚至很有吸引力。日本研究人员综合各方面因素测算后认为，国际原油价格上涨到 54 美元/桶时，商业化开采可燃冰在经济上便是可行的，而且随着技术的进步和开采规模的加大，这一数据将更有吸引力。日本政府的相关计划基本上也是围绕相关的经济评价方案展开的。

对于可燃冰的开采利用而言，除经济成本上的制约因素外，环境技术风险更是重点的考虑因素。可燃冰开采过程中可能发生的海底地层坍塌、可燃气体井喷等事故将对海上钻井平台带来严重的安全威胁。另外如果开采不当，还会导致天然气大量泄入大气层等环境不利事件发生，从而加剧全球气候变暖的趋势。对于这一问题，日本研究人员声明，人们大可不必为可燃冰开采过程中的环境问题而忧心忡忡。比如，针对热分解和减压法开采可燃冰会造成全球气温升高等问题，一些环保人士担心甲烷气体不会按照人为设计的通道分解，它自己就会悄悄溜掉。实际上，这种担心尽管无可厚非，但却是想当然式的猜测。由于工程人员在开采过程中不会采取漫加热和漫分解，减压开采过程也不会采取漫减压，而是专就某一区块进行开采工作。因此，产生这一问题的可能性是非常小的，并不值得格外担忧。日本在加拿大冻土区进行的可燃冰试验开采也并没有发现甲烷气逸散以及造成温室效应等问题，有时候我们看起来是被“假想敌”束缚了手脚。

尽管全球不少科学家都担心日本的商业开采活动会引发一系列更严重的问题，日本仍然义无反顾地进行着精心筹划和进度安排。日本政府也做出承诺，日本将做好可燃冰开采的环境风险控制工作，在进行商业开采前，将把燃气泄漏探测器及环境监控系统全部配备到位，力求把风险因素控制在最小的程度，为开采活动保驾护航。随着日本、美国对商业开采可燃冰计划的逐步开展与落实，可燃冰作为商业能源将会进入寻求替代能源的各国政府的视线，全球也将兴起一轮可燃冰资源开发的热潮，可燃冰将有望迅速为普通民众所认知和熟悉，并且融入社会现实生活。从某种程度上说，可燃冰开发就是一场改变全球竞争力的能源新竞赛。

8. 来自北极的曙光

2002年初，美、日等国在位于北极附近的加拿大马更歇三角洲实施了代号为“马利卡2002”的多国合作计划，联合进行了永久冻土区可燃冰的试验开采，该计划取得了巨大的成功，同时也证明了从可燃冰矿藏中可高速产气，这为可燃冰的大规模开发奠定了基础。美国《科学》杂志就此发表权威文章称，尽管可燃冰资源的开采量目前还比较少，但更大范围的利用已为期不远了[①]。西方主流媒体更是将“马利卡2002”计划的成功实施誉为可燃冰开发利用上的里程碑。

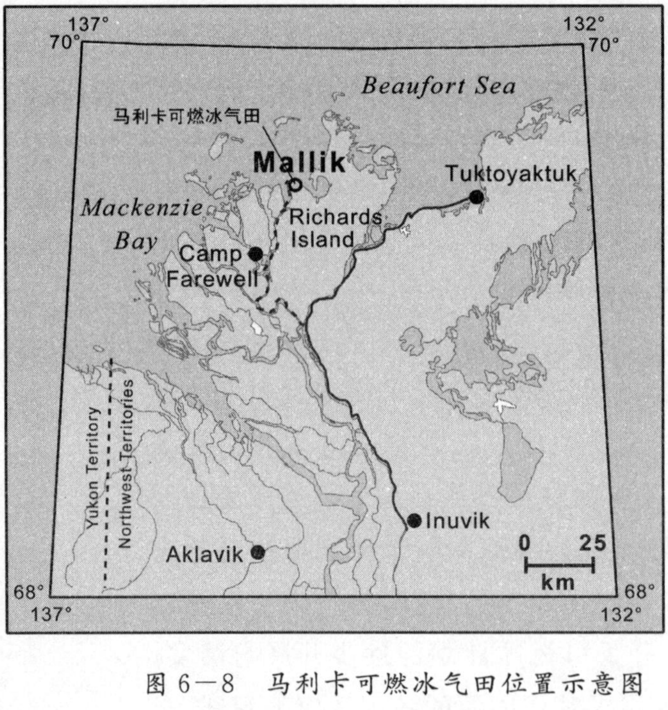

图6—8　马利卡可燃冰气田位置示意图

马更歇三角洲属于加拿大西北部的永久冻土带，毗邻北极圈，是广义的波弗特海—马更歇盆地的重要组成部分。

马更歇地区是世界上最著名的可燃冰产地之一，也是加拿大最重要的

① Richard A. KerrGas, Hydrate Resource: Smaller But Sooner, Science, 2004: Vol. 303. no. 5660, pp. 946～947.

含油气盆地之一。迄今为止，人们在可燃冰开采方面遴选的目标区域有美国布莱克海台、美国墨西哥湾、日本冲绳海槽、加拿大马更歇冻土区等少数几个地区，这些地区的工作程度比较深入，资料也相对丰富。马利卡气田位于马更歇冻土区北端，尽管由于夏季冰雪消融而会被海水浸没，工程人员只能在冬季进行开采施工作业，但这并没有妨碍马利卡成为世界上可燃冰开采工作程度最深、资料最丰富的地区。自 2002 年以来，科研工程人员在马利卡地区已经相继钻探了 L238 到 5L238 共 5 个钻孔，并对多个层位进行了降压法试验开采，取得了良好的效果。证明了从可燃冰中生产天然气在技术上是可行的，后续所要进行的工作就是延长生产时间，并从经济上考虑开发利用的可行性。另外，科研人员也进行了地质、地球物理、地球化学、微生物学和试生产等方面的多学科综合研究，以便为将来的长期试生产和最终开发利用积累更多的数据和资料。2007 年，马利卡气田的可燃冰开采更是取得了重大突破，加拿大和日本的研究人员通力协作，进一步明确了冻土区可燃冰开采的施工方案，证明了在该区域进行降压法开采可燃冰的正确性。在总体耗时 60 小时的开发过程中，最成功的 12.5 小时累积产气 830 立方米，产出率相当之高，令全体科研工程人员极为振奋。2006 年后，马利卡的试验开采成果更加显著，产气量日均达到 2000 立方米，由此向可燃冰的商业化开采又迈进了一大步，已经可以看作是准商业化生产了①。

可燃冰能否从“永无休止的政府研发类项目”发展成为现实能源，其关键在于人们永不倦怠的探索精神以及对开发石油替代能源的决断。在这一点上，日本人颇有排除一切纷扰，争当“领头羊”的架势。这既然源自于日本人强烈的忧患意识，也源自于日本政府对

① Koji Yamamoto，Scott Dallimore. Fire in the ice ：Aurora-JOGMECc-NRC，Mallik 2006—2008. Gas Hydrate Research Project Progress[J]. Met hane Hydrate Newsletter，2008.

今后石油替代能源的深入认识与判断。从某种意义上说，可燃冰将成为人们向未来更清洁能源（氢能和核聚变能）过渡时的“桥梁”，它在为人们提供所需能源的同时，减少了向大气中排放的大量二氧化碳，从而缓解了全球变暖过程。因此，可燃冰这种“白金”将是一座亟待开发的“富矿”。我们不难理解，从石油向天然气的过渡时多么地自然而然。仅在三十多年前，石油还主宰着全世界的能源经济，在全球的能源需求中占据了几乎50％以上的份额，天然气只占到20％，从那时开始，情况似乎已开始向有利于天然气的方面转变。现如今，天然气在全球能源结构中所占到的份额已超过煤炭，到2025年，预计天然气将超过石油成为世界的主导能源。天然气的兴起和一百年前石油的兴起有异曲同工之妙，天然气不仅来源丰富，污染物排放更小，而且可以很容易的提炼成纯粹的氢气，从而为燃料电池和其他能源设备提供清洁能源。正是由于这些原因，可燃冰被认为是一种桥梁式的燃料。这种现有的燃料既能为当前的能源经济提供动力，又能够推动向将来的一种更理想的能源经济体系进行过渡。

当然，日本、加拿大、美国等国在可燃冰开采方面取得的成绩与国家的支持与投入是密不可分的。西方发达国家政府在可燃冰开发过程中的投入是巨大的，也是一贯的。正因为如此，这些国家才得以获取全球领先的技术，并且始终走在世界前列。但是，这些国家对有关可燃冰方面的技术封锁也是不遗余力的，同样也是一贯的。就美国而言，可燃冰开发与利用技术属于联邦政府的战略性高新技术。对发展中国家，尤其是中国是需要极力封锁的。以2007年5月22日在美国华盛顿召开的“第二次中美战略经济对话”为例，当时的会谈过程以中美清洁能源领域的合作与对话最为引人瞩目。美方在对话结束后明确声明，要在清洁煤技术、煤层气技术、燃油低硫化技术以及先进核电技术等领域对中国进行技术转让或技术输出，但在中国最希望成行的可燃冰合作开发和技术转让方面，美国的大门始终是关闭的。正如一位参与对话过程的中国官员所言，美国的技术输出绝对是分优先等级的，你越想要得到的，你越得不到。

目前，就可燃冰开采与利用技术而言，中国的已经落后于美国、日本、加拿大等发达国家。仅可燃冰专利技术方面，中国的相关专利仅占全球相关专利的不到 2%。而美国、日本的这一数字已分别达到 20%和 15%，差距已经能明显能体察到，这意味着今后其他国家实施可燃冰开发与利用时，凡所涉及的相关专利技术都要支付额外的专利费，这也正是美国、日本等国埋头进行专利技术申请和保护的原因了。不过，尽管面临落后的被动局面，但以中国为代表的发展中国家和以美国为首的发达国家之间，目前还不存在明显的“技术代差”。可以预见，如果不能在差距较小的今天迎头赶上，那么以后就真的不可同日而语了。各国技术、人才的储备不同，可燃冰后续开发计划及实施效果也将有所不同。很可能的结果是，在可燃冰开发方面具有先行优势的国家将进一步占据有利地位。凭借先行之利而积累的技术、人才优势届时将成为宝贵的财富，这些国家可以据此为那些拥有可燃冰资源，但却无力开采的国家进行服务。当然，服务的条件需要双方商谈，但一定是高价码的，这早已成为了国际社会的潜规则。日本人深谙此道，在可燃冰开采方面，日本人不遗余力、争创全球一流的行动也就有迹可循了。

可燃冰的开发将揭开新时代的序幕。尽管现在一切看起来都几乎是空白，但这只是黎明前的黑夜。来自北极地区的可燃冰开采活动正如火如荼地进行，与之相邻的北极领土争端也日渐升温，这一切或许已经昭示着新的变革即将到来。

第七章 石油地缘政治大重整

论及地缘政治，其最早的思想理念可追溯到中国二千多年前的春秋战国，当时的地缘政治思想主要划分为以苏秦为代表的合纵派，以张仪为代表的连横派。这两大阵营的思想活动形成了盛行一时的“纵横理论”，各国战事的频发使得这些思想理论有机缘得到实践检验，其可看作是最古老的地缘政治学[①]。

现代地缘政治学理论发轫于19世纪末，旨在探讨国家所处的地理环境与国际政治的关系。它根据各种地理要素和政治格局的地域形式，分析和预测世界及地区范围的战略形势和有关国家的政治行为。20世纪曾出现过多种有影响力的地缘政治学说。如美国战略思想家阿尔弗雷德·马汉提出的海权论，即强调海洋对国际政治的影响，重视对世界重要海道和海峡的控制，认为谁能控制海洋，谁就能成为世界强国。再有英国人麦金德提出的陆权论，强调控制陆

① 中国传统上有“三教九流”之说，九流之中有一派叫作“纵横家”。战国时期，所谓的“纵横家”，最著名的当属张仪与苏秦。张仪作为纵横家的一代鼻祖，苏秦晚于张仪，二人分别施展连横与合纵之术，将战国晚期各诸侯及天下形势掌握于股掌之中。

上核心区域的重要性，认为欧亚大陆的心脏地带是最重要的战略地区。除此之外，后来陆续发展出陆缘论、空权论等多种理论。第一次石油危机以后，国际社会对石油资源的攫取和争夺日渐升温，以石油为关注目标的地缘政治学应运而生，石油地缘政治也逐步成为了国际社会的热点以及各国博弈的焦点，全球的油桶——中东地区自然也就成为了“火药桶”。当地缘政治纷争时常围绕着与石油相关的各种权益展开时，石油物权论的火热出炉也就不足为奇了。而现在，维持了近半个世纪的石油地缘政治构架正面临着变革，以石油为靶心的地缘政治路线图将迎来大重整，可燃冰俨然扮演着破局者的角色。

1. 美国与所有产油国接壤

尽管世界各国受各自的生存与发展需求驱使，义无反顾地加入到了对石油资源的争夺战中，但美国无疑是头号的参与者。作为全球最大的石油消费国，同时也是全球独一无二的超级强权，美国的国家机器依赖于源源不断的石油驱动，石油利益始终是美国地缘政治战略的核心利益。美国深谙石油地缘政治的精髓，积极践行着控制全球石油流动的政治箴言，也正因为此，风起云涌的国际石油纷争自然总少不了“山姆大叔”的身影。“世界各国与邻国接壤，美国与所有产油国接壤。”这恐怕就是对美国奉行的石油地缘战略最凝练的描述吧！

自上世纪70年代以来，美国在全球的地缘战略布局很大程度上是围绕石油展开的。从两伊战争期间拉拢沙特，到海湾战争敲打伊拉克；从阿富汗战争借机渗透中亚，到伊战推翻萨达姆政权；从武力威吓伊朗政府，到巴以冲突斡旋调停；从暗助格、乌等国的颜色革命，到明争里海地区的主导权。无一不是美国借机建立军事存在或强化政治影响力的战略行动，终到底还是因为美国觊觎着地下的石油资源。

回顾“9·11”事件以后的国际形势发展，美国的石油地缘政治路线可谓脉络毕现。美国借反恐战争之名突入阿富汗，并借机立足中亚，其控制里海石油资源的目标初步实现。随后，美国攻占伊拉克，仇美的萨达姆政权迅速垮台，这使得美国支配海湾石油的多年夙愿一朝实现。与此同时，美国在西非地区频频发动外交攻势，美国几大石油公司成功进驻几内亚湾，基本上掌控了该地区的石油资源，获得了对全球这一“后备油库”的主导权。加之美国之前已将北美墨西哥湾地区的石油开采权尽收囊中。毫不夸张地说，美国在全球石油资源掌控方面的霸主地位已经确立。如果美国“再接再厉”，顺势解决对伊朗石油资源的控制问题，那么，全世界70％石油资源的掌控权将落入美国之手，美国在全球的石油地缘政治战略将基本上布局到位。

与之相呼应的是，美国积极投身于控制全球海上石油运输通道的战略行动中。从上世纪90年代起，美国便开始精心布局，在新世纪之初逐步实现了对全球十几条海上输油要道的掌控。这些要道包括：加勒比海航道、好望角航线、佛罗里达海峡、巴拿马运河、直布罗陀海峡、苏伊士运河、霍尔木兹海峡、马六甲海峡等等不一而足。尤其是马六甲海峡，它是美国多年来觊觎的一个地缘战略要冲。美国对它的关注一直没有中断或消减过。美军曾多次借口打击恐怖主义，要求在马六甲海峡驻军和巡逻，这尤其显现出其急于全面掌控海上石油运输要道的图谋。因为控制了马六甲海峡，就相当于扼住了东亚各国石油输运的咽喉。这对日本与中国两大石油进口国的影响尤为深远，中日两大经济体的海上石油生命线将全部落入美国的势力范围，保障能源安全等一系列涉及经济安全的重大问题立刻将摆在中、日两国面前，中国所力图化解的“马六甲困局”也是由此而来，而由石油供应安全所引发的大国间矛盾与冲突将愈发凸显。正如美国前副总统切尼曾声称的那样，谁控制了石油的流动，谁就能对美国经济，甚至对世界其他大多数国家的经济拥有“钳制力”。但问题是，美国是首当其冲的控制者，而不是被控制者。我们不难理解，实现对全球石油资源战略要冲地区的控制，已经成为美国全球地缘战略的主要组成部分，美国攫取和控制石油资源的行动也早已遍及全世界。哪里有石油，美国就与哪里“接壤”。这就是美国长期秉承的石油政治逻辑。

毫无疑问，世界各国为了自身的生存与发展，不会甘受美国的控制而无动于衷。全球石油资源领域的角逐今后将更加激烈而残酷，各种利益与矛盾的交织将使石油资源领域的博弈大战更加扑朔迷离。事实上，石油争夺战早已不限于国家对决的单一层面。恐怖主义、极端主义、分裂主义以及宗教冲突等非传统安全领域的较量越发频繁，与石油资源的争夺保持着千丝万缕的联系，表面上的文明冲突有时候暗合的就是石油资源争夺的本质冲突。这一切都牵动着全球社会的神经，促使着国际石油地缘政治的整合与演变。

19 世纪的大殖民时代，英国曾经倾举国之力，建立了日不落帝国的全球霸权，其殖民地遍布全世界，英国因此号称与每个国家接壤。当然，英帝国式的殖民时代早已远去了。取而代之的是被冠以各种名头的“新殖民主义”战略以及种种现实的翻版。美国现今奉行的石油地缘政治战略看起来就是“石油版”的新殖民主义。美国与所有产油国接壤，几乎掌控了石油在全球的流动。单从控制其他国家、实现全球霸权的角度看，英美两国的地缘战略布局殊途同归。与英国赤裸裸的殖民方式不同的是，美国的做法看起来更加阴柔与内敛，但收效却一点儿都不逊色。美国紧扼着全球社会的石油命脉，这一点比控制别国的疆土声名要好很多，更省力而且更切中要害，极具持久的力量。

2. 石油能源中心的转移

正是由于石油独一无二的战略价值，它才会与国际政治如此紧密地结合。现如今，全球社会频频被有关石油政治的重磅新闻所轰炸。伊朗核查久拖未决，伊朗遭攻传言不止；巴以局势持续动荡，以军部队枕戈待旦；非洲油田时常遇袭，恐怖主义阴云不散；美俄石油暗战不断，委内瑞拉大放厥词。凡此种种，不胜枚举。这分明就是一出出石油纷争的火热大戏。而这样的场面几乎每天都在连轴式地上演，石油政治的圈子注定不寂寞，人们似乎也已习惯了这种嘈杂与纷扰。但在喧嚣与聒噪的背后，石油能源中心或许已悄然发生着转移。

历史上看，全球能源中心曾多次发生转移，石油的能源中心地位也是在历经一百多年发展的情况下，才逐渐演变成当前的格局。今天，从北非的马格里布到波斯湾，从波斯湾到里海，从里海到外高加索，再到俄罗斯的西伯利亚和远东，地理上形成了一个巨大的石油资源富集带。这个地理带蕴藏了全球近70%的石油储量。在这种意义上，可以把北非—波斯湾—里海—俄罗斯称为“全球石油供应的心脏地带”，而中东地区就是这一心脏地带的中心[①]。围绕着这一中心地带，则形成了两个环形石油需求圈，第一环包括北美、南美、北非、南太平洋的大片区域；第二环包括东亚、东南亚、南亚和整

① 王亚栋：《世界能源地缘政治图景：历史与发展》国际论坛，2003，(2)，3.

个欧洲大陆地区。再次细分又会划归出两大区块，那就是以北美、亚太、西欧地区为主的全球石油消费区和以欧佩克石油输出国为主的全球石油储产区。目前，北美地区是世全球最大的石油消费区，亚太地区位居第二，西欧地区居第三。这三个区域占全球石油消费总量的近80%，而其石油产出量仅占全球总产量的20%左右。欧佩克石油输出国的石油消费量不到10%，而这些石油输出国的总产量却占全球的60%以上。可见，全球的石油消费区与产出区严重错位和失衡，这是全球社会围绕着石油权益所展开的争夺愈加激烈的根源所在。

从对石油资源掌控的角度来看，石油能源中心正发生着转移，从石油生产区的中东转向石油消费区的美国。伊朗就是美国贯彻既定的石油地缘政治路线，实现全球石油霸权的过程中尚未除去的最后一块绊脚石。那么，为了铲除伊朗这块顽石，美国是否会孤注一掷、放手一战呢？相关的政治舆论一直被白宫所时不时营造着。

伊拉克战争以后，以伊朗为靶心的中东地缘政治风险开始日益积聚。伊朗核问题的久拖不决，已经成为左右华盛顿与德黑兰之间政治风向的最大变数。如果美国选择对伊朗动武，那么，阻止伊朗拥有核武器将是美国最大的借口。从利益指向上分析，美国在成功地解决了所谓的伊拉克大规模杀伤性武器问题后，顺势解决伊朗核武器问题，便成为了美国推进其石油地缘政治路线的最优选择。但对俄罗斯、中国、欧盟而言，这却是他们面临的不优选择，至少是次优选择。两害相权取其轻，俄、中、欧三方对伊朗核问题的具体回应和表态已经说明了利益所在。在俄、中、法三个联合国常任理事国的政治掣肘和外交斡旋下，表面上围绕核权益，实则为了石油权益，利益多方展开了一轮又一轮的明争暗夺，伊朗也变成了多方力量长时间角力的战场。这场马拉松式的政治较量，一持续就是5年，目前依然没有结束的迹象。伊朗核问题看起来远比伊拉克问题复杂，由于牵扯到众多的利益攸关方，美国单靠自身的力量，似乎已无益于问题的真正解决。

然而，不要忘记国际政治的风云莫测，事态往往在看似不可能的时候出现转机。当美国最终不胜其烦，仅存的耐心被无休止的斡旋和调停消磨殆尽时，是否会再次冒天下之大不韦，像攻打伊拉克那样，单方面对伊朗开战呢？完全不排除这样的可能。从大的层面上说，美国在俄罗斯、中国周边区域不断制造事端，其实就是在分散中、俄两国的注意力。或许在各方都认为海湾风平浪静，伊朗安全无虞时，美国攻打伊朗的号角就会在不经意间突然吹响。

有不少人将国际社会近几年发生的各种乱象与战争联系起来，货币战争、粮食战争、石油战争等新词汇、新思维也是不绝于耳，甚至还有人断言次贷危机是美国主导的一场惊天阴谋。从某种意义上说，这种质疑未尝不合乎情理。美国打赢了阿富汗、伊拉克两场战争，输了的却是全世界。全球许多国家，即使再远离战场，再逃避纷争，也都在这两场战争中不同程度地受损。高昂的战争开销令美国纳税人瞠目结舌，但最终的结局却是由全世界埋单，这就是国际油价暴涨、次贷危机爆发的内在逻辑。换句话说，美国通过货币贬值、石油涨价、推销次贷等一系列变本加厉的手段"搜刮"了全世界，最终来填平两场战争留下的巨额亏空，也包括美国人多年来寅吃卯粮所欠下的部分债务赤字。假如事实真相确实如此，那与其说是阴谋，更不如说是阳谋。因为这些谋略并不算太新颖，美国先前用石油武器打击前苏联，用汇率武器重创日本，想必世人对此并不健忘。只不过美国这次布下的棋局太大、太深奥，大多数人看不懂，更看不远罢了。因而才会人云亦云，亦步亦趋，被眼花缭乱的表象蒙蔽了双眼。

借助这一系列阳谋，美国在"自残"的同时，顺道也"残害"了俄罗斯、中国、欧盟等强劲的对手。这看起来不是"共赢"而是"共输"的下下之策。但国际政治尔虞我诈、纷繁复杂，远甚于我们的想象。此外，国家层面上的利益之争本来就是综合实力的较量，比拼的不仅是打击对手的能力，更包括抗打击的能力。更直白地说，就是打别人的同时，也能挨住别人的打。或许这也可以看作是《孙子兵法》中所说的“致人而不致于人”的另类解读吧[①]。

对于“桀骜不驯”的伊朗现政权，美国一直有着武力打击的政治考量，军事战略上也多有准备。但美国之所以迟迟未采取行动，一方面在于美国投鼠忌器，对开战后的局面掌控上存有顾虑；另一方面在于多方力量的制衡，尤其是俄、中两国明确的反战态度。至于未来美国是否会变换方式，邀请其“中东代理人”以色列来打头阵解决伊朗问题，还是利用伊朗国内的宗教派系之争，在体制内部培植代理人，这些都只是具体的战术问题了。美国“驯服”伊朗的大战略是一贯的，打击伊朗是迟早的事，不会随白宫政府的更迭而改变。而从美国的对立面，伊朗的角度来看，伊朗之所以排除一切纷扰，执意开发核设施，正源于其潜在的疑虑和危机感，这种忧患意识铭刻于心，实难消除，旁观者并不一定能真正理解，或许只有处于漩涡中心的伊朗才能切实体会得出。

上一轮的国际石油期货超级牛市始于美伊战争的枪声。无独有偶，新的美伊战争（美国—伊朗）或者将会开启新一轮超级牛市的序幕，美国庞大的战争开销或者再次要寻找到埋单者。如果美国又一次胜利，那么则意味着美国对全球石油资源的掌控与布局基本完成。美国驯服伊朗之日将是石油能源中心从中东全面转向美国之时。全球石油资源的争夺看起来就是这么残酷。石油政治的逻辑准则已经与动物世界的丛林法则别无二致，本质上都是我为刀俎，人为鱼肉的生死对决。面对美国咄咄逼人的四面出击，俄、中、日等

---

① 出自《孙子兵法·虚实篇》第六，本句话的原意为掌控对手，而不被对手掌控。

全球大国会无动于衷，甘受美国的掌控吗？答案不言而喻。

石油并不是唯一的能源中心，新的战场已经开辟。

3. 可燃冰开启地缘新政治模式

可燃冰的开发将打破现有的石油地缘政治格局，开启崭新的可燃冰地缘政治新模式。最根本的原因在于，全球石油资源的分布比较集中，而可燃冰资源的分布则相对分散，从而形成对传统的石油地缘政治格局的颠覆。美国、日本、中国等国周边海域均蕴藏有储量巨大的可燃冰资源。如果这些资源得以顺利开采，那么现今这几个石油进口大国将有望实现能源自给，全球石油消费区与产出区严重错位的格局将得到根本性的扭转，中东这一全球油桶的地位势必下降，全球社会围绕着可燃冰资源的开发与争夺将不可避免地展开。可燃冰资源富集区转而将会成为国际地缘政治的热点区，这也正是俄罗斯、日本不遗余力抢占制高点、开发可燃冰资源的本质原因所在。我们通过图 7－1 来说明可燃冰资源在全球的分布状况。由图上可看出，北极地区、东北亚鄂霍次克海、北美墨西哥湾这三大区域是可燃冰资源最为丰富的地区。除此之外，南中国海也是潜在的可燃冰资源富集区。这几大区域由于分别处于俄罗斯、美国、日本、中国等大国的周边势力范围，将会成为几个大国相互角逐的新战场。目前，北极地区日渐升温的纷争正预示着未来的隐忧所在，可燃冰地缘政治之争已初现端倪。

自上世纪 80 年代以来，北极地区日益为人类社会所关注。人类科学研究与考察活动的深入使得北极地区逐渐揭开了神秘的面纱。由于北极地区地处高纬度的高寒地区，十分适合可燃冰资源的赋

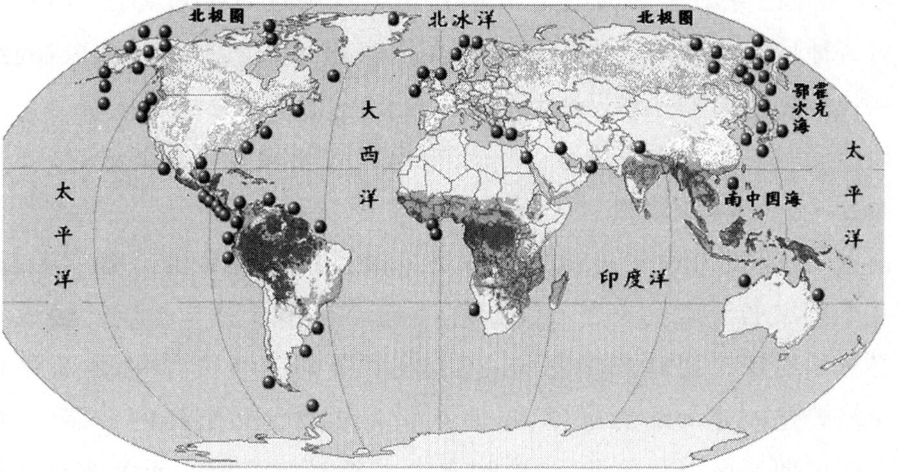

图 7—1　可燃冰资源在全球的分布(黑点表示已发现的可燃冰矿藏)

存。石油资源的日益紧缺使得这个位于地球顶端,潜在能源极为丰富的地区成为各国觊觎与争夺的重要对象。也正因于此,1982 年通过并实施的《联合国海洋公约》明确规定,北极属于全人类共同的财产,归属于全球各国的统管。其目的就在于减少或消除北极地区潜在的领土和资源之争。具有讽刺意味的是,事态后来的发展显然与"公约精神"背道而驰。对于远离北极圈的大多数国家而言,解决其毗邻区域的地缘政治事务都焦头烂额,参与遥远的北极圈纷争更是望尘莫及。而与北极地缘接壤的国家,即北冰洋沿岸五国——俄罗斯、美国、加拿大、丹麦和挪威则是近水楼台先得月,它们忙于争夺北极疆域的主权也就在意料之中了。

2007 年 7 月,俄罗斯科考人员在四千多米深的北冰洋海底插上了俄罗斯国旗,用以宣示领土主权。尽管这一举动的象征意义远大于实用意义,但却引发了美、加等国的强烈反应,北极地区昔日的宁静和地缘平衡瞬间被打破了,全世界的目光被聚焦到了这里。紧随俄罗斯之后,加拿大宣布在北极的雷索路特湾建造一座陆军训练中心，并在巴芬岛北端的纳尼斯维克建造一座深水港，以宣示加拿大对该地区的主权。美国的科学考察队也紧接着出发前往北极，测绘阿拉斯加外海的地形及海床构造，为日后的领土主张积累第一手的地质资料。丹麦更是派遣了一支规模庞大的科考队到北极，搜集长约二千公里的罗蒙诺索夫海岭与丹麦属地格陵兰自然连接的科学证据，以便证明罗蒙诺索夫海岭是格陵兰的地理延伸。事实上，这几个国家的矛盾已经相互交织在一起。互相掣肘与否定已经成为必然的结局。如对于丹麦的主张，俄罗斯则针锋相对称，罗蒙诺索夫海岭是欧亚大陆的延伸，是俄罗斯大陆架自然延伸的一部分，理应归俄罗斯所属。除此之外，加拿大与丹麦就汉斯岛的争夺也是剑拔弩张。汉斯岛距离北极圈约三百公里，近年来，两国均派遣科考队登上汉斯岛，并在岛上各自插上本国的国旗，双方甚至动用军舰以示拥有该岛主权。加拿大与丹麦两国青睐荒芜的汉斯岛并非无迹可循。对它们而言，汉斯岛不仅仅是地图上一个斑点，更预示着一场更大的地缘政治变革在不久的将来展开。随着全球气候变暖，北极冰层正在加速融化。如果按照这一趋势发展，预计到本世纪后半叶，整个北冰洋自史前时代以来有可能第一次成为公海，这将具有重要的战略意义。因为它将在世界的顶端开辟许多新航道，古代航海家梦想的“西北水道”，即理论上在北美洲北方一条能连接大西洋与太平洋之间的水道，有可能成为现实。据测算，“西北水道”比现今大西洋和太平洋之间的航道短数千海里，运输费用将大幅降低，汉斯岛也将成为交通枢纽之一。而且，全球目前约四分之一的未开发碳氢资源处于北极地区，北冰洋冰层的融化将会为有利于北极可燃冰等资源的开发与运输。

汉斯岛的主权之争看起来只是冰山一角。如果说这些岛屿的争夺还属于未来战略的考量。那么，各国之间的边界勘定及专属区划分则直接受到现实利益的驱使，那些海洋资源丰富的两国交叉地带更显得炙手可热。美国与俄罗斯在位于阿拉斯加和西伯利亚之间的白令海分界问题上多年未能达成一致；挪威与俄罗斯在巴伦支海中间地带的划分问题上同样争论不休。原因就在于这些地区拥有极为丰富的海洋渔业资源，而海下丰富的可燃冰资源与矿物资源就更不必提及了。矛盾的焦点在于海上的边界划分不像陆上那么容易界定，如果利益双方各执一词、寸步不让的话，问题久拖不决看起来就自然不过了。

目前，加拿大马利卡地区的可燃冰试验开采活动正如火如荼地进行，这个位于北极圈附近的可燃冰气田已经点燃了人类利用北极能源的曙光，吸引着更多的"淘金者"前来开发新能源。西方一些能源公司也积极寻求并获取可燃冰资源的开采权，以便在条件具备时实现商业性开发。随着科技的进步，有关可燃冰的一系列开采难题将会迎刃而解。可以想象，北极带来人类的远不止可燃冰。作为未被人类活动大规模侵入和影响的地区之一，与甲烷相关的生命起源与碳基因库同样吸引着人类追寻的脚步，一些微生物正是依靠可燃冰释放出的甲烷气而存活，而更多的仍然是未知数[①]。无人知晓北冰洋的海底会有何种匪夷所思但却价值连城的生命体。正如美俄等国地缘政治大博弈的最终战略走向一样，一望无垠的北极冰原蕴育着无限可能。

与北极地区的多国较量不同，鄂霍次克海的地缘争夺主要在俄日两国之间展开。鄂霍次克海形成于约 250 万年前的第四纪时期，是太平洋西北部的边缘海，大部分为东北亚的不同地形区所围绕。鄂霍次克海西濒俄罗斯西伯利亚海岸，南起黑龙江河口湾，北至俄罗斯品仁纳河口，东以堪察加半岛和千岛群岛为界，南抵日本的北

---

① Manucharova，NA，et al. Methane production and growth of microorganisms under different moisture conditions in soils with added chitin and without it Eurasian Soil Science. 2007Vol. 40(No. 8).

海道，西南至俄罗斯的萨哈林岛。总海域面积约为160万平方公里。鄂霍次克海海底蕴藏着极为丰富的可燃冰资源，总储量预计有2×10^{11}吨，是东北亚地区最重要的碳氢资源库。可燃冰资源尤其集中于萨哈林岛及千岛群岛周边海域，因为萨哈林岛东侧和千岛群岛内侧为两个深水大海盆，具有大规模形成可燃冰资源的地质构造条件。

鄂霍次克海史称通古斯海。17世纪俄国人进驻鄂霍次克后，创建了鄂霍次克海军舰队，后来逐步在鄂霍次克海域建立了地缘影响力。俄萨哈林岛便是从中国版图中划出去的，只不过中国的旧称为库页岛，沙皇俄国占领后改名了而已。俄日北方四岛争端实质上是"二战"后美苏地缘利益分配的产物，前苏联趁机扩展了在鄂霍次克海的势力范围，1945年的《雅尔塔协定》规定，整个千岛群岛，包括原属于日本的择捉、国后、色丹、齿舞四岛都划归前苏联。尽管日本从未声明放弃对北方四岛的主权。但迄今为止，俄罗斯对这四个岛屿的实际掌控已历经半个多世纪。千岛群岛的战略地位十分重要，其北接俄罗斯堪察加半岛，南连日本北海道，东靠太平洋，是鄂霍次克海进入太平洋的海上主要通道。目前，俄日关于北方四岛的争端之所以久拖不决，原因就在于双方互不相让、寸土必争。这四个岛屿的总面积为5036平方公里，其中择捉岛面积最大，有十多处海湾，可停泊大型舰船；齿舞岛最小，仅驻扎着少量俄边防军。从面积上来看，北方四岛仅为俄罗斯陆地面积（1700万平方公里）的0.03%，按说对疆域辽阔的俄罗斯而言是无关紧要的。但俄罗斯人并不这么看，他们认为这0.03%关系着俄罗斯的兴衰。原因在于千岛群岛将鄂霍次克海与太平洋隔开，掌控了千岛群岛，俄罗斯海军力量就可以从远东地区直入太平洋。如果这一战略要地被他国控制，鄂霍次克海就成了"死海"，俄罗斯远东地区面向世界的大门将被关闭。而北方四岛中的择捉岛和国后岛正是俄罗斯在这一岛链上的重要海军基地。此外从能源与资源的角度看，北方四岛周围海域蕴藏的丰富海洋资源对两国，尤其对日本颇具诱惑力，这也是两国在经济上无法割舍的主要原因。按照日本人的设想，收回北方四岛既可以提高本国的战略地位，又可以自力更生，部分解决迫切的后续能源供应问题，这将是支持日本持续发展的重要保障。当然，这只是日本人一厢情愿的臆想。对于日本的领土主张，俄国人借用一句本国民谚做出了回应："解决领土争端不难，关键要避开俄罗斯的三个时期，即国家强大时，国家弱小时，国家不强不弱时。"这无疑给和平解决北方四岛的归属问题打上了死结。

除了与俄罗斯存在领土争端外，日本与韩国的独岛（日本称竹岛）之争，与中国的钓鱼岛之争同样不可开交。尽管两地的领土争端问题由于牵扯到不同的历史背景和复杂因素，并不能一概而论。但无一例外的是，独岛与钓鱼岛周边海域均发现蕴藏有极为可观的可燃冰资源，其作为后备能源的战略意义尤为显著，这给地缘之争又增添了新的利益砝码。

新千年伊始，韩国地质调查机构在东海海域进行了为期 4 年的大范围地质勘探。结果表明，独岛南部附近海域蕴藏着约 50 亿吨的可燃冰资源。因此，韩国前能源部长李允镐曾表示："日本主张对独岛拥有领土主权的原因中，不排除与独岛附近海域蕴藏有可燃冰有关的可能性。如果我们开发独岛附近的天然气水合物，将会确保我们的领土主权，并因为保障我们所匮乏的能源储备而受益。"事实上，韩国和日本之间的海域已被认为是世界第五大可燃冰储藏区域，这给未来日韩两国的领土与资源之争埋下了伏笔。

日本觊觎中国的固有领土—钓鱼岛（日本称尖阁列岛），同样不排除抢占钓鱼岛可燃冰资源的利益考量。钓鱼岛诸岛包括钓鱼岛、黄尾岛、赤尾岛、南小岛、北小岛等 5 个小岛与 3 块岩礁，总面积约 7 平方公里，位于中国东海大陆架的东部边缘，距我国台湾东北部约 120 海里。东西分别距中国大陆和日本冲绳各约 200 海里。地质勘测表明，钓鱼岛周围海域富含油气资源，同时也蕴藏着极为丰富的可燃冰资源，有望成为今后重要的后备能源库。

钓鱼岛历来就是中国的领土，这一历史事实无容争辩。早在15世纪，中国就使用钓鱼岛这一名称。现存最早的有关钓鱼岛的记录是在1403年的明朝航海日志中发现的。无论是查阅琉球当地的史料还是日本18世纪之前的旧地图。都明显地证明与记录了琉球王国的海域界线。明朝时，钓鱼岛被列在了中国的海防区域内，是中国台湾的附属岛，并不属于琉球（日本现在的冲绳），由此说明了钓鱼岛位列中国版图内。就近而言，按照1964年生效的《联合国大陆架公约》以及1982年通过的《联合国海洋法公约》的有关条款，钓鱼岛与中国台湾属于同一地质构造格架。钓鱼岛与中国台湾、澎湖、舟山群岛同在一个大陆架的自然延伸面上，而与日本所辖的琉球群岛相隔着2000米深的海沟。按照《大陆架公约》中“同在一个大陆架上之岛屿归该国所有”的判定原则，中国对全部东海大陆架享有主权，自然也对坐落在大陆架上的钓鱼岛享有领土主权。事实上，直到19世纪末中日甲午战争爆发前，日本从未对中国拥有对钓鱼岛诸岛的主权提出过异议。日本的地图一直是用中国的名称标定钓鱼岛诸岛。1895年4月，中国清政府因在甲午战争中失败而与日本签订《马关条约》，被迫将台湾全岛及其所有附属各岛屿和澎湖列岛割让给日本，这可以看作是中日钓鱼岛之争的祸端之始。后来的地缘政治演变与国家利益较量使得钓鱼岛问题进一步复杂化，逐渐演化成为了目前钓鱼岛名义上归中国拥有，但实际上由日本控制的局面。钓鱼岛问题之所以复杂，因为其已经远远超出了单纯的领土之争所能考量的范围。由于承载着中日两国国民太多的历史情感、现实的利益诉求以及未来的生存空间拓展等多元化的价值取向，而这对中日两国均至关重要。因此，钓鱼岛问题已经成为横亘在中日两国间的一道鸿沟，未来极有可能引发更严重的民族裂隙，乃至武装冲突。

按照《联合国海洋法公约》有关海洋经济专属区的条款，钓鱼岛的实用价值是以该岛屿为依托，半径为200海里的海域面积以及周围海域内的能源、矿产、渔业等海洋资源的支配权，另外也包括领海、领空的交通权、运输权等。钓鱼岛所属的主权国自然会享有上述权利。如果日本占据钓鱼岛的行为最终即成事实。那么则意味着中国东海海域将有70多万平方公里的海洋国土被日本窃据，钓鱼岛海域所蕴藏的近上千亿桶海洋油气资源也将被日本名正言顺所支配。日本将一跃成为资源大国。因此，日本人才反复强调，东海大陆架是留给未来日本的一笔极为宝贵的财富。随着今后东海海域可燃冰勘测的逐步深入，可燃冰资源储量的进一步明晰，钓鱼岛争端将会更趋于复杂化，其本质上反映的无非是中日双方综合国力的较量。较强的一方会在争端中占据有利地位，继而获取其需要的庞大后续能源，助长其国力更加强盛，而较弱的一方则会在较量的过程中日渐式微，最后很可能一无所获，这或许可以看作是国家博弈中的"马太效应"吧[①]。

除了上述几大热点区域外，南极地区的地缘政治纷争同样值得关注。虽然人类在南极地区的地质勘探活动比较晚，获取到的地质资料相对不多。但南极的地质构造条件及气候环境已经说明了这一地区巨大的资源潜力。仅就可燃冰资源而言，南极地区并不见得会比北极少，只是目前关于南极的未知数太多而已。随着时间的推移，许多未解的谜团会逐步揭开面纱。

目前，有关可燃冰资源的地缘之争仍处于最初的阶段。尽管未来引发国际地缘政治变革的因素会有很多，很多时候往往不是单一

---

① 出自于《圣经·马太福音》，在《圣经·新约》的"马太福音"第二十五章中这样说道："凡有的，还要加给他，叫他多余；没有的，连他所有的也要夺过来。"马太效应指好的愈好，坏的愈坏。

的影响因素，各种矛盾和利益纠葛会错综复杂地交织在一起。但如果有一种因素时不时总会显现出来，使得那些看似独立的地缘政治变局存在某种层面上的关联。那么，我们未尝不可以将这种因素抽离出来，作为一种思维的脉络专门加以研判与探讨。在未来的全球地缘政治变局中，可燃冰资源的争夺想必会成为贯穿其中的一条主线。

4. 南中国海的地缘纷争

由于南中国海域适宜的地质物源条件及环境条件，该海域在国际上一直被认为是可燃冰资源富集区。但多年来因为只获取了地球物理、地球化学以及微生物等一系列间接证据，而缺乏可燃冰岩芯取样实物这一直接证据。南中国海域长期以来只是被认为有可能存在可燃冰矿藏，而始终不能下定论。2007 年 5 月初，中国广州海洋地质调查局在南海北部神狐海域钻探获取了可燃冰实物样品，从而证实了南海海域的可燃冰资源潜力。这一消息可谓石破天惊，无疑为资源利益之争增添了更重的砝码，将该区域的地缘纷争推向了新层面。

南中国海简称为南海，位居太平洋和印度洋之间的航运要冲。作为中国最大的外海，南海面积近 360 万平方公里，约等于中国渤海、黄海、东海面积总和的三倍。世界上面积超过 300 万平方公里的海仅有 3 个，南海排在珊瑚海和阿拉伯海之后，是世界第三大海。南海海域蕴藏着极为丰富的海洋资源。单就石油资源而言，整个南海有海底油田三百多个，石油地质储量大致在 1000～1500 亿桶之间，属于世界四大海洋油气聚集中心之一。因此，南海也有“第二波斯湾”之称。而若要论起可燃冰资源，其远景资源储量按油当量计可达上千亿吨之多，其未来战略资源库的地位十分突出。

目前，有关南中国海域的诸岛之争如南沙、西沙岛屿的争夺日趋激烈，南海问题也日益受到全球社会的广泛关注。所谓南海问题，主要集中在南海周边的领土主权争端方面，牵扯到南海周边的六国七方，即中国大陆、台湾地区、越南、马来西亚、菲律宾、印尼以及文莱。从全球视角来看，当今世界上存在海洋领土争议的海域也就十几处，而且绝大多数都是双边争议。全世界唯一存在岛礁、专属区、大陆架主权以及主权权益等多边交叉争端的海域就是南海。可以说，南海是世界上争议面积最大，形势最为错综复杂的海域。尽管世界上许多国家都承认南海属于中国主权的管辖范围，但是南海周边的越南、菲律宾、印尼等多国却对此并不认同，近年来更是在南海海域加紧行动，大肆侵占了原本属于中国的岛屿与领海。如在南沙群岛的五十几个较大的岛礁中，中国仅控制了其中 8 个，另外 42 个岛礁分别被其他各国所占据，其中越南 29 个，菲律宾 8 个，马来西亚 5 个。文莱、印尼也对部分岛屿和海域提出了主权要求，就连日本对南沙群岛的归属问题也提出了战略主张。再加上美国在幕后的挑唆，甚至直接军事介入，使南中国海域未来很可能成为全球新的“火药桶”，一系列关乎海洋资源权益的纷争难免会演变成各国拓展后续生存空间的大战[①]。

而上述各国之所以不顾一切地在南中国海域抢滩掠地，原因在于已经获取的巨大利益及对未来利益的觊觎。目前在中国南沙大片海域约有十多个国家的一百多家公司从事油气资源的开采，已经在南沙海域钻井一千一百多口，每年开采数千万吨油气资源，越南、印尼两国更是一跃成为石油出口国。与周边国家在南沙疯狂开采

① 李金明：《南海争端与国际海洋法》，海洋出版社 2003 年版。

形成鲜明对照的是，中国在南沙还没有竖起一座井架，没有打出一桶油。具有讽刺意味的是，中国每年都要从上述各国进口大量的原油。现如今，南沙群岛的岛礁大部分都被周边国家所瓜分。相关国家占领中国岛礁以后，纷纷引入外部资金，刻意以极为优厚的合作条件把欧美大石油公司拉入到油气开采项目中，对南海油气资源进行掠夺性开发。事实上，这是典型的挟外人以自重的策略，但实施效果却不见得差。随着这些外来的大石油公司在南海所拥有的利益逐步加大，区域外国家对南海问题的介入程度越来越深，南海问题的国际化程度和国际关注度更是日益增高①。

对中国而言，石油安全问题无疑是让中国人忧心的一件大事。也正因为此，中国政府才不惜投巨资用于石油开发战略中，这其中既包括石油的勘探与开采，也包括运输与储备。南海不仅是油气开采的新战场，更是石油运输的要地。东亚各国的石油进口大部分要经过南海运输，日本、韩国 90%以上的油轮要经过这片海域，日本使用的液化天然气有 3/4 产自南海。随着南海作为全球未来碳氢资源库的作用日趋凸显，南海的战略地位如何被抬高也都不为过。从客观上说，在石油战略上，尤其是在南海石油战略上，中国相对迟缓了一步，所以才在石油的勘探、开发以及供给上都受制于人，以至于形成目前的被动局面。一个后发的国家，开始意识到海洋的重要，这是大国崛起的第一步，更是至关重要的一步。

面对新的可燃冰开发战略，各国政府都在未雨绸缪，从长计议。作为最理想、最具商业开发前景的石油替代能源，可燃冰的经济价值不可估量。在不久的将来，谁率先获取并控制了可燃冰资源，谁就有望成为大赢家。由于可燃冰高密度成矿的特点，如果商业开采成为现实的话，往往一个富集的可燃冰矿床，就能满足一个国家几

---

① Chen Huifen, The Austere Geographic Petro china and its Strategic measure Ecological economy 2005：(11).

十年甚至上百年的消耗。这对于越南、印尼、菲律宾等希望通过能源资源出口，进而实现经济腾飞的国家而言，其意义不言而喻。南中国海域的地缘之争愈演愈烈，想必与此有很大的关系。对于这些国家而言，是否有能力开采可燃冰资源并不重要，重要的是先行占有这些资源，待到时机合适时，完全可以邀请美、日等大的油气开采公司一起合作，共同开发这些资源。即使有一大部分利益被这些大公司所分取，同样也是值得的，毕竟这些资源和利益是抢占来的。而且这种合作开发方式已经轻车熟路，目前该区域石油资源的开发正是遵循这一双方互惠的模式。只不过，无一例外地将中国的利益抛于九霄远的南海之外。

在可燃冰开采方面，美国、日本、加拿大均获取了大量的第一手资料，也积累了先进的技术。但这些技术对广大发展中国家而言大多是封锁的，尤其是美、日等国阻止本国与中国科研人员之间进行深入的学术往来，一些正常的学术交流现在也开始被认为是不适宜的，千方百计设置保密条例加以限制。而在此之前，关于可燃冰开采方面的研究及进展都是可以自由讨论及交流的。这种前后态度的明显反差已经说明了某种战略上的深意。事实上，各国对于自身掌握的核心技术都是设防的，尤其是对于可燃冰这一涉及国家核心战略利益的能源技术领域，这一点毫不奇怪。尽管到目前为止，国际上还没有形成一套公认的、完美的可燃冰开采技术，但可燃冰开发方面已经有了先后之分。美、日发达国家已经长期在野外试验田进行现场开采，而中国还只能在实验室内进行模拟。如果任其这样发展，中国与发达国家的差距恐怕将会越拉越大。对中国这样的大国而言，核心技术总是难以买到的，只有依靠自主创新，这已经成为不必再争论的“真知”。中国政府已经意识到这一问题，正在调整能源战略，加大对可燃冰资源的研究与开发投入。与对石油的庞大投入相比，这只能算九牛一毛。但问题是，这些看似不大的投入却有望在未来产生巨大的回报。因为可燃冰未来的价值,要远远大于现在的石油。

中国的崛起不会一帆风顺,南中国海的地缘纷争已经横亘在中国这个未来巨人的面前。

5. 沙漠的夕阳

上帝是不公平的,它把全球大部分石油资源埋藏于中东,因而才会使这片沙漠地区肥得流油。上帝同样也是公平的,它为你关上一扇门的同时会开启另一扇窗,反之亦然。尽管中东地区石油资源丰富,但可燃冰储量却微乎其微。两者形成了鲜明的对比,这看起来因应了中国的一句古训:“三十年河东,三十年河西。”当以后可燃冰大规模开发之时,受影响最大的必将是中东产油国,因为那意味着这些国家依靠变卖石油家底而获取巨额财富的经济模式最终走到尽头,坐吃山空的日子总是难以长久的。事实上,完全等不到中东石油资源耗尽的那一刻,可燃冰替代石油的脚步便会提前临近。一望无垠的沙漠尽头,已经初现夕阳。

中东国家并非意识不到来自石油替代能源的威胁,智慧的阿拉伯人也不缺乏危机意识,他们当然也清楚坐吃山空的背后含义。也正因为如此,一些中东国家开始未雨绸缪,尝试着寻找石油资源枯竭后的经济出路。

我们或许对中东国家的石油财富时有耳闻,世界上唯一的超豪华级酒店——帆船酒店就坐落于阿拉伯世界,其金碧辉煌、美轮美奂的造型装饰让游客惊叹连连。因为酒店的豪华程度远超过五星级,因此才被冠以七星级的超标准。而在同一个地方,世界最高的铁塔也拔地而起；号称当今世界景观之最的人造棕榈岛，以及规模空前的地球岛也纷纷面世。这些独一无二的人造建筑颠覆着人们的想象力，令全世界为之瞠目。这一切让世人的目光投到了碧波浩渺的波斯湾畔，指向了一个称得上奢华的阿拉伯城市，阿联酋的迪拜。

究竟是什么原因使得迪拜人热衷于建造那些耗资巨大的人造建筑？又是什么力量促使这座海湾城市，屡屡有惊人的大手笔呢？是石油资源带来的滚滚财富吗？难道石油美元已经多到不知道如何开销，需要极尽奢华的排场才能平抑潜在的冲动和表现欲吗？如果有人这样认为，那只能是一种肤浅的看法。事实上，这本身就是一种误解。如果想当然地认为他们是在糟践石油美元，那就更是大错特错了。事实恰恰相反，迪拜人这么做并不是因为石油多，而是因为石油少。按照海湾地区城市间的石油储量对比，迪拜的石油储量是比较少的。依当前的开发速度，迪拜的油田很可能在未来十几年内就会枯竭。届时，迪拜如何找到自身的定位，追寻昔日的荣光呢？石油令迪拜富足，也正是石油，令迪拜有了空前的危机意识。一些国家过分依赖于单一资源维持经济运转，而当资源枯竭时导致国家经济一蹶不振，这样的例子历史上并不鲜见。

在这片一无人才积淀，二无技术储备，只有石油资源优势的沙漠城市上，石油枯竭对迪拜意味着什么？一切不言而喻。也许只有迪拜的当家人心中最清楚，这座城市面临着怎样的危机。因此，过去十多年来，迪拜努力做着的一件事，就是丢掉单纯依靠石油的幻想，描绘以非石油产业为主色调的经济新蓝图，打造旅游产业便成为了迪拜的首选。相比石油产业，旅游业被认为是永不落幕的朝阳产业。但问题也接踵而至。迪拜长年高温干旱，气候环境恶劣，自然风光不佳，历史遗迹也无几处，那么，旅游业的卖点在哪里呢？总不能让远道而来的游客守着光秃秃的沙丘，体会中国古代诗人笔下

“大漠孤烟直，长河落日圆”的雄浑与荒芜吧？如果这也算作是美景，那在全世界很多地方都有，而且非洲的撒哈拉要远比迪拜好。

不过，与稀缺的石油资源有所不同，缺少旅游资源，迪拜可以自己“制造”，这便是迪拜人的逻辑。依赖多年储备的石油财富，迪拜打造了一系列现代化旅游景观。在游客们的眼中，这些人造景观同样令人叹为观止。迪拜人常说，不怕做不到，就怕想不到；只要能做到，就要做最好。正是这种信念支撑着迪拜人的决断和行动。许多“世界第一”的创意和规划便是由此而来。1994 年，耗资 11 亿美元的世界上唯一的七星级酒店落成，那矗立在蔚蓝色海边的“帆船”如同神话般的美丽一下子勾起了全球各国旅游者的兴趣，令人们瞬间记住了这个中东城市。此后，更多新景观的落成使得全世界的目光被吸引到这座年轻的城市，世界各地的观光者纷至沓来，迪拜的旅游经济开始初显成效。现如今，旅游业已几乎占到迪拜经济的半壁江山，迪拜也逐步摆脱了石油经济的单一模式，正朝着多元化，科技化的新型城市发展模式迈进，也正是得益于这种成功的转型，迪拜才日益成为全球瞩目的中东城市之一。

需要看到的是，“迪拜模式”的市场门槛并不高，很容易被其他城市效仿，失去其独有的存在价值。但从整个中东地区的大范围来看，迪拜的成功模式又是独一无二的，并不见得有多少可复制性。毕竟，世界第一的头号只能有一个，非此即彼罢了。既然旅游资源是可以人为打造的，那么稀缺到一定程度时自然会有替代品出现。如果今后某一天科威特建成了全世界第一座八星级酒店。那么七星级的帆船酒店的光环想必就会褪色，意欲领略世界第一酒店风采的游客或许会更换旅游目的地了。如果潜在的游客数量是一定的，那么旅游市场所呈现的将是此消彼长的过程，中东其他国家自然会分享迪拜的奶酪了。

无论结果如何，迪拜的经济转型都可以看作是阿拉伯人应对

"后石油时代"的探索与尝试。无疑，迪拜是成功的。但这种成功模式或许只对迪拜适用，放大到整个阿拉伯世界，其效用想必会大打折扣了。迪拜率先做出了积极的改变，抢占了发展的先机。但对于其他更多的中东国家而言呢？情况恐怕就不乐观了。实际上有关石油的危机感在这些国家早已萦绕多时。这种危机不只是石油资源日渐枯竭的危机，也包括石油被新型能源替代的危机。马利卡气田不断传出来的有关可燃冰的好消息，普通老百姓或许不觉着什么，但一定让那些中东的石油大亨们如坐针毡，这就是一种切实的危机，远比石油的枯竭来得更紧迫。

面对危机，沙特看起来是首当其冲。作为石油储量与生产量均位居全球首位的国家，沙特坐拥全球四分之一的石油储量，其国家财政收入的80%来自石油出口。因此，没有哪个国家比沙特更能感受到单一的石油经济结构所带来的切肤之痛，尤其是在油价低迷的时候。也没有哪个国家比沙特更能体察到石油世界的落寞，尤其在新能源开发如火如荼的现时社会。

在阿拉伯语中，"沙特阿拉伯"一词的意思是幸福的沙漠。的确，沙特是够幸福的。随处可采的石油资源已经让沙特成为了踩在油桶上的国家。上世纪70年代以后，油价的暴涨、石油需求的剧增使得沙特人几乎是一夜之间从骑骆驼变为开凯迪拉克。但过去几十年国家油价的大起大落给沙特的经济带来了巨大的冲击。各种石油替代能源产业的兴起也给沙特人上了生动的一课。他们开始有了"忧患"意识。他们也已清楚地意识到，高油价对于沙特并非全是好事，发展沙特的非石油经济更是亟待进行的重中之重。正是基于此，沙特政府从上世纪末就开始了打造沙特的工业中心、知识经济中心等一系列新经济项目，努力寻求把经济重心从石油上转移开，从而实现国家经济的多元化发展。

对中东产油国而言，最大的威胁便是来自于石油替代能源的商业化开发，如果以后具有竞争力的新能源大规模进入市场，那将对以石油出口为生的国家带来难以预料的重大打击。当今后某一天全球大规模开发可燃冰作为主导能源时，中东这个昔日的石油能源中心或许只能沦为看客了。这一切并非危言耸听，而是不久的将来就可能面对的现实。造物主不会总是眷顾于同一片土地，就像它不会放弃那些曾经被遗忘的角落一样。

北极圈上空的晨曦已经散开，马利卡气田上的朝阳正在初升，映衬着中东沙漠的夕阳。

第八章 开启天然气时代

纵观人类社会能源利用史，占社会主导地位的能源形式曾经历了多次大转换。18 世纪以前的漫长岁月中，薪柴一直是人类社会最主要的能源，从火把照明到篝火取暖，再到炭火烹饪，薪柴几乎贯穿了日常生活的方方面面。中国老百姓居家过日子经常念叨“柴米油盐酱醋茶”，这个口口相传的俗语把“柴”排在第一位，想必已经反映了薪柴在农耕社会人们日常生活中的重要地位。18 世纪被看作是薪柴时代的终结，薪柴逐步让位于煤炭这一新能源。伐薪烧炭，这种人类延续了几千年的能源利用方式开始大规模淡出历史舞台。19 世纪也成为了煤炭时代。同样，20 世纪便成为了石油时代。21 世纪呢？毫无疑问，人类将迎来天然气时代。

目前全球社会的能源消费结构中，石油约占 35%，天然气占 26%，煤炭约 23%，其他约占 14%。随着今后能源开发上的多元化，能源利用方面也会趋向于分散化。全球社会对单一能源品种的倚重程度将会降低。尽管未来社会的主导能源其绝对消耗量并不会比石油少，但不一定就能达到石油目前所占的高比重。可以肯定的是，未来几十年人类社会能源利用结构上的座次将会逐步改变，天然气将取代石油的位置，成为全球社会消费量最大的能源类型。

1. 天然气市场的博弈

谈起石油，不可避免地要论及天然气，一般来说，油气是不分家的。多数情况下，油气在地层中总是相伴而生。前文中之所以很少提及天然气，主要是考虑到在后面集中阐述。毫无疑问，国际石油市场的较量波诡云谲，而天然气市场的博弈同样纷繁复杂。最为引人瞩目的当属俄罗斯与乌克兰之间的"斗气"事件。这种因天然气供应引发的纷争时不时就会爆发，看起来已经成为了每年圣诞节前后固定上演的保留剧目。具有深意的是，俄罗斯既是导演，又是主要角色。

对于将能源作为外交武器的俄罗斯而言，其向乌克兰切断天然气供应仅是一种施压的手段，而并非是最终目的。只不过俄罗斯的做法过于强悍，总是给人带来恃强凌弱的感觉，因而往往招致国际社会的批评，同时也会引起乌克兰的强烈反应。俄罗斯向乌克兰"断气"的时机通常选择在能源供应紧张、供暖不可或缺的关键时刻，西方圣诞节前后一般是欧洲大陆最寒冷的时节。不难想象，这个时候被掐断天然气供应，乌克兰普通民众为此要遭受多大的困扰与折磨？对俄罗斯的愤恨自然可想而知。对乌政府而言，这也意味着需要承受更大的压力。所以，俄罗斯在冬季切断向乌克兰的天然气供应，这种施压方式要比在夏天里更奏效。

2009 年伊始爆发的俄乌"斗气"事件将天然气领域的纷争提升到了一个新层面，由于其波及面之广，几乎是前所未有，由此引发了全球社会的强烈关注。事件的起因并不复杂，主要还是由经济利益纷争引起的。俄罗斯每年向乌克兰出口天然气五百多亿立方米，而通过乌境内管道向其他欧洲国家输出天然气约一千二百多亿立方米。因此，天然气价格和过境费率的变动关系到两国重大的经济利益，存在利益分歧或冲突也不难理解。2008 年俄罗斯售乌天然气价格是每千立方米 180 美元，通过乌境内管道向欧洲其他国家输送天然气的过境费率为每百公里 1.7 美元。2009 年，俄方计划将售乌的天然气价格提高到每千立方米 250 美元，同时保持过境费率不变。乌方则认为，俄罗斯 2009 年销售给德国的天然气平均价格为每千立方米 280 美元，扣除通过乌克兰和捷克境内管道的过境费后大约为 225 美元。在过境费率不变的情况下，乌方可接受的价格不应该超过德国，维持在每千立方米 210 美元比较合理。而另一方面，乌方也声称，如果俄方要把天然气价格提高到每千立方米 250 美元，那么乌方的过境费率也要相应要提高，至少要达到每百公里 2.0 至 2.2 美元。否则，单方面提高天然气价格，而维持过境费率不变，乌方对俄这种损人利己的做法断然不能接收。面对乌克兰的主张，俄方则回应说，俄罗斯供应欧盟的天然气平均价格在每千立方米 400 美元以上，因此给予乌克兰 250 美元的报价已是相当优惠了。俄乌双方针锋相对、互不相让，结果引发了俄向乌撤气，切断了对乌天然气供应，俄乌关于天然气供应的论战由此激化。

矛盾最初主要局限在俄乌两国之间。如果一直维持这种态势，问题看起来还并不严重。但由于乌克兰为了满足本国的天然气需求，私自截留了俄输往欧洲的部分天然气供应，此举令俄异常愤怒，从而采取了更大规模的报复措施。2009 年 1 月 15 日，俄罗斯突然决定中断几乎所有经乌克兰输送到欧盟国家的天然气供应，以反制乌克兰截留过境的天然气。问题骤然严重起来。

由于乌克兰是俄天然气输往欧洲的重要中转站，俄向乌切断天然气供应使得不少欧洲国家也受到牵连，波及面达到了大半个欧洲，俄罗斯对奥地利、捷克、波兰、罗马尼亚、斯洛文尼亚等国的天然气供应量均大幅下降。总计有 17 个欧洲国家的天然气供应因俄乌“斗气”事件而不同程度地受到了影响。俄罗斯的能源武器威力可见一斑，俄罗斯在关键时刻无视其他天然气消费国的利益，这一点让欧盟也受到了强烈的震撼。

与此同时，俄乌两国之间的“口水战”也是交织着无时无刻不在进行。俄罗斯强调，廉价的天然气供应是不可持续的，乌克兰理应支付更高的天然气价格。俄罗斯国家天然气公司负责人更是对乌克兰政府大加指责，认为乌克兰不应该违背俄乌之间的天然气输送协议，擅自窃取本应属于欧盟的天然气。乌克兰当然也是针锋相对，谴责俄罗斯背信弃义，不按照既定的承诺供气，肆意抬高天然气的价格，并且以非常的手段相要挟。事实上，在这场争斗中，无论哪一方占理，双方的处境都变得十分危险。如同经常发生的那样，俄乌天然气纷争使得双方的信誉均受到极大损害。

面对俄乌两国不断升级的天然气纷争，尽管欧盟本身也受害不浅，但其仍然出言谨慎，丝毫看不出有偏袒某一方的迹象。事件爆发的最初十多天内，欧盟几乎未理会这次争端，甚至索性当此次纷争不存在。在欧盟总部所在地——布鲁塞尔，人们谈起这件事时表情轻松，就像是一桩欧盟既不会干涉也不会支持其中某一方的普通双边商务纠纷，欧盟看起来两方都不愿得罪。在欧盟刻意保持中立的当口，美国却对俄罗斯的举动批评有加，不少美国媒体甚至对俄罗斯作为能源供应方的可靠性提出了新的质疑①；同时也暗示克里姆林宫又在大打天然气牌，从而给积怨已深的乌克兰一点颜色，顺便惩戒向西方倾斜的乌克兰政治领导人。美国有媒体不无戏谑地

① Bruno Waterfield, Russia is no longer a reliable energy supplier. USA Today, 15 Jan 2009.

评论道:“俄国人的天然气出口闸门总是在关键的时候关闭,其做到的往往比承诺的少。”

对于俄罗斯主动引爆的天然气纷争,置身事外的美国当然可以采取隔岸观火的超然态度。但欧盟就不同了,由于具有切实的利害关系,欧盟自然存在着难以言表的苦衷。由于俄罗斯长期以来都是欧盟所主要依赖的天然气供应国。因此,欧盟很难对俄罗斯硬气起来,对乌克兰也同样不能开罪,因为俄输往欧洲的天然气的绝大部分经由乌克兰输送。处于这种夹缝中的欧盟其日子自然不好过。事态的发展最后也证明,一味地委曲求全并不能消灭问题的存在,反而可能带来势态的复杂化。欧盟为其“绥靖对策”付出了代价,因为矛盾最终还是被引向了欧洲。在西方观察家的眼中,乌克兰截留过境的天然气甚至被看作是故意的行动,而并非是乌的无奈之举。其目的就是将纷争扩大化,从而引起第三方的介入,将欧盟拉进来正是乌克兰所希望的。

其实,欧盟的天然气供应安全问题不比乌克兰少,俄乌天然气纷争更是放大了这种安全隐患。目前,俄罗斯通往欧洲的天然气管道主要包括三条线路:第一条线路是由东至西横穿乌克兰的多条管道组成。这些管道经乌克兰后,向西通往斯洛伐克、捷克、德国和奥地利,向南通往摩尔多瓦、罗马尼亚、保加利亚;第二条线路是绕过乌克兰、由东至西穿越白俄罗斯和波兰,进入德国的“亚马尔—欧洲”管道;第三条线路是经过乌克兰东部、由北至南穿越黑海至土耳其的“蓝溪”管道。俄罗斯除依靠上述三条管线直接向所经国家输送天然气外,还通过欧洲各国的天然气管道网络,将天然气输送到法国、英国、意大利等其他欧洲国家。

“亚马尔—欧洲”管道的年最大输送能力只能达到300亿立方米,短时间内难以再提升,而每年俄罗斯向欧洲输送大约1500亿立方米天然气。在俄罗斯通往欧洲的天然气管道中,除“亚马尔—欧洲”线路外，都要过境乌克兰。换句话说，俄罗斯向欧洲输送的天然气约1200亿立方米需经过乌克兰境内，约占俄对欧洲天然气输气总量的80%；由此可见欧盟对乌克兰这个天然气中转站的倚重程度，而对俄天然气气源的依赖程度自不必说。尽管欧盟近年来加大了力度构建多元化的能源供应体系，力图缓解能源供应渠道方面的单一依赖。但该计划实施起来并非十分顺畅，而且距真正发挥效用尚需时日。无论欧盟如何保持超脱的态度，尤其不能忘记的是，在极度严寒的冬天，欧盟1/4的天然气需求仍然需要由俄罗斯满足。这意味着短期内欧盟难以减轻对俄罗斯的能源依赖，仍然要受到俄罗斯在能源供应方面，尤其是天然气供应方面的钳制。

对于俄罗斯而言，低廉的天然气出口价格是不符合本国经济利益的，更不符合其战略利益，只有不断抬升的天然气价格才能体现俄罗斯在天然气市场的话语权和影响力。因此，俄罗斯才强调，廉价天然气的时代已经结束了。俄罗斯的这种宣言有两方面的潜台词：其一，天然气的价格是跟油价挂钩的，国际油价的高涨当然要带动天然气价格的上涨。其二，俄罗斯在国际天然气市场有绝对的定价权，俄罗斯有能力掌控国际天然气市场的大部分供应。从这个角度上说，俄乌斗气的肇因其实就是天然气定价权之争，乌克兰正是由于不满俄天然气屡次提价而与俄产生纷争。无奈的是，乌克兰成为了俄罗斯首个“祭刀者”。为了实现在国际天然气市场的霸权地位，俄罗斯不惜屡次拿这个前独联体兄弟国家开刀，上演了一幕又一幕杀鸡儆猴的好戏。敲打了“莽撞”的乌克兰，以儆他国之效尤，这实际上达到了俄罗斯的真实目的。不难想象，当以后某个适当的时候，俄罗斯需要对出口欧洲的天然气提价时，欧盟的反应就会比较“理智”了。

俄罗斯的雄心不会止于欧洲，全球天然气市场都已经纳入了它的视野。

2. 昂盖克——新的能源卡特尔

对于意欲掌控国际天然气市场，并执意要将天然气价格炒高的俄罗斯而言，妄图以一己之力实现上述目标是比较困难的，也是不明智的。俄罗斯不遗余力地游说其他天然气出口大国，寻求与这些国家联合组成天然气联盟，其用意已经昭然若揭。

“天然气联盟”这一概念并非是俄国人的首创，而是由伊朗精神领袖哈梅内伊在2007年初正式提出的。由于与俄罗斯的国家战略不谋而合，因此该设想得到了俄罗斯的积极响应。事实上，关于上述的设想已酝酿多年。早在2001年天然气出口国论坛成立时就显露出这样的苗头，只不过那时候还没有真正引起全球社会的关注而已。随着时间的推移，以俄罗斯为首的天然气主要生产国之间迟早会形成一个国家间的天然气输出国组织（Organization of Natural Gas Exporting Country），这与俄罗斯的国家利益是紧密相关的。类同于石油输出国组织，笔者称其为昂盖克（ONGEC）。这比现在媒体报道中所援引的天然气欧佩克的称谓更地道。2004年初，笔者在媒体上撰文时就用到了昂盖克这个称谓。其时，天然气出口国之间结盟的意向还不明朗，远没有形成目前的合力。而现在的形势是，天然气联盟的设想一经提出，除俄罗斯表示支持外，卡塔尔、阿尔及利亚等天然气生产大国都对此表现了浓厚的兴趣。这些国家还专门组织专家组研究成立天然气联盟的可行性问题。2007年12月底，天然气出口国论坛第七届部长级会议通过了天然气联盟的组织宪章。会议同时确定天然气联盟的总部设在卡塔尔首都——多哈。由此，未来昂盖克组织的大框架已初具雏形。

国际天然气市场之所以可能形成输出国之间的联盟，主要原因之一便是天然气资源分布上的高度集中。全球已探明的常规天然气储量约为150万亿立方米。作为全球常规天然气探明储量最大的国家，俄罗斯的储量达到50万亿立方米，占全球的1/3。这还不包括俄境内大规模蕴藏的可燃冰等非常规天然气资源，其远比常规天然气更丰富。因此可见，俄罗斯具备了掌控全球天然气市场的初步实力，而俄正在向更深层次迈进。为了保持天然气出口国之间进一步的交流与合作，加强国际间重大事项的磋商。早在2001年初，俄罗斯、伊朗、卡塔尔就共同发起成立了天然气出口国论坛。这三个国家被称为国际天然气生产领域的“三驾马车”。三者的天然气储量之和占世界天然气总储量的65%以上，这客观上为它们联手行动，垄断国际天然气市场的生产与供应提供了物质基础和便利。如果昂盖克组织最终成立，那么则意味着国际天然气市场的总体格局将发生重大变化[①]。

随着昂盖克组织成立的呼声日益高涨，美国和欧盟等主要天然气消费国的敏感神经也被触动了。对西方社会而言，能源生产国的联盟本来就是危险的信号。在石油领域，它们领教过欧佩克的威力。那么在天然气领域，昂盖克就不由得不令人心有余悸了。美国、欧盟的领导人开始坐立不安，这实在是再正常不过的反应。就在天然气联盟的设想提出后不久，美国众议院即专门通过一项法案，明确反对成立天然气联盟。随后，为保障欧洲的能源安全。北约经济委员会也专门出台了应对此事的内部报告。作为冷战产物的北约，其对俄罗斯的举动可谓密切关注。北约经济委员会在报告中指出，俄可能正在寻求建立一个天然气联盟组织，除了俄罗斯、伊朗和卡塔尔、阿尔及利亚外，利比亚以及中亚不少国家均可能成为

---

① Paulburn, After OPEC, ONGEC? International Energy Agency, News analysis &commentary, may. 2, 2005.

该组织成员国。北约经济委员会警告说，这个天然气联盟将是翻版的欧佩克，其目标就是利用天然气出口政策达到经济或政治目的。显而易见，俄罗斯将发挥主导作用。美欧的担心并非多余。未来的昂盖克组织不但可能操纵天然气价格，而且可以时不时拿天然气供应问题“要挟”消费国，从而加重有关国家在国际舞台上的分量。对于从俄罗斯进口大量天然气的欧盟各国而言，它们更有理由担心这一点。

当然，昂盖克迟早会成立并不等于短期内就一定成立。就在西方媒体认为昂盖克组织呼之欲出之际，俄罗斯等国却表现出少有的低调和谨慎。相关负责人在谈及此问题时也是斟字酌句，生怕因哪句话说错而引起西方社会“不必要的误会”。俄罗斯、伊朗等国领导人也均在不同场合表示，天然气出口国论坛不会签署关于建立昂盖克组织的协议，只是要强调天然气生产国之间应加强合作的问题。昂盖克目前仅仅是个想法，还未开始落实。

这些声明可以看作是关键时刻的“一脚刹车闸”，目的在于缓解天然气消费国所流露出来的紧张或担忧的情绪。俄政府发言人更强调称，俄罗斯的能源主体思想是生产国与消费国的相互依赖，只有疯子才会相信俄罗斯在天然气问题上勒索欧洲，因为我们依赖欧洲的天然气消费，就像欧洲依赖我们的天然气供应一样[①]。迄今为止，天然气出口国论坛还未就成立昂盖克发表过任何正式文件。从这个角度上说，美欧等国看起来有些反应过度，只是虚惊了一场。但问题是，关于组建昂盖克的种种传闻依然层出不穷，着实让西方社会忧心不已。

西方观察家担忧的焦点在于，尽管天然气出口国论坛未就昂盖克的成立发表过任何正式文件，但在多哈天然气论坛上却成立了一

---

① Gedim, Russian confirm its reputation of a reliale gas supplier to world markets, The voice of Russia 2008.10.12.

个以俄罗斯为首的高级委员会，该委员会可以为各天然气出口国协调与制订天然气价格、生产与供应等共同计划提供更便利的平台。这无疑为俄罗斯进一步提升在天然气市场的话语权埋下了伏笔。在天然气论坛成员国的眼中，探讨更有效的天然气定价机制，建立更高级别的天然气生产与供应协调机制，这是天然气出口国间展开国际合作所迈出的关键一步。它们正在实践一种能源对话的全新形式，而天然气市场的全球化正是造就这种对话形式的客观原因。

目前，昂盖克正在理想和现实之间游移。俄罗斯所采取的暧昧态度，恰恰反映了克里姆林宫在此问题上可进可退的有利位置。在这种情况下，俄罗斯进可将"高级委员会"作为真正建立昂盖克的序曲，退可将"高级委员会"仅作为一个磋商平台。在奉行能源外交与务实主义的俄政府看来，无论如何，这都可以加重俄罗斯在世界能源市场上的分量。至于是不是需要昂盖克？何时成立昂盖克？那都是些操作方面的技术问题了。因为按俄罗斯人的逻辑，"想建立"和"真建立"是两个完全不同的问题，一切依利益与现实情况而定。

从现实角度看，昂盖克想要真正建立并发挥作用，也并不是一帆风顺的。至少存在着一些较大的障碍。最大的障碍就在于目前国际天然气市场的价格形成机制与交易方式。因为大多数天然气交易是由卖方和买方通过固定价格的长期合同实现的，这决定了天然气市场目前还很难出现一个类似欧佩克组织那样通过配额来操纵市场供应的机构。天然气领域的投资一般非常大，牵扯到勘探开发、管网建设、处理配送等一系列整套的过程。这样一个复杂且庞大的投资项目必须做到长远规划，如果起初就不能有长期协议的话，仅融资方面就是个大问题，所以天然气领域的供应合同通常均为长期协议，许多合同期限长达 25 年以上。因此，即使昂盖克成立后，各成员国可能在天然气开采或供应领域开展广泛合作，但要像欧佩克那样建立价格同盟，难度自然不小。目前，国际原油市场已经形成完备、统一的定价机制，而天然气市场要形成石油市场那样可以根据供需关系实时决定市场价格的机制，看起来尚需时日。而且，天然气定价过程不是封闭的，天然气价格很大程度上受到国际油价的约束，这为供应国操纵天然气价格设置了一道较难逾越的屏障。此外，还有一点值得注意，即天然气供应方面的灵活性要求。天然气供应目前大多采用投资巨大的固定管道运输，因此，参与到昂盖克组织中的国家受现实条件所限，难以实现向不同天然气消费国的灵活供应。此外，昂盖克参与国在有可能增强自身在定价方面的优势地位的同时，也有可能遭到天然气消费国强硬的反制。囿于昂盖克的约束，有时难以灵活调整策略，从而可能遭受损失，甚至得不偿失。可见，参与昂盖克组织不全是好处，昂盖克组织对参与其中的国家来说也可能是把双刃剑，这一点上，欧佩克成员国已有不少前车之鉴。

无论存在多少障碍，昂盖克组织成立可以说是迟早的事，因为时间看来站在昂盖克这一边。随着更多的天然气被液化并通过船舶进行运输，液化天然气(LNG)将会像原油一样可以出售现货，变得更加商品化，天然气的现货交易和浮动价格将日益成为现实可能，最终与石油市场的交易机制无异。对昂盖克成立的有利因素正在于此。欧洲一些天然气消费国对液化天然气日趋商品化的风险表示了忧虑。因为这将逐步使昂盖克在天然气定价问题上越来越掌握主动权，昂盖克将可能不再仅仅停留在纸上谈兵的层面。

可以想象，随着时间的推移，昂盖克未尝不会成为比肩于欧佩克的能源卡特尔组织，当未来全球各大海洋能源运输航道上航行的主要不是油轮，而是天然气输送船时，情况或许就一目了然。按照最终的发展结果，昂盖克将会比欧佩克更强势，在参与全球事务的能力与影响力方面，昂盖克将比欧佩克有过之而无不及。时代将会赋予昂盖克组织更多的价值内涵，比如昂盖克会逐步介入到全球气候变暖等涉及天然气领域的全球利益角逐中，从而增加自身的影响力与话语权。这将是自然而然的过程，不以人们的意志为转移。昂盖克的强势无疑是天然气作为主导能源的重要地位之体现，这是天然气时代的必然产物。

3. 走近天然气时代

如果说 21 世纪是天然气世纪，那么直到现在，我们才真正看到这种趋向。而在此之前，天然气一直被石油的光环所笼罩，这使得人们过于关注石油而忽略了天然气的价值。自然赋存条件下，天然气通常与石油、煤炭共存，以油田伴生气、煤层气最为常见。此前人们在开采石油、煤炭能源时，天然气只是作为开采过程中的一种副产品，是运气不佳的采油或采煤工人在开采过程中所遇到的令人厌恶的、有爆炸危险的附带品，矿井中的“瓦斯”爆炸带来的损失不仅巨大，而且给人们的心理带来了沉重的安全隐忧。这使得大多数能源公司对天然气的开采多少总会有些心有余悸。此外，天然气还背上了不易运输，处理工艺复杂且昂贵的“坏名声”。道理其实很简单，石油可以用最原始的各种工具来装运，甚至装啤酒的圆木桶都没有问题；煤炭就更省事，直接装在敞篷车斗中就可以运走了，而天然气的运输却远不如石油或煤炭这么简单，需要用专设的管道来输送，而且要极力避免泄漏。这在一百年前看来确实是太繁琐了。人们的目标由此主要锁定在石油和煤炭上，天然气行业的发展自然处于被边缘化的位置，这种状况直到上世纪 70 年代以后才发生明显改观。

上世纪 70 年代中期，世界上相继发现了一系列大气田，天然气储量与产量快速增长，天然气消费市场也逐步形成。尽管这些市场相对独立，天然气还只是作为区域性的能源商品，带有很强的地区特点，远不能与石油市场相提并论。但人们逐步发现，天然气并不是石油经济的边缘副产品，它有其独立的经济价值。天然气至少是石油资源的一种可行的替代品。尤其是石油枯竭之后，天然气客观上为人类社会的能源供应提供了又一种选择，从而可以缓解石油危机的蔓延及破坏力，并且减缓气候变暖的过程，这一切看起来都是自然而然的趋势。不过，人们明白这个道理似乎比较晚，就像人们对天然气的误解消除得有些迟一样。伴随着天然气的储运技术、深冷液化技术、合成油技术、天然气分离及化学合成技术的不断发展。天然气广泛应用于工业务生产和社会生活等各个领域。比如燃气发电、燃气汽车、天然气化工、家用燃气设施等等。这一切刺激了全球天然气资源的勘探开发和利用，整体规模逐步扩大，形成了越来越活跃的天然气消费市场。从发展的角度看，全球天然气市场的规模不是太大，而是太小了。对比两者的应用规模与发展潜力，天然气在不久的将来完全有望赶超石油①。

我们需要澄清一种想当然的观点，那就是人们习惯上总是把"油气行业"混为一谈，"油气不分家"就是这样的典型认识。这使得人们很少把天然气作为一种具有内在价值的能源品种单独加以分析。地质学家们致力于发现地壳中每个可能赋存有石油的区域。对于天然气而言，情况却并非如此。地质学家们往往热衷于找油，而恰恰忽视了那些石油匮乏但天然气却大量存在的岩层。事实上，石油与天然气是两个相对独立的产业。如果说传统的天然气产业与石油产业之间还割舍不断的话，那么新兴的可燃冰产业与石油产业的关系基本上可以厘清，石油也已经不能与可燃冰同日而语了。

---

① Rachel Ziemba, Globalization of the Natural Gas Market, RGE monitor, Apr 24, 2008.

不可否认，煤炭与石油目前依然支撑着全球社会的发展，但煤炭和石油给全球环境带来的污染同样不可否认。美、日等国在煤炭与石油的开发利用方面积累了大量的先进技术。像前文所阐明的观点一样，我们必须认识到这些先进的能源利用技术其实并不代表人类能源的未来走向，就像人们为了延长煤炭的社会寿命，甚至搬出"洁净煤"技术来为煤炭利用找到依据，并且大肆宣扬。但说到底，这些说辞并不一定切合实际。我们实在不能天真地以为洁净煤竟然能够洁净到不含硫元素的程度。既然难以去除掉硫元素，那么利用过程必然伴随二氧化硫等副产品的出现。那些一直鼓吹发展"洁净煤"技术的人，他们也无法忽视这样一个基本事实，那就是到目前为止，依然没有一个完全意义上的洁净煤利用示范项目，从而表明技术上真正把这些污染物都安全地解决了[①]。

单凭这一点，天然气就比煤炭要优越得多，其燃放标准更是煤炭所望尘莫及的。由于天然气的主要成分是甲烷，其含碳比相对于煤炭和石油都低得多，而且基本上不含硫元素。因此，天然气燃烧后生成二氧化碳和水，几乎不含有二氧化硫等其他的有害物质。而且其产生的温室气体约为煤炭的1/2，石油的2/3，天然气燃烧后对环境造成的污染要远远小于煤炭和石油。天然气是目前已知的最清洁、最安全的化石能源，这样的说法并不为过。遗憾的是，人们很少关注到这些方面，注意力依然是放在煤炭与石油上，并且对与之相关的新技术寄予了很大的希望。例如，为了发挥煤炭的更大用途，人们开发出煤变油技术；为了增加石油产量，人们提升工艺水平，把目光转向了更难开采的油砂，试图从页岩中取油，用沥青沙炼油。需要说明的是，这些做法只能作为权宜之计，我们不应该对此抱有太多的幻想。对于一种终究要淘汰的能源品种而言，所谓的改

① Marian Wilkinson, Clean coal remains a faraway dream, The Sydney Morning Herald, April 6, 2009.

进不过是抱残守缺，妄图以此来一劳永逸地解决能源危机更是自欺欺人。我们用更昂贵和更肮脏的方案来增加石油产量，得到的至多是延缓这类能源彻底退出历史舞台的时间。而且问题的吊诡之处还在于，我们今天即使完全具备拥有更高效、更清洁、更可持续的能源技术条件，但这并不意味着这样一种更好的能源方案，哪怕只是作为一种理念，就一定能被人们欢欣鼓舞地接受。

从能源的选择与认可度上看，能源的使用一定程度上说是一种个体化的行为。对某个特定的社会而言，则代表着一种集体性的习惯模式以及由此形成的行为定势。我们知道，想要改变一个人的日常习惯总不是那么轻而易举的，除非这个人因某种日常行为而受到了严重的伤害，并且真正意识到了这一点。对于一个民族、一个社会而言，一定程度上同样如此。人们对似是而非的问题有时容易产生误解，如果这种误解长期得不到澄清而因袭下来，有可能就成为了整个社会的习惯。集体的盲从主义更会助长这种趋势，甚至产生根深蒂固的偏见。就像人们并不会因为某种替代能源大有前途而就对其另眼相看，人们依然对用惯了的能源情有独钟。

人们之所以乐于使用煤炭，这是因为人们习惯了煤炭的相对廉价。不过，这实在是一种误解，煤炭的廉价优势只是一种表面上的似是而非的优势。煤炭的廉价只是体现在内部成本，同过去一样，人们并没有考虑到这一能源使用方式所造成的外部成本。或者说，有识之士早已意识到煤炭利用所带来的大气污染、酸雨频发、生态与健康受损等一系列负面影响，并且试图加以量化。但碍于习惯的强大阻力，这种理性的声音微乎其微。现实的结果是，整个社会仍然固守着旧有的能源领地。对于石油，人们同样没有表现出超越“惯性”的智慧与远见。虽然人们都明白，迟早有一天石油的供应将达到顶峰，石油对全球经济发展的贡献比将达到最大值，石油的供应终将难以跟得上社会经济发展的步伐。但石油毕竟还有很多优点，而且这些优点远非煤炭所能企及。那么至少眼下它仍有理由为人们所继续使用。这也就不难解释为什么今天发展中国家依然无法摆脱发达国家之前所走过的能源之路了。

技术的进步也使天然气的运输更加经济与便捷。因为有了液化天然气技术，天然气产地与消费地之间的地域屏障有了打破的可能，这标志着一个转折点，这不仅对天然气工业而言，对整个能源经济的方向而言都是如此。全球意义上的天然气市场所缺少的重要一环也终于有望补缺到位。天然气的大规模转移使得更加灵活的市场交易成为了现实，供货方和买方的自由度大大增加，交易双方可以像当前在天然气管道输送中所遵循的那样承诺长期的合同，或者也可以在现货市场出售液化天然气。由此，天然气市场变得与石油市场无异，买家的额外需求完全可以通过增加几船液化天然气的供应而得到满足。理论意义上说，天然气可以像油轮输送石油一样，这架起了天然气消费者与生产者之间的一座桥梁，天然气由此可以称为真正意义上的占领全球市场了。

4. 打破可燃冰利用之坚冰

人类文明的发展，可以说是一条能源消耗的不归路，至少从过去到现今都是如此。一旦中断了能源供应，想必人类文明难免要退回黑暗时期了。于是，人类社会时刻不停、一直重复进行着的，就是新能源的开发与利用。这条路从来就没有平坦过。如果说它是一条破冰之旅，那么就当前而言，可燃冰的开发就是横亘在人们面前亟待破除的巨大坚冰。破开了这块坚冰，整个社会能源短缺的迷局将豁然洞开。基于可燃冰的庞大储量，一旦可燃冰进入大规模的开发利用，人类的能源危机将延后几百年。事实上，我们无需指望上百年，只要可燃冰解决人类社会一个世纪的清洁能源需求就已经足够了。

石油作为黑金，犹如一块超大的磁石，吸引着全球社会趋之若鹜。过去几十年，全球的权力移动路线，其背后的轨迹基本上是环绕着石油黑金的“引力”而动。可燃冰作为白金，并不比石油逊色，它更像一个超大的辐射体，影响力不仅体现在社会能源结构的重整，更可能体现在整个地球环境的巨大变迁上。从某种层面上说，谁真正掌握了可燃冰的开发技术，谁就可以执未来能源战略之牛耳。美国、日本、俄罗斯等为数不多的国家，其中哪一个都可能是破冰者。

在可燃冰开发上，人们遇到的不仅有技术上的坚冰，也有思维上的坚冰。由于可燃冰的开采有可能带来大量的温室气体排放，因此，当把环保与能源问题割裂时，环保其实就成了可燃冰开发的束缚因素。人们在开发可燃冰时很大程度上考虑的不是能源利用问题，而是大气环境的保护问题，这一点被认为是至关重要。如果把环境保护与能源开发两者统一起来看，情况或许就有所不同了。因为即使不开采可燃冰，顺其自然地任其赋存在于地层中，可燃冰仍有可能通过各种方式逃逸到大气层中，带来地球环境的巨大变化。所以单从环境保护的角度看，开发利用可燃冰也是减少温室气体排放的一种途径。我们需要明确的一点是，开采可燃冰究竟是为了能源利用，还是为了环境保护？想必大多数人会选择前者，这其实就是我们内心根深蒂固的坚冰，我们从来都是把能源利用放在环境保护之前的，这如同总是先着手于社会发展需要，而后解决环境治理要求。我们什么时候能率先考虑到环境，那么人类社会急功近利的发展模式或许就有所改良了。笔者之所以这么提醒，只是不希望人们的思维总是被锁定在旧有的惯性轨道上。那些在可燃冰开发技术上处于领先地位的国家想必有着前瞻性的综合考量，这有利于加速可燃冰融入社会生活的步伐。

事实上，可燃冰的开发将带给人们不同于以往的全新发展道路。可燃冰所蕴含的天然气在数值上远超过煤炭和石油，是地球上有机碳含量最丰富的烃类能源。传统的能源研究报告通常认为，地球上天然气资源的储量位于煤炭和石油之后居第三位，天然气的产量在预测上总是不及石油和煤炭。但这已经是过时的老黄历了。近年来有关甲烷起源的研究表明，不仅地球岩石圈内甲烷大量存在，太阳系中甲烷的含量也十分丰富。这意味着非生物成因的甲烷气储量可能将大到超乎想象的程度。在地球生命诞生之前，很可能甲烷气就已经广泛存在了。因为只有这样推测，才能相对合理地解释为什么可燃冰在地层中的分布如此广泛，而且储量上如此庞大了。

从开发潜力上看，迄今为止仍在全球范围内不断刷新使用记录，并且储量丰富、高效清洁的燃料中只有气体能源了。因此，有望取代石油成为主导能源，切实满足全球社会需求的，不是风能或太阳能，也不是潮汐能，更不是遥远的核聚变能，而只能是天然气了。这包括常规的天然气，更包括非常规的可燃冰。

我们有理由相信，进入以天然气为代表的气体能源时代是实现经济可持续发展的必由之路，可燃冰的开发将使得我们更加确信这一方向。一旦我们了解到这一点，不再执迷于过去的行为习惯，并愿意尽最大可能地做出改变，我们就会在“脱碳化”的道路上更进一步。事实一再证明，今天并不是人们在等待更新更好的能源技术的出现，而是现有的技术在等待人们观念与行为的转变。

5. 天然气利用线路图

广义上来说，天然气是指自然界中天然存在的一切气体，包括大气圈、水圈、生物圈和岩石圈中各种自然过程形成的气体。而人们长期以来通用的“天然气”的定义，是从能量角度出发的狭义定义，它是指天然蕴藏于地层中的烃类和非烃类气体的混合物，主要存在于油田气、煤层气、气田气、泥火山气和可燃冰中。没有特别的注明，我们所说的天然气均是指狭义的天然气。尽管天然气最早被人类认识已有 2000 年之久，但其大规模应用也只是从上世纪 70 年代后开始的。那么，以天然气为主导能源的时代何时会真正到来呢？我们简单描绘天然气利用的线路图，从而对天然气的利用过程加以梳理。

首先我们定义天然气时代到来的标志。不妨把可燃冰的成功商业开采看作是人类社会迈进天然气时代的标志。当未来全球天然气的消费总量超过石油时，这意味着人类社会将全面进入天然气时代。根据过去 20 年的统计数据，全球天然气的消费量大致以年均 2%～3%的速率增长，高于石油的年均增长率；按照这一发展态势，2025 年左右天然气将有望超过石油，成为全球消费量最大的能源[①]。如果情况的确如此，那么届时人类社会对石油的依赖将会大大缓解，这何尝不是件幸事呢？毕竟，天然气时代的开启比石油时代的延续要好得多。作为全球资源储量更加丰富的清洁能源，天然气的大规模供给足以支撑人类文明数百年。人类能源利用的历史规律

---

① IEA:《World Energy Outlook》. 2008.

为预测天然气时代的到来提供了有力的依据。正是从这个意义上说,21世纪才被称为是天然气的世纪。全球社会目前正处于承前启后的重要时期。

如果2010年日本率先成功实现可燃冰的商业开采,那么从2010年到2025年可看作是天然气取代石油的过渡期,2025年到2050年将是天然气利用的稳定期。21世纪中叶后,全球石油资源的枯竭将会使天然气的利用迎来高峰期。在此期间,全球经济也将实现以石油为基础的经济模式向以天然气为主导的经济模式的转变。不难想象,一旦有关可燃冰开发利用的技术经济问题、环境影响问题及其理论和实践方案等得以解决,人类对可燃冰的开发利用将会大规模进行。完全有理由认为,可燃冰将成为这一转变过程的决定性力量。

我们坚信,后石油时代将是人类社会开启气体能源经济的全新时代,依托石油所建立的全球经济旧有模式将发生巨大的转型,人类在经济发展与环境保护方面将取得更优的平衡。需要特别提出的是,我们在推崇天然气经济的同时,也不要顾此失彼,因为氢经济同样重要。在不少观察家的眼中,氢能源的大规模利用已指日可待,以氢燃料电池为代表的氢经济产业正初露端倪。事实上,天然气经济与氢经济并不冲突,而是有着承接的关系,天然气经济是氢经济的基础。而在笔者看来,氢经济就是天然气经济的一部分。我们不能忽视一个事实,那就是实现氢经济的关键不是氢的应用,而是氢的获取,准确地说是氢的大规模廉价地获取,这是实现氢经济的首要条件。虽然氢元素在地球上十分丰富,但在自然界里却很少有游离态的氢物质。因为它过于活泼,而很容易和其他物质发生化学反应生成化合物。这就是说,我们要得到氢气,就必须消耗能源把它制造、分离并储存起来。没错,我们首先要消耗能源。问题是我们为得到一定量的氢气而付出的能源代价有多大?我们知道,氢的制取有多种途径，如电解水、光催化、生物制氢、天然气裂解等等，在这些方法中，电解水最为人们所熟知。但由于制氢过程中需要耗费大量的电能，经济性并不佳；而光催化、生物制氢还处于科学研究阶段，远达不到商业化开发的程度。相比上述几种方法，天然气裂解制氢是目前已知的最为经济的，也是最能实现大规模工业生产流程的方法。先前之所以不能实现氢经济的设想。主要原因在于天然气的来源问题，同时也包括经济成本问题。未来充足的天然气供应将为氢能源的制取带来坚实的物源条件，这是氢经济得以实现并维持的基础，而人类社会对更高效、更清洁能源的渴求也是氢能源大规模进入社会生活的催化剂。随着技术的进步以及传统能源价格的日益提升，有关氢能源的经济性问题将迎刃而解。氢能源的大规模利用将不再仅仅停留在纸面上，而会成为实实在在的生产活动。

从价格方面上看，天然气经济与廉价的天然气供应之间没有必然的对应关系。从某种意义上说，廉价天然气时代即将结束，或者说已经结束。目前的市场状况是，国际市场天然气价格受到石油价格波动的影响，并且关联度比较大。按照同等热值条件对比，天然气价格一般低于油价。不过从世界范围看，天然气价格与石油价格的差距将会越来越小。而且，鉴于天然气的清洁环保优势，可比条件下，天然气价格最终将超过石油价格。这一趋势可以看作是天然气价值的自然回归，而并不一定是人为的拉抬。

从 2009 年 2 月开始，国际油价已重返升势，2009 年 6 月最高达到 70 美元/桶以上，这已触及欧佩克所设定的合理油价的底线。但这远远不够，油价未来再次超过 100 美元/桶只是迟早的事。可当人们惊呼 100 美元/桶的油格太高时，殊不知今后还可能看到 200 美元/桶的更离谱的油价。其实，当国际油价真正达到这一高峰时，人们或许不会认为其高得离谱了，就像人们现在对 70 美元/桶的油价而冷静地接受一样。如果真到了那个时候，人们会找到各种理由证明其理所当然，这对石油期货市场的分析师们来说可真是拿手好戏。在没有更好的替代品担当能源供应重任之前，石油价格注定是一个长期上涨的过程。这就是我们需要深刻体察到的本质问题，也正是天然气的价值所在。

如果整个社会真正认识到可燃冰的价值，并且就此身体力行的话，那么石油所创造的繁荣时代就不会终结。而终结的很可能是这个担忧石油耗尽的时代。

第九章 气候危机与社会转型

如果说石油枯竭是人类社会必须应对的危机之一，那么气候变暖将是我们面临的又一危机，这一危机的产生与人类的能源利用方式密切相关。人类燃烧薪柴、煤炭、石油等化石能源，为社会发展注入源源不断的动力之时，不可避免地带来了大量的二氧化碳等温室气体的排放。由于这些气体对来自太阳辐射的可见光具有高度的透过性，而对地球反射出来的长波辐射具有高度的吸收性，也就是常说的“温室效应”。这一过程的不断加剧使得地球开始升温，气候逐步变暖。自 18 世纪工业革命以来，地球大气圈中的二氧化碳含量增加了 25%，远远超过科学家可能勘测出来的过去 16 万年的全部历史纪录。尤其是近 100 年间，全球平均气温总体呈稳步上升趋势。进入上世纪 80 年代后，全球气温的上升更趋明显，目前尚无减缓的迹象。

气候变暖带给人类社会的影响将是极其深远的，地球生物圈脆弱的平衡将会被打破，由此将引发地球环境的大变迁。冰川消融、海平面上升等一系列环境灾害将威胁到人类的存在，并且对人类社会的可持续发展带来了巨大的挑战。我们切实需要冷静下来，深入思考了。我们要思考：发展的目的究竟是为了什么？现有的发展观到底有哪些不尽合理之处？其实，改变这些现实的困境，首先需要改变的是人类的心灵。假如我们无法认清发展的目的，依然沉湎于旧有的荣耀与迷梦中，那么人类就永远只能在不断的能源危机和气候危机中轮回。即便不在气候危机中灭亡，人类也很可能会因为集体行动的内在悖论而在其他灾难中消失。是考验人类的智慧与勇气的时候了，气候危机就是一块实实在在的试金石。

1. 气候危机日益临近

这几年比较时髦的一个词汇便是气候变化。有关气候问题的新闻报道层出不穷，网络上的信息更是海量。全球最大的互联网搜索引擎 google 上该词汇的搜索条目多达 10 亿条。不仅如此，气候变化更成为了政治家们时髦的话题。无论是国际论坛还是地区会议，气候问题无疑都是重要的议题之一。似乎不谈论气候变化问题，会议就变得缺乏高度与责任感。在这种场合，我们可以赞赏一些政治家远见卓识，也可以揶揄一些人政治作秀。但无论如何，有一点必须承认，气候问题已经成为全球关注的焦点问题之一。即使政治家作秀，同样也需要选择民众关心的议题，以便制造良好的舆论影响，气候问题看起来再合适不过了，它就是这样的“万金油”议题，甚至已成为街头巷尾老百姓的谈资。如果连农民伯伯地里的庄稼歉收都可以赶时髦地归因于气候变化时，想必气候问题的影响已经深入人心了。

近年来全球极端气候灾害事件频繁出现，人们对美国卡特里娜飓风、中国南方冰雪灾等损失严重的灾害事件印象深刻。事实上，还有更多的极端气候事件对人类社会的影响同样深远，只是不为人们所关注罢了。由于气候变暖，南北极的冰川正在以前所未有的速度融化，各大洲的土地沙漠化趋势日益严重。人类社会正因地球气候变暖而经受着可见的、不可见的，可预知的、不可预知的种种隐忧与危机。

论起温室效应，其实并非有百弊而无一利。自地球形成以来，温室效应就一直在起作用。如果没有温室效应，地球表面就会寒冷无比，地球气候将不适宜生物体存在，生命或许就难以形成和繁衍。但是，需要澄清的是，我们现在面临的不是温室效应有和没有的问题，而是人类通过燃烧化石燃料把大量温室气体排入大气层，致使温室效应与地球气候发生急剧变化的问题。这是“人造”的危机，那就必须由人类来化解。

二十多年前，人们还只是把气候变暖的风险作为问题提了出来。但今天，主流科学界对全球变暖这一事实几乎没有异议。愈来愈充分的证据表明，人类的活动是造成气候变暖的主要原因之一。最明显的证据就是大气中二氧化碳的浓度：按照二氧化碳在大气中的浓度指标 PPM（百万比浓度）计算，40 万年以来这一指数徘徊在 200～280 之间，1 万年以来其指数保持在约 270 左右。可从工业革命开始以来，这个指数在两百多年间就跃升到了现在的 360，已经完全超出正常的范围，而且仍处于上升趋势中[①]。

气温极端上升是我们日常生活所能真切感受到的，作为全球变暖的证据之一，没有比这更加深入人心的了。在过去的半个世纪里，全球平均气温上升了 0.5～0.8 摄氏度。按照这一趋势，到本世纪末，全球气温预计将上升大约 2～3 摄氏度。新世纪以来，全球各

---

① 联合国政府间气候变化专门委员会（IPCC）：《气候变化 2007 综合报告》，2007. 11. 17.

地的高温纪录时常被打破。比如，2003年8月11日，瑞士格罗诺镇最高气温达41.5摄氏度，破139年来的纪录；同年，8月10日，英国伦敦的温度达到38.1摄氏度，破了1990年的纪录；2003年热浪几乎席卷整个欧洲，近10万人中暑；同样在2003年夏季，中国台北、上海、杭州等地都打破了当地高温纪录；2005年7月，美国有200个城市创下历史性高温纪录；2006年8月16日，中国重庆最高气温高达43摄氏度，历史上所罕见。这样的例子比比皆是。从统计学的角度看，频繁出现的高温气候很大程度上已经反应了全球气候变暖的大趋势。如果这种趋势不能加以遏制，那么从现在起的100年间，全球平均气温至少要升高2摄氏度以上。可别小看这一数字，2摄氏度的升温将衍生出一系列复杂的大问题。

全球气候变暖，不只是简单的气温上升。从人性化的角度看，地球的温度系统与人的体温何尝不相似呢？尽管随时间与方位的不同，体系内的温度分布有着自然的差异和波动，但诸如“呼吸”、“排汗”等多种过程总体上会趋向于维持体系内的温度稳定。人的体温超过正常体温的5%，就会产生高烧、昏迷，甚至死亡的严重后果，而地球呢？飓风频发、冰川融化既可以看作是地球系统对气温上升不适应的表现，又可以看作是地球本身对突变事件的自我调节。冰川的融化就像是地球用南北极这两大冰库为自身降温一样。但问题是，如果最终无济于事呢？人们中暑，尚且知道寻求医生的诊治；地球“发烧”，却没有“星际诊所”予以治疗。长此以往，与地球脐带相连的人类，连同其他生物体，理所当然地成为全球气候变暖的受害者。

气候变暖就像是嘀嗒作响的“定时炸弹”，是选择坐以待毙还是勇于面对，是积极改善还是继续破坏，现在的确到了我们人类拿出实际行动来应对的时候了，形势对我们而言着实不容乐观。据最新的研究预测，即使现在全世界温室气体的排放量稳定在2000年的水平，本世纪全球变暖和海平面上升的趋势已经不可逆转。要遏制气候变暖的趋势，现在就必须将全球温室气体排放控制在极低的水平。即使这样，海平面上升的趋势恐怕也难以避免，本世纪海平面上升10厘米几乎是最保守的预测。据测算，二氧化碳的半衰期接近于100年。也就是说，即使假定我们今天将碳排放总量减半，对大气中的二氧化碳浓度也不会产生直接影响。因此，我们实在不能奢望在什么都不做的情况下，地球自身就能安度危机。

我们无法想象，全球大片土地会因水分缺失而不断地沙漠化，动植物因栖息地的丧失而接连地消亡。也许在不久的将来，我们今天看到的一切美好的景象，子孙后代们只能在影像资料上才能为之嘘唏。我们更不愿看到，冰川的大面积融化，使得北极熊长距离迁徙过程中由于坚持不到觅食地而被饥饿带走；鳞虾也由于失去它们赖以生存的冰面环境而灭亡，最终威胁到蓝鲸等一大批海洋动物的食物来源，这使它们不得不离开熟悉的环境而选择长距离的迁徙。更可悲的是，在非洲大草原，驯鹿和大象正因水源的稀缺而逐步丧失迁徙的目的地。当这些悲壮的迁徙最终都成为没有必要的徒劳时，等待它们的或许只有灭亡。大自然有着完整的生物链环，如果其他动物都接二连三地灭绝的话，那么距离人类的日子还会远了吗？作为地球生物链其中一环的我们人类，难免会心有戚戚然。

世界人口将在2050年之前达到100亿，这将是一个多么庞大的种群！而对地球生态而言，这又意味着什么呢？需要坦承的是，尽管人类掌握了高度的智慧，但在地球生态系统变迁以及自然物种演化等方面，我们的认识仍处于小学生的水平，甚至处于一知半解的程度。如果面临大灭绝的命运呢？我们又该如何应对呢？大自然并一定有人们想象中的仁慈面孔，而我们人类手里，或者说任何物种那里都没有一张由大自然开出的保证书，确保我们不会灭绝。在距今约2.5亿年前的二叠纪生物大灭绝中，地球上90%以上的海洋物种以及75%左右的陆地物种在这一时期灭亡了[①]。直到现在，我们依然不清楚究竟是何种原因导致这些物种集体灭亡。所幸的是，后来随着许多新物种的出现，地球上又恢复了丰富的种群，但这个过程历经了一亿年之久。正像一些乐天派人士轻松地说，大自然会复兴人类所毁灭的一切，包括人本身。只要时间足够，万物皆可生。不错，我们可以通过这种观点来强调时间的建设意义。或许大自然真的能够恢复一切，但对于自然进化这样动辄以几十万年、甚至上亿年为计量单位的大尺度过程而言，这样的漫长演化对于现代人类无论如何都是没有意义的。

19世纪美国著名作家马克·吐温曾感叹说，天气最动人的特质就在于它的变化多端。一个半世纪过去了，这句话依然动人。因为在科技如此发达的今天，我们仍然在为准确预报天气情况而努力。在气候变化这样的大问题上，人们殚精竭虑，但还是捉摸不透大自然的脾性，太多的疑问与不确定性依然摆在人们面前。具有讽刺意味的是，人类在创造了史无前例的繁荣的同时，对环境的破坏同样也是史无前例的，这一点倒是确定无疑[②]。

更大的隐忧在于，由于一些国家存在不同的利益诉求，不同的组织机构也有各自的价值导向。因此，它们经常传递出一些似是而非的论点，引发无休止的论战。在应对气候变暖方面，关于全球社会是否有必要采取一致而共同的行动方面仍存在不少争议。甚至对于二氧化碳究竟是不是气候变暖的肇因也有不少怀疑。这犹如人类社会共同的大合唱中所存在的一些不和谐的音符。比如，以美国前总统布什为代表的气候问题怀疑派认为，人类对气候变暖的研究还不透彻，导致气候变暖的真正机制还不清楚，全球社会或许正

---

① Mayhew, Fossil Record Supports Evidence Of Impending Mass Extinction, Proceedings of the Royal Society B: Biological Sciences, 24 Oct 2007.

② IPCC: Working Group I Report "The Physical Science Basis" 2007.

处于新的一轮气候变暖期，只不过这种周期恰好与工业大生产的过程相吻合了而已。因此，多年以后回过头来看，人类应对气候变化的行动或许只是一种游戏或闹剧。这种观点的拥趸者不在少数，这也正是美国布什政府当年退出《京都议定书》的借口之一[①]。此外，一些科学家也认为，造成全球温室效应的主要影响因素是水蒸气，而不是二氧化碳。因此，减排二氧化碳似乎并没有切中气候变暖问题的实质。

有时候，一些争论令人感到哭笑不得。笔者并不是说存在争议不好，毕竟真理越辩越明。但问题是时间就在论战中悄悄地流逝了。面对自然界日显疲态的脆弱承载力，一些掌握着话语权和决策权的精英人士却不紧不慢，我们有时不能不为这种自负的表现而感到焦虑。整个院子都起火了，人们还在为“到底要不要取水去浇灭”、“究竟谁家的房子先烧着”之类的问题而争论不休。美国政府的决策层挂在嘴边的就是普世价值和人权观。他们不一定搞清楚经典经济学的宗教伦理和价值基础是什么，但他们却精于算计，非常善于利用经济学的相关理论去估算美国为应对气候问题所遭受的经济损失与额外支出。他们看起来考虑的更多是美国价值而并非普世价值。这些精英们的学科背景或专业领域并不一定是气候环境领域。但他们却热衷于搜集一些有利于他们的论据，利用一些现学的气候知识为自身的决策找到注脚。而且有时候特别敢于轻易否定数千名气候科学家经几十年研究而得出的结论。当他们无法辩驳气候科学家们的结论时，阴谋论就成为挡箭牌。正像美国前总统布什的智囊班子所声称的那样，气候学家无非是要把问题说得很严重，以此来抬高地位，引起政府重视乃至获得更大的科研项目资助。我们反对狭隘的利益观，就像我们相信并非所有的国家或机

---

① Deborah White, US Refuses to Sign Pact to Stem Global Warming, US Liberal Politics, 2001.

构都是出于私心而对待气候变暖问题。大多数人还是从关心人类共同命运的角度来对待这个问题。这确实需要全球社会痛下决心了,不要在争论中浪费我们应对气候危机的时间。

从某种意义上说,人类应该为自己的失范行为而寻求大自然的救赎①,这取决于我们的诚意和行动。本着知微见著的精神,我们应该坚信,人们遏制全球气候变暖所做的种种善举和努力,最终都会得到大自然相应的回馈。

2. 人类社会的共同行动

冰冻三尺非一日之寒,全球气候也不是一夜之间就变暖的,只不过人类社会之前并没有正视这一问题而已。1997 年《京都议定书》的出台可以看作是一道分水岭。至此,有关气候变暖的危机才真正引起了全球社会的共同关注,进而引发了人类共同的行动。众所周知,大气环境的变化是全球性的,无国界之分。而与之相对的陆海疆域却是有国别所属的。各国为了实现自身的发展,自然与"碳减排"等约束条件之间存在着冲突,减少二氧化碳等温室气体排放就难以成为各国自觉的行动,必须在超越国界的层面上加以统筹与约束。

此外,全球气候变暖所带来的影响也不能简单地加以均摊。世界各个地区状况不同,所承受的影响也不尽相同,亚洲与非洲将成为全球变暖的重灾区。而欧美地区由于经济发达,自身抵御风险的能力要远强于亚非国家,所受的影响将较小。由此,全球变暖将关

① Marcel Crok and Techniek, Proof that mankind causes: Kyoto based flawed. 2002.

乎到人口与物种的迁徙，更关乎到国家与地区的后续竞争力，不同民族之间的冲突和矛盾会更加凸显出来。尽管一段时期内各国所受影响不一，但从长远角度来看，全世界所有国家最终都逃脱不了气候变暖所带来的冲击。气候问题所具有的全局性、互动性以及复杂性的特点正在于此，这决定了气候问题的解决必须由全球各国通力协作来完成。唯有如此，有关二氧化碳等温室气体减排的目标才能真正落到实处。

为了阻止全球变暖趋势，早在 1988 年，世界气象组织（WMO）与联合国环境规划署（UNEP）便共同成立了联合国政府间气候变化专门委员会（IPCC）。用以协调与推动各国对气候问题的磋商与合作。1992 年联合国专门制订了《联合国气候变化框架公约》，该公约于同年在巴西城市里约热内卢签署生效。依据该公约，发达国家同意在 2000 年之前将他们释放到大气层的二氧化碳及其他“温室气体”的排放量降至 1990 年时的水平。另外，发达国家也同意转让新技术给予发展中国家，以帮助后者积极应对气候变化带来的各种挑战。这为《京都议定书》的出台奠定了基础。1997 年 12 月，在日本京都召开的联合国气候变化框架公约参与国第三次会议制定并通过了《京都议定书》，会议共同声明，2005 年 2 月 16 日起《京都议定书》正式生效，参与的发达国家被要求从 2005 年起开始承担碳减排的义务，而发展中国家则有 7 年的宽限期，需要从 2012 年开始承担碳减排义务。由于牵扯到各国的现实利益及未来诉求，《京都议定书》的出台可谓艰难曲折，但意义却十分重大[①]。它是全球社会切实应对气候变化问题所共同迈出的真正一步，是一份具有国际法律效力的气候条约。尽管这一全球社会的大合唱存在着明显不和谐的音符。如美国因自身利益的考虑而拒绝承担减排义务，并选择在

---

① Implementation of the Kyoto Protocol: Opportunities and Pitfalls for Developing Countries 15 Jan 2000.

2001年退出，这为条约的顺利实施埋下了阴影。短期看，《京都议定书》因美国的不合作而受损；但长期看，受损的却是美国。美国不仅在道德领地上先失一筹，让世人对美国作为“全球灯塔”的角色以及价值观心存芥蒂，而且美国不参与条约，自然也就失去了在关乎全球共同利益这一大问题上的主导权，这反而凸显了欧盟一直力求强化的负责任的领导者这一角色和定位。美国当然不希望看到这一点。随着各方力量的此消彼长，博弈的最终结果很可能是，美国提出一系列加入《京都议定书》的条件，全球社会在满足美国列出的部分条件的基础上，接收美国这个“归队”的成员。瑕不掩瑜，无论存在哪些分歧与争端，《京都议定书》的光辉是难以抹煞的，可以看作是人类社会共同应对气候危机的一份责任书。

马克思曾经说过，这个世界上只有阳光、空气和水是免费的。这个说法看起来要过时了。因为除了天赐的阳光，已经很难找到不花钱的自然物品了。水资源是要付费使用的，大气资源看来同样如此，人们以后或许要为呼吸而付费买单，即使不是直接买单，也可能是间接的。人们之前一直认为大气是公共资源，可以不加约束地免费共享，这在一定程度上是没有问题的。但随着人类经济活动的加剧，大气资源变得越来越有限了，二氧化碳的过度排放使得大气环境不堪重负，气候变暖就是最直接的征兆。

如果大气资源有偿使用，那么首先要消除一个基本的障碍。由于大气资源不像土地、矿产、水资源，它难以界定所有权，因此需要各国坐下来共同协商予以分配，这就要求有一个国际协定来共同遵循，并且由此规范和约束各个参与国的行为。《京都议定书》就是这样的精心设计的国际协定。它的签订改变了旧有的游戏规则，创立了一种新模式。碳排放开始被量化并加以计量，它使得向大气空间免费进行碳排放成为了历史，一定程度上大气环境开始货币化。与此相关，《京都议定书》确定一个有关二氧化碳等温室气体排放的基准值，同时规定了发达国家和发展中国家的减排义务和减排目标，并定期公布各个国家的碳排放量。这相当于规定了各国如何分配与利用大气资源。

《京都议定书》确立了国家之间的三种灵活的履约机制，即排放交易机制、联合履行机制、清洁发展机制。这三种履约机制构成了全球碳交易体系的基石。以清洁发展机制（CDM）为例①，简单说来，就是它规定了缔约的发达国家与发展中国家可以联合开展二氧化碳等温室气体减排项目，这些项目产生的减排数额可以被发达国家缔约方作为履行它们所承诺的减排量。对发达国家而言，CDM 提供了一种灵活的履约机制；而对于发展中国家，通过 CDM 项目可以获得部分资金援助和先进技术，从而将本来没有机会实现的有关碳减排的技术升级项目变为可能。由此，CDM 成为了实现全球碳减排和相关技术转让的重要手段之一。《京都议定书》体现了设计者们高度的智慧。它创造性地提出了一种可行的理念，即各个国家不仅可以自主完成减排指标，而且可以互相购买减排指标，从而完成本国所规定的碳减排额度。如果某一国的碳排放量低于条约规定的标准，则可将剩余额度卖给未完成规定义务的国家，以冲抵后者的减排义务。这相当于买方国家花钱取得了相应的碳排放权，而卖方国家从获得的资金收益中补偿了碳减排所付出的额外代价。围绕着碳减排，资本与技术在全球范围内实现了相对更合理的流动与配置。一种特殊的贸易形式——碳贸易也就此成型。从这个意义上说，《京都议定书》从法律的角度确立了一种特殊的“国际商品”。这种国际商品就是碳排放量。由于其获取不易、数量有限，碳排放量俨然已成为一种稀缺资源。

---

① Anita Talberg, Leslie Nielson The Kyoto Protocol’s Clean Development Mechanism, 23 April 2009.

3. 米利班德与"碳币国"

人类历史上曾经出现过不少具有浪漫色彩的社会形态构想。这些构想更多的出现在文学作品，而非现实社会中。比如中国东晋诗人陶渊明在《桃花源记》一文中所描绘的世外桃源[①]；再比如上世纪30年代英国作家詹姆斯·希尔顿在他的小说《消失的地平线》中所描写的香格里拉[②]。当然，其中最出名的非古希腊哲学家柏拉图心目中的"理想国"莫属。尽管理想国看起来是乌托邦式的空想，但长久以来仍然为后世所推崇[③]。因为思考本身就是人类永不止步的源动力，任何力量都阻挡不了人类思想上的天马行空。在应对气候变暖方面，那种"理想国"的构想就已经出现了。

2006年7月，英国人戴维·米利班德最先提出了"碳币国"的构想。只不过米利班德的身份比较特殊，他既不是经济学家，也不是作家，而是政府官员。他提出这一构想时正担任着英国环境大臣的高职，因此影响力自然非同一般。

根据米利班德的构思，设想在一个碳减排量成为流通货币的国家，普通民众的手里既有钞票，也有碳减排票据；银行卡上既可存现金，也可存相应的碳金。当居民需要缴纳电费、燃料费或其他费用时，既可以用现金支付，也可以从个人银行账户所存的碳金中予以

---

① 《桃花源记》为陶渊明的诗作《桃花源》之序，桃花源这一"仙境"可能是诗人心目中的理想世界。

② 藏语中"香格里拉"意为心中的日月，香格里拉后来因这部小说而出名，成为西方世界向往中的伊甸园。

③ 《理想国》是柏拉图最著名的代表作，展现给了后人一个完美优越的城邦，在哲学史乃至人类思想史上产生了广泛而深远的影响。

抵扣，甚至多数情况下用碳金支付更便捷，更划算。而国家政府为个人分配一定比例的碳金，在发放工资或支付劳动报酬时予以提供。当个人的碳金用完后，既可以向那些拥有节余碳金的人购买，也可以通过植树、节约生活能耗、使用清洁能源等多种碳减排方式从政府那里换取新的碳金。发展到最后，碳币国的中央银行甚至可以取消纸币发行，转而全部依赖碳货币，成为名副其实的碳币国[①]。

这真是一个令人激动的大胆构想，至少笔者当时获悉这一消息时激动不已。因为米利班德的构想与笔者几年前的想法不谋而合。只是笔者的想法比较朦胧，有如不成文的遐想；而米利班德的构想则更为细致与深入，并且公开发表了而已。尽管笔者也深知碳货币出台的复杂性及面临的巨大困难，但仍然禁不住为米利班德的智慧和勇气暗自叫好。毕竟，在碳减排领域，有关碳货币的构想是前所未有的第一次。

作为英国冉冉升起的政治明星，米利班德的施政表现十分出色。而且需要说明的是，米利班德并不是需要依赖气候问题制造噱头，增加公共影响力的政客。其在专业研究领域的造诣同样非凡。米利班德曾是牛津大学的优等生，而后在麻省理工大学攻读了政治学。在气候政策研究领域，米利班德是英国工党内部少有的气候问题专家和实干家。米利班德为前布莱尔政府应对气候变暖问题，制定有效的气候变化政策立下了汗马功劳，由此得到后来的布朗内阁之重用也就不足为怪了。不过遗憾的是，米利班德有关碳币国的构想以及推广计划短期内缺乏实践的机会。搁浅的主要原因还是在于实施与操作上的复杂性，困难与阻力异乎寻常之大，远超乎人们的想象。而且，与之相关的程序设计与制度建设需要相当长的时间过渡才能予以成型。米利班德的构想因此被许多批评人士喻为华

---

① David Adam and David Batty, Miliband unveils carbon swipe-card plan, the Guardian. 19 July 2006.

而不实、哗众取宠的典型。最后连米利班德本人也不得不声明，计划短时间内不会施行。2007年6月，米利班德被英国首相布朗转而任命为外交大臣后，他的相关计划便被束之高阁了。

但是我们需要认识到，米利班德的构想有着深刻的意义。目前，在《京都议定书》所确立的全球碳交易体系中，三种机制所涉及的交易均是国家与企业之间的碳排放权买卖，这客观上使得碳减排额有可能实现一种货币的功能，即成为国家政府和企业单位之间流通的支付手段、交易媒介和储备资产。但由此带来的问题是，碳减排额目前很难满足普通居民或私人部门持有和使用的需要，因为当初制度设计上存在倾向性和阶段性的考虑，这使得现有条件下个人购买碳减排额的意愿微乎其微，即使有这样的意愿，也往往是出于环保方面的善举，难以形成广泛而持久的动力。因此，需要解决的问题之一便是在制度上形成人与人之间，人与社会之间争相进行碳减排的氛围及驱动力。米利班德的碳币国构想其意义正在于此，即把碳交易系统从国家和企业延伸到个人，这样才真正实现了碳减排的全民性、广泛性的制度安排①。

气候变暖问题是全局性的，既需要利益同享，更需要责任共担。仅有国家和企业间的碳减排活动是远远不够的，作为个体单位的普通民众其温室气体的排放量同样不容忽视，人们用“碳足迹”这个新词汇来说明个人与大气环境的关系。所谓碳足迹，是指一种用来测量某个家庭或个人因每日消耗能源而产生的二氧化碳排放对环境影响的新指标。个人碳排放越多，碳足迹就越大，反之则小。驾车、乘机飞行、生活用电及供暖等涉及个人的碳排放量约占整个社会的40％以上。因此，从全局性的角度看，作为全球社会的一分子，每个人都应该减小自身的碳足迹，承担相应的碳减排义务。为了使得碳

① Tom Young, Miliband outlines plan for Whitehall-wide carbon trading Business-Green, 26 Feb 2009.

足迹大的人付出，碳足迹小的人获利。政府需要引入相关政策和制度，对个人的碳排放采取限制措施。把针对企业和组织的碳交易系统引入到个人层面看起来就是顺势之举。而一旦实现了这一过程，碳排放权交易就有可能成为一种具有完整流通域的价值载体，行使货币的部分或全部的功能，成为碳货币。

如果个人碳交易系统最终得以实施，那么节能与减排将不仅仅是一种生活理念，而且是与个人切身利益密切相关的行为准则。这将极大程度上鼓励人们开发、研究、利用清洁能源，采用节能与减排的新技术。更高效、更节约、更绿色的生活追求将成为人们的自觉行动，由此带来人们行为与生活方式上的全新变革。尽管人们在生活中不可避免地会产生碳排放，但可以通过植树，或者购买碳减排等多种方式“中和”自己的碳排放，甚至使自己的碳排放一定程度上为零，这相当于一段时间内擦掉了自己的碳足迹。或许有朝一日，人们见面时的问候语便成为：“今天你擦去碳足迹了吗?”这未尝不会成为现实。如果是那样的话，这自然是文明社会的巨大进步。

从现实环境的诉求与未来发展的需要来看，碳货币概念的提出正逢其时。

4. 碳减排交易的延展

随着2008年全球金融危机的爆发并蔓延，有关终结美元一支独大格局，重建国际货币体系的呼声不绝于耳，在2009年4月初的“伦敦G20国峰会”召开前夕更是响彻全球，一度达到了峰点。事实上，这种呼声一直就存在，并非是如今才出现的。自上个世纪70年代“布雷顿森林体系”解体以来，全球经济经历了多次危机的冲击，每次危机期间都出现这样的呼声。只不过这次的呼声更高、更响亮而已。人们对现行的国际货币金融体系诟病已久。甚至很多经济学家提出了重新回归“金本位”的理念，意在构建更安全的国际货币金融体系。

所谓“金本位”制，也就是以黄金为本位货币的货币制度。关于黄金等贵金属的货币功能，马克思曾有句名言：“金银天然不是货币，货币天然是金银。”这句话充分说明了黄金作为货币在人类社会发展史上的重要地位和作用。如果从中国古代最早的黄金货币，即战国时代楚国境内流通的“郢爰”开始算起，其距今已有二千三百多年的历史了。现代意义上的金本位制发轫于19世纪60年代的英国，其后欧洲其他资本主义国家效仿英国，相继实行了金本位货币制度。但金本位的货币制度其社会寿命并不长久，不到100年就寿终正寝了。其根本原因在于，国际经济一体化的进程中，随着生产力的发展和经济规模的扩大，国际市场对黄金的需求量不断增加，世界上所拥有的黄金保有量不能满足日益增长的对黄金的庞大需求。黄金在国际间的自由输出和输入受到限制，最终导致西方发达国家在上世纪30年代的世界经济大萧条之后，宣布放弃金本位制。“二战”结束前夕，一个以美元为中心的世界货币体系，即布雷顿森林体系得以建立起来，从而确立了美元在全球的货币霸主地位。现如今，金融危机的蔓延将美元独霸的货币体系之弊端暴露无疑。在一些经济学家的眼中，恢复金本位制与其说是更安全的选择，倒不如说是无奈之举。美国在某种程度上“绑架”了全世界。美国经济打喷嚏，全世界难免就感冒。究其原因当然是深层次的，但现行的国际货币金融体系绝对脱离不了干系。改进这种不合理的制度设计就成为一种理性的呼声。不过问题是，金本位制的货币体系就一定更优吗？既然之前金本位制由于黄金供应受限而被废除，那么几十年过后的今天，金本位制就能适应更大规模的社会需求，与全球经济的发展高度关联吗？答案不言而喻。

相对于此次金融危机之后各国经济学者提出的种种国际货币体系重建的设想，米利班德基于碳交易的延展，并于 2006 年提出的碳货币概念似乎暗合了一种前瞻性，带给了危机之中的全球社会一种新的启示。与“金本位”相对应，米利班德的设想可以看作是“碳本位”的货币体系。尽管在很多经济学家看来这种构想太为超前了。迄今为止，人们从货币的角度对全球碳交易体系的理解还很肤浅，国际上目前普遍通行的看法是更倾向于把碳减排视作商品。而且这一看法相当广泛且深入。随着《京都议定书》所确立的碳贸易在全球的风生水起，2005 年后更是如火如荼。全球碳市场的累积交易额目前已达数千亿欧元，碳减排的商品化趋向愈发明显，碳信用也依赖于国际条约的背书而在全球范围内被确立起来。与此同时，碳减排作为“特殊商品”的意义也逐步体现出来。基于碳商品交易所特有的背景使命、执行基础、交易机制和流通范围，其暗含的普通货币发行、兑换和汇率特征的重要性也在日益凸显。从这个意义上说，碳减排信用，如 CERs（Certified Emission Reductions，受核准的碳减排额），就类似于货币的交易单位。尽管碳交易领域的国际货币化倾向并未得到政策制定者的广泛关注。但毫无疑问，碳市场确实表现出货币市场的诸多特点。比如，和纸币发行基于政府信用和强制推行一样，碳信用的价值内涵完全基于国际规则而产生。如果以欧盟为首的发达国家强行破坏《京都议定书》所设定的规则，决定不再接受来自发展中国家的 CERs，那么 CERs 的价值就会消失殆尽。与之不同的是，黄金或石油等普通商品则不需要任何政府或机构的背书就天然拥有价值。从这一点上说，碳减排信用或凭据类似于纸币，有信则有价，不信则一文不值。因此，碳信用的推行需要国际规则的背书，需要全球社会共同维护和遵守。在此基础上，相比黄金货币本身所具有的稀缺性、可计量性、可储存性等特点，碳减排信用则一样都不少，而且延展空间更强[①]。

自从1992年《联合国气候变化框架公约》颁布以来，全球社会已有近190个国家签署了该公约。这意味着世界上90%以上的国家都认可了温室气体减排这一行动。随着时间的推移，美国迟早会以某种方式加入到这一行列中来，全球社会共同行动目标将有望形成。从发展趋向上看，今后有关碳减排领域的国际规则其约束力将会进一步加强，欧盟正是推动这一过程的引擎。《京都议定书》签署以来，欧盟一直在强化，而不是在削弱这一约束力。如果未来美国与欧盟上演碳减排方面的主导权之争，那么可以想象，碳资产将会炙手可热。或许美元与欧元之争将会开辟或转移新的战场，演变成为碳货币的发行权之争。

《京都议定书》的签订改变了国际社会旧有的规则，使得免费进行碳排放成为了历史，二氧化碳等温室气体将不再能不受约束，任意排放，大气环境将成为真正意义上的共同资源。《京都议定书》本质就是规定各国如何分配与享用这种稀缺资源的国际大法。碳减排将成为经济发展的重要约束条件之一。它的签订生效使得所有缔约国的经济生产都不再是单个国家的个体行为。缔约国将必须遵守承诺把碳减排与经济生产统筹起来。这将实现一国的经济发展总量(GDP)与碳减排总量(CERs)的绑定，经济发展与气候环境约束以货币化的形式统一起来。

毋庸置疑，大气环境的承载力是有限的，然而人们扩大经济生产规模，追求更高的GDP总量的愿望是无限的，这种愿望背后所赋予的能力与手段也是无尽的。这其中就需要一种折衷式的考量，既要体现人类社会现实利益与长远利益的平衡，更要兼顾各国经济发展水平与发展阶段的不平衡。碳减排指标一定程度上就是这样的

---

① K. Nagase,"Carbon-Money Exchange"to contain global warming and deforestation ,Energy Policy, Vol. 33, No. 10. (2005), pp. 1233～1238.

产物。从某种意义上说，一个国家的碳减排额可以作为衡量该国GDP总量的指标。如果这个国家的碳减排量不能达标的话，那么就不能再进行有碳排放的经济生产了，除非它能从市场上或者其他国家买到额外的碳排放指标。在这种模式下，各个国家一般会提前储存部分碳排放量指标，以避免透支碳信用而影响到正常的经济生产。当碳减排指标逐步放大成为GDP总量的关键约束条件时，其将为各国民众和政府所普遍接收，并且愈发受到重视。

除此之外，可计量性是碳货币从概念成为现实的重要条件。不可计量的物品自然不称其为商品，同样也就不便于商品交易。尽管碳减排额的计算相当复杂，但对于设定系统的碳减排量，现有的科技手段已经可以相对准确地计量。目前，联合国政府间气候变化专门委员会（IPCC）负责对全球温室气体排放的监控，同时还有不少国际权威的研究机构也定期发布大气环境的碳排放数据。人类对于环境的监测已经比较成熟和完善，技术也相对可靠了。按照现行的国际碳市场的交易规则，碳减排额既可以通过现货交易即期交付，也可以通过期货合约在未来某天按照某个合约价格交付。不同产出日期的碳信用和排放额都能够被储存并用于未来某个时间完成减排要求，在这种交易规则下，市场参与者可以利用其控制市场波动和降低减排成本。这也就是说碳减排额像货币那样，具有可储存的功能。更为重要的是，国际碳交易市场经过多年的发展与完善，已经形成一整套的交易规则与价值体系。这是人类社会一笔弥足珍贵的共同财富，有望成为未来国际碳货币体系形成的基础。

5. 碳资产与国家竞争力

英国在 19 世纪成为煤炭开发与使用量最大的国家，美国在 20 世纪成为石油开发与使用量最大的国家。英国与美国分别成为了煤炭时代与石油时代的霸主。与此同时，煤炭对应英镑，石油对应美元则暗合了能源利用与国际货币之间的某种联系，进一步诠释了大国崛起与货币地位上升的演变之路。那么，在“后石油时代”，将会是什么情形呢？是顺其自然的那样，天然气对应卢布吗？历史会惊人的相似，但不会简单地重复。

尽管全球天然气市场的主导权掌握在俄罗斯手里，但主要结算货币依然是美元。如果这种状况一直没有改变，那么全球天然气市场的扩大只是意味着美元货币地位的加强，与卢布的关联度并不大。因此，卢布成为国际货币就面临着一道难以逾越的门槛。事实上，如果考察近代社会国际货币的发展史，情况看起来一目了然。国际货币的出现首先是从国际贸易开始的，某一国的货币要成为国际货币，往往是从计价货币和结算货币起步的。例如，在 19 世纪大英帝国的强权时期，英国大规模的煤炭出口交易基本上以英镑结算，这是英镑成为国际货币的重要促进因素之一。20 世纪石油美元的成长同样以美国大规模的石油出口与贸易为基础，北美墨西哥湾地区作为全球石油生产重要基地的荣耀在“二战”结束前夕更是发挥得淋漓尽致。

在 21 世纪的今天，人类社会已经发展到更高级的阶段，能源利用的多元化发展注定了以往单一品种的能源与货币对应的发展模式已经难以再现了。必须有新的与社会经济发展阶段相适应的模式来体现这种需要。煤炭、石油、天然气、核能、太阳能、风能等能源的利用方式尽管各有不同，但有一条脉络是相通的，那就是利用过程都存在不同程度的碳排放，最清洁的程度无非是零碳排放罢了。作为一种指标，碳排放将能源的多元化利用过程关联起来，同时也将各国的能源利用水平体现了出来。全球碳减排交易的兴起以及与之相关的清洁能源利用的巨大市场前景将成为助推国际货币多元化格局的契机。

由于欧盟的先入为主以及对全球碳交易市场的主导权，目前在全球碳交易市场，欧元是碳现货和碳衍生品场内交易的主要计价与结算货币。这正是欧盟长期致力于推动全球碳交易形成与实施所达到的结果，也是欧元与美元之争过程中所开辟的新战场。在未来货币格局演变过程中，与碳减排交易的绑定程度将成为国际货币形成过程中的重要条件，相应的竞争将会更激烈。如果说 1997 年《京都议定书》签署后全球碳交易市场还不温不火，那么 2005 年其正式生效后，整个市场交易则出现了爆炸式的增长。2006 年碳减排交易量达到 16 亿吨，2007 年更是上升七成，达到了 27 亿吨。市场总交易额达 400 亿欧元，2008 年达到了 600 亿欧元。经过多年的培育与发展，全球碳交易市场已日趋成熟，市场参与度和参与范围不断扩展、据世界银行的预测，全球碳交易在 2010～2012 年间，市场规模每年将增加 150 亿欧元左右，2012 年全球碳交易市场容量可达到 1300 亿欧元，有望超过石油市场成为国际第一大交易市场[①]。以发展的角度看，碳减排交易成为全球最大份额的商品品种的过程已势不可挡。尽管因金融危机爆发而对全球碳减排市场带来巨大冲击，并导致市场交易出现低迷，但大可不必感到困惑。如果我们把眼光放得更远一些，2012 年后的国际碳交易体系才更值得期待。金融危机的

---

① Karan Capoor, Philippe Ambrosi, World Bank: State and Trends of the Carbon Market 2007, May 2007.

爆发令美元的国际货币地位受到影响，不少经济学家已经开始预见美元的衰落。那么长期来看，如果美元地位衰落，哪种货币能成为国际本位货币呢？或许以碳资产作为标价物的碳货币就成为其中的选项之一，这将对打破单边的美元霸权，促使国际货币格局多元化产生影响。

如果说一个人的智力体现在其聪明程度上，那么一个国家的智力就可以用创新力来衡量。这里的创新力可以看作是一个国家在制度创新、经济方式创新、科技创新、文化创新等多方面的综合指标，可以相对确切地来衡量一个国家在全球社会的竞争力。但问题是，创新力是不可具象的综合体，属于比较抽象的范畴，不易于进行量化。那么，还有比这更直接、更具体的方式来体现预想的结果吗？笔者长期以来一直在思考这一问题。现在看起来似乎有些眉目了。通过衡量一个国家碳减排的能力，人们可以更直接、更具体地衡量国家间的竞争力，这可以看作是创新力评价体系的简化而又实用的版本。事实上，很多时候问题的分歧往往不在于评判过程，而出现在评判标准上。以众所周知的诺贝尔奖为例，其文学奖的的评选结果有时争议比较大。原因在于不同民族在文化价值观方面的多元化，很难说孰优孰劣，不易进行准确的对比与评判。而诺贝尔奖的自然科学奖项其成果一般都举世公认，争议比较小，这在于自然科学领域的成果相对容易量化与统一。

尽管在全球社会应对气候变暖的共同行动中，依然存在着分歧与争端。在笔者看来，这或许都不是问题的重要之处，重要之处在于《京都议定书》提供了一种评价体系。这一评价体系的施行搭配了一整套设计严密的制度规则与标准规范。在这一体系下，我们可以说，一个国家碳减排的能力越强，其国家竞争力就越强，最终累积的碳资产可能就越多，可支配的财富也就越多。换句话说，碳减排能力可以成为一种指标，在两个国家其他条件大致相当的竞争态势下，哪一个国家的碳减排能力更强，则更可能在竞争中胜出。不难看出，碳减排的能力大小在很大程度上反应了一个国家经济运行方式的先进程度。比如，单位GDP产出能耗低的国家意味着拥有更大的碳减排能力，自然也意味着更多的碳资产与更大的竞争力。碳资产与国家竞争力以某一种方式关联了起来。这才是问题的实质。

2006年以来，以英国为代表的欧盟国家向全世界推广低碳经济的理念，认为走低碳经济的道路是人类社会摆脱现实困境的重要途径之一。国际能源机构(IEA)声明：在能源供应方面，人类社会当前面临的挑战，其一是保障可靠的、廉价的能源供应，其二是实现向低碳、高效的能源供应体系的迅速转变[①]。事实上，这均要求一场来自能源领域的革命，能否成功解决这些问题，将决定人类未来社会的繁荣。在《京都议定书》及相关协约的推动下，各国强制或自发的碳减排活动持续升温，已然并将继续催生和推动一个庞大的碳交易市场。这是需要看到的大趋势。而且，即使碳货币短期内无法实现，由于碳交易市场结算货币的多元化趋向，这将使得美元独霸的传统国际货币体系得到一定程度地修正，多币种竞争的格局将会产生，相互之间的制衡将使得国际金融风险产生的机率大为减小。此外，低碳经济体系的构建意味着突破性的技术创新和制度创新。这将体现出各国的创新能力。人们在未来的经济增长要不断注入"低碳要素"，实现经济增长与碳排放的有效挂钩。如果说后石油时代人类社会面临着巨大的转型，那么低碳经济将成为人类社会发展和经济转型的重大契机，成为未来几十年的主要经济发展方向。

---

① IEA：World energy outlook 2008.

6. 碳排放领域的较量

自1992年《联合国气候变化框架公约》颁布以来，各国在有关碳排放领域的较量就没有停息过。这其中既有京都体系国家与非京都体系国家之间的较量，也有京都体系内各国的主导权及利益之争。美国为了本国的经济利益而拒绝加入京都体系，由此也将美国在国内外事务中的双重标准表现得再清晰不过。

曾经有一则揶揄美国布什政府的笑话。内容大意是布什总统率领一支庞大的白宫智囊队伍远赴夏威夷，召开一场主题为“全球变暖与温室气体减排”的会议。当秘书后来汇报说，为举办这场重要的大会，额外排放了二氧化碳1万吨之多，与会议主题精神背道而驰时。布什总统不假思索，大笔一挥加了两个字，将会议主题改为“全球变暖与别国温室气体减排”。引得秘书及智囊团众口称赞。这的确是一个冷幽默，当然，作为笑话我们不必当真。但我们需要当真的是，这则笑话将美国领导人的复杂心态入木三分地表露了出来：既不希望全球变暖，又想搭便车。其实不止是美国，别国的领导人难道就没有这样的心态吗？只不过表露的方式不同，或者迫于各种压力而不能表达罢了。美国的问题在于用行动明确无疑地表现了出来，因此才犯了全世界的众怒，小布什总统更是成为众目矢之、口诛笔伐的对象。

事实上，美国已经为自己的行为而受损了。美国在拒绝承担责任的同时，不但在道德领地上失分，而且将碳排放领域的主导权让渡给了欧盟。在后者的强力推动下，国际碳交易市场如火如荼，交易规模与影响力日趋壮大，这恐怕是当年执意退出《京都议定书》的美国布什政府的精英层所没有想到的。反过来，欧盟对美国的道德压力不断加码，作为主导者的欧盟也一直在促使游走于京都体系外的美国加入《京都议定书》。这种努力虽然在美国布什政府任上并没有起色，但在2009初美国政府正式换届后终于见到了曙光。因为美国新总统奥巴马无法做到像其前任小布什那样，面对全球的一片质疑声而表情轻松，过后依然无动于衷。奥巴马总统提出，美国今后将加入《京都议定书》。尽管奥巴马政府没有明确说明美国何时加入，但这种声明无疑是对前布什政府相关气候政策的大幅修正[①]。

在推动《京都议定书》出台与实施的过程中，表现最为积极的是欧盟与日本。原因很简单，欧盟与日本都具有先进的工业制造技术，单位GDP能耗均处于世界前列。由此，欧盟与日本的先进技术将使得它们在碳排放市场具备天然的优势。这为欧盟与日本的技术、设备向其他国家的输出创造了新的条件和市场。与欧盟为首的大多数发达国家所表现出的积极性不同，发展中国家则表现出某种顺势而为的态度。这与发达国家呈现出明显不合拍的态势。发展中国家坚持“搭便车”的立场，即发达国家减排，发展中国家享受减排的成果。这符合公平的原则。因为我们要厘清一个问题，那就是，今天大气中的二氧化碳不仅来自当天早上的烤面包，还来自100年前美国大街上跑的福特T型车。对石油累计消耗量的研究表明，1965年至2007年间，美国和经合组织成员国的消耗量分别是中国的6倍和15倍，是印度的15倍和35倍[②]。鉴于历史消耗已转化为经济实力和社会发展，这自然就存在一个统计的尺度和追溯的范围问题。如果被要求和发达国家处于同一起跑线，承担同样的减排义

---

① Daniel Whitten, “Obama Starts Climate Forum for Big Economies” NewsDaily website, March 28, 2009. “Obama Moves Ahead on Climate Change” The Metropolitan Corporate Counsel Online, March 31, 2009.

② 拉胡尔·通加:《能源危机:不应一味指责中印》英国《金融时报》,2008.11.10.

务，那么对于广大的发展中国家而言，《京都议定书》更像是一道无形的枷锁，将这些仍处于工业化进程中的国家置于一种尴尬的两难境地。如果不加入协约，则可能被孤立，排除在全球社会的主流意识之外；如果遵从相关的协约规则，客观上将影响到本国的工业化发展进程，而大多数发达国家早已经历过了这一过程，正步入后工业化社会。因此，在履行《京都议定书》相关协约的过程中，以中国为代表的发展中国家强调"共同但有区别的责任"，原因正在于此。

事实上，中国的上述要求得到了欧盟等发达国家一定程度上的认可，因为欧盟在不遗余力地推进各国的减排计划。但以美国为首的个别发达国家为了避免利益付出，使己方利益最大化，要求中国等发展中国家承担更大的减排责任。美国声称，《京都议定书》在签约与谈判时已经考虑到这些差异和不平衡性。条约为此设定了一定时间的过渡期。在过渡期内并没有给发展中国家设置减排任务，而只是由发达国家承担减排义务，而且发展中国家还可通过清洁发展机制（CDM）来实现自主减排，并向那些完不成减排任务的发达国家出售碳减排额而获得额外收益。因此，2012 年过渡期结束后，发展中国家理应承担更大的减排义务。美国的态度咄咄逼人，同时也得到了部分发达国家的附和。但问题是，这种看似公平的制度设计究竟是否真正体现出公平性？欧美发达国家的工业化进程经历了上百年的时间，其间温室气体排放量多到难以计数，也不可追溯了。而目前发达国家对发展中国家实行一定时间的碳减排宽限期，希望通过这种所谓的"让利"来实现以后在碳减排方面的一视同仁。美国所需要的这种制度设计其合理性究竟如何体现呢？至少从公平性上大打折扣了。

纷争远远没有停息。就在美国总统奥巴马刚提出要加入《京都议定书》后不久，美国能源部长朱棣文就抛出了"碳关税"的设想。他在 2009 年 3 月 17 日美国众议院召开的会议上宣称，如果其他国家没有实施温室气体强制减排措施，那么美国将征收碳关税，这将有助于公平竞争[①]。所谓碳关税，是指对高耗能的产品进口征收特别的二氧化碳排放关税。这个最早由法国前总统希拉克提出的概念，其本来的用意是希望欧盟国家针对未遵守《京都协定书》的国家课征商品进口税，以保护欧盟的利益；否则在欧盟碳排放交易机制运行后，欧盟国家所生产的商品将遭受不公平之竞争。但这个提出后没有了下文的设想却被美国借来并计划加以发扬光大。事实上，这是打着公平的旗号而制造新的国际贸易壁垒，即碳壁垒。例如，假若美国对中国征收碳关税，那么按照目前的碳排放计算办法，中国的大量产品将无法保持现有的对美价格优势。因为在碳壁垒的约束下，中国的廉价产品优势不再，无论中国生产的价格多么便宜，其需要额外为美国所认为的粗放化生产过程及高碳排放埋单。美国将以碳关税的形式，堂而皇之地将中国的财富纳入自己的国库。而中国的产品不仅利润进一步摊薄，而且还会背上一个污染大气环境的"恶名"。这无疑为美国的贸易保护主义穿上了一层华丽的外衣。而且，一旦美国实施"碳关税"征收，欧盟、日本等国势必要仿效，中国的对外出口市场可能会风声鹤唳，甚至一片萧条。欧美发达国家或许忘记了自己工业化发展的初始阶段，转而要求中国、印度等发展中国家一步到位地与欧美实行同步的环境政策，表面上是为了全球竞争的公平，实则扼住了发展中国家经济发展的咽喉。对于何时征税、征多少税这样的问题，一切都在美欧等西方国家的掌控之中，中国可以压低成本向全球销售产品，而他们有权决定中国该有多少财富。

中国当然不会支持碳关税，对于任何工业化进程中的生产大国而言，这都是致命的打击。可以想象，一旦美国征收碳关税，将引发

---

① Greg Farries，Energy Secretary Steven Chu：Using Carbon Tariffs as a Weapon the Politic，March 26，2009.

新一场贸易战，实际上也违反了世界贸易组织的相关规定。2009 年初，美国新政府上台伊始所推出的“买美国货、用美国人”的老式贸易保护主义备受各国谴责，这迫使美国政府重新调整策略。很快，奥巴马政府用环保和清洁能源的新衣，重新妆扮了贸易保护主义的猛兽，碳关税的提出就是明证。奥巴马唱着能源环保的高雅调子，却要行贸易保护之实。从利益指向上看，美国的做法并非全是益处。作为二氧化碳排放量位居世界第一的国家，美国所面对的处境并不见得十分乐观。如果说中国是制造领域碳排放最多的国家，那么美国在消费领域排出的二氧化碳量其他国家难以项背。美国实施碳关税在遏制中国经济发展的同时，将使美国消费者负担加重，最终会损害到美国的经济。而且在传统制造领域，美国并不比欧盟和日本有更大的技术优势。最后的赢家并不一定是美国，很可能是欧盟或日本。其实无论谁笑到最后，这些都不是最主要的，重要的是胜出者应承担与之地位相匹配的责任。由于《京都议定书》有效期至 2012 年结束，因此，探讨“后京都时代”的全球温室气体减排格局将是当前最重要的议题。新一轮的气候问题多边会谈计划于 2009 年底在丹麦首都哥本哈根举行，会议有望签署新的温室气体减排协议。这一协议的意义将极为重大，这也许是我们在时机尚允的时候改变气候变化趋势的最后一次机会。人们所普遍希望的是，美国将全面加入到这一体系中来，并且承担更大的责任。在 2007 年召开的联合国巴厘岛气候会议上，曾经与美国一道并肩作战，拒绝承担温室气体减排责任的澳大利亚，终于弃美国而去，宣布加入《京都议定书》。至此，美国几乎已经没有伙伴了，成为了孤独的“钉子户”。由此看来，全球社会的压力必然会使美国政府转向，美国“归队”只是时间问题。作为全球社会一致的行动，美国的加入将使得气候减排行动真正实现全球范围上的约束力。这是碳排放领域的较量所展现出来的最好结果。

从全球社会发展的角度看，碳排放领域的较量却暗含了进步意义。全球资源得以有机会向更有效、更绿色的地方流动，这有利于全球社会摆脱旧有的不可持续的发展模式，向更合理的层面转型。或许这就是气候危机带来全人类最大的警示和财富。

第十章 新兴的产业与机会

自19世纪工业革命开始后，科学技术就像脱缰的野马，甩开人类文明的其他构成部分而自顾自地一路飞奔。现在的科技水平较之数百年前已经历了巨大的飞跃，而整个社会所遵循的道德和哲学体系却少有变革，甚至很多方面一如从前。人类从煤炭和石油中获得了不可思议的能量，这成为工业革命得以持续进行的不竭动力。人类改造自然的能力逐步提升，对自然的破坏能力同样也在不断加码。这正是我们现在审视并不断改进这种发展模式的原因。在人类社会的能源更替过程中，能源利用方式日渐多元化，这使得未来全球能源问题的解决显然不再凭借于某种单一方案，能源供应的多元化将成为长久的趋势。当某一种替代能源作为主导能源，支撑社会文明的根基稳定时，其实给予了各种非主导能源及能源利用新技术广阔的发展空间。而且它们很多时候是互相耦合，难以清晰划分领域所属的，解决其中的某一项相当于同时解决着其他方面的问题。遵循着新能源开发、能源高效与节约利用、温室气体减排这几方面的主线，新兴的产业与机会将呈现在面前。

1. 新能源开发的财富效应

论及美国石油大王洛克菲勒，人们不仅对他一手缔造的石油帝国耳熟能详，更对他的石油财富故事津津乐道。洛克菲勒掌控的标准石油公司曾是当时美国最赚钱的公司之一。洛克菲勒之所以能获取更多的财富，因为他开发的不是煤炭，而是石油。新能源财富使得洛克菲勒本人成为世界上最富有的人。按今天可比价值计算，洛克菲勒拥有超过2000亿美元的财富，其世界首富的名号当之无愧。对比美国微软公司创始人比尔·盖茨，这位雄踞世界首富宝座十几年之久的超级富豪其财富总计约580亿美元，其仅为洛克菲勒的三分之一左右。当然，洛克菲勒的财富时代已经远去了，人们也倾向于以更超脱的眼光看待财富，作为世界首富的盖茨更是开一时之先河。他功成身退，580亿美元巨额财富将悉数投入到慈善与公益事业中。人们在敬佩之余，或许不免思考一个问题。继盖茨之后，世界新首富将是谁？他在哪里呢？事实上，人们需要的不单单是财富数字上的超越，更要求对全球社会经济发展的贡献度上，其能与比尔盖茨相提并论。因为微软除了让盖茨累积了天文数字般的财富，更在推动社会生活变革与生产力发展方面做出了举世瞩目的贡献。

1995年，比尔·盖茨推出了生平的第一本书《拥抱未来》。盖茨在书中畅言，与其说21世纪要掌握信息，倒不如说要掌握趋势，而掌握了趋势也就掌握了全球的未来①。按照这一思路，未来的世界首

① Bill·Gates,《The Road Ahead》, Viking Press ,November 1995.

富一定会出现在契合社会发展趋势的行业中。如果能掌握未来社会发展的大趋势，那么也就如同阿里巴巴得到了打开财富之门的咒语一般。未来世界新首富的诞生，资金已不是关键因素，观念才是最为重要的。只有对未来世界趋势具有掌控力的人或许才能抓住大机遇，这需要先知先觉，而不仅仅是一种潮流和风尚。依这种观点判断，传统行业产生世界首富的可能性已经越来越小，因为它缺乏迅速主导全球经济的席卷性的力量，而互联网、生物基因、新能源等新兴行业才具备这样的潜力，有望成为孕育超级富豪的肥沃土壤，一批新经济的领军人物由此被推向了前台，中国最大的太阳能电力公司——无锡尚德的董事长施正荣就是其中的候选者。正如通用电气副总裁波尔森在接受韩国《朝鲜日报》采访所宣称的那样，10年后超过比尔·盖茨的全球首富有可能就是中国企业家施正荣[①]。理由主要有两点：新兴产业＋新兴经济体。这被看作是施正荣有望成为下一代世界首富的重要平台。

施正荣所从事的新能源行业符合全球社会发展的潮流，其对人类社会的影响力足可比肩于信息产业。另外，施正荣以中国这一全球最大的新兴经济体为依托，从而获取了无限施展的空间，成为象征世界财富两个大趋势的人物。全球范围内调整能源结构，改善人类生存环境的迫切要求，都赋予了新能源在能源变革进程中的历史地位；各国政府的新能源政策、新能源利用成本的降低揭示了新能源发展的广阔空间。尽管像中国绝大多数太阳能电池生产企业一样，尚德电力目前的市场主要在中国以外，但是随着中国能源短缺问题的日益凸显，中国对于新能源的需求也必然潜力巨大。作为国内销售规模最大的太阳能电池生产企业，2007年底尚德电力已进入世界光伏企业前三强。同时，施正荣着力打造的完整的产业链正付

---

① Next Bill come from green power industry, Korean Daily. 10. July. 2008.

诸实施，按照尚德公司的未来规划，到2012年尚德电力将形成硅材料、硅基电池、硅薄膜电池、光伏组件和发电系统及光伏建筑一体化的完整产业链，销售收入有望突破1000亿元人民币。现今，全球太阳能发电仅占总的电力供应的0.5%，未来的发展空间相当广阔。如果占到10%的份额，将会创造1万亿美元以上的财富。施正荣博士秉信“环保就是最大的慈善”这一理念。植根于太阳能这样一个绿色产业中，施正荣财富的积累恰好是建立在全球绿色能源利用和普及的基础之上。在个人财富积累的同时，推动社会向更高层次发展。在个人影响力的创造模式上，这与比尔·盖茨可相媲美。事实上，尚德公司只是全球众多如火如荼、迅猛发展的新能源企业中的一分子，有关风能、生物能及氢能等新能源开发与利用方面的公司同样如雨后春笋般在全球开花，实现着令人吃惊的高速发展。在一些保守人士眼中，这种超快的发展有过热之虞。甚至他们拿今日的新能源热潮与昨日的网络泡沫相比较。当然，保持一定的谨慎无可非厚。但问题已不可同日而语了，如果仅仅拿两者作简单的类比，恐怕是不那么恰当的。事实上，新能源与互联网的发展基础不同的。我们可以依赖网络实现数字化生存，当然也可以摒弃网络回归现实社会，人类几千年都是这么过来的。但我们无法实现无碳化生存，换句话说，我们不能不依赖于能源而存在。这是新能源开发利用的最大基础。与互联网经济不同，发展新能源本身即是一项技术革命，同时又是对传统经济的一种承接与升级，并且也承载着巨大的国家战略利益。在现实性方面和前瞻性方面均有着刚性的需求，这是新能源行业发展的持久动力。

回顾历史，每一次技术革命在推动人类工业和社会巨大的进步的同时，都会同时产生出众多的巨型企业。在这一场新的能源革命中，将会诞生哪些巨人呢？这将是大浪淘沙始见金的过程。新能源分属的每一个子行业里均有出现巨人的可能。从社会发展的角度看，新能源行业产生全球首富并不令人感到意外，出现在中国更是令人期待。遵循这一思路，人们还可以梳理出更多的代表人物。新疆金风科技公司的武钢，深圳比亚迪公司的王传福都被认为是未来全球首富的热门人选。他们所分别从事的风电行业、新能源汽车行业均属于时下热门的朝阳产业。再或者，上述这些人都是貌似的候选者，未来全球首富的宝座最终会让位于一个名不见经传，默默无闻的新人。他或许从事生物制氢业，或许从事可燃冰开采业，还可能从事一种更新的能源技术产业，只不过我们现在还无法准确预知而已。不过有一点需要明确，人们推崇的财富是阳光财富，而不是畸形的财富。一个健康的社会形态会助长这种阳光财富的普照，而不是抑制这一趋势。这既是整个社会的福音，也是新能源财富带给社会发展的最大启示。

2. 触手可及的新机会

作为最重要的石油替代能源，可燃冰资源的开发将成为今后最重要的能源产业之一。最先受益的将是可燃冰开发过程中的服务型公司，如进行资源勘测、开采保障、安全与环境评价等业务的专业公司。而与之相关的可燃冰储运，二氧化碳封存等新技术所带来的机会已然触手可及。

在天然气输送领域，可燃冰输送方式的机遇已初露端倪。利用可燃冰高储气量的特点，运输天然气时可降低运营费用。同时，可燃冰方式比压缩天然气、液化天然气等运输方式的压力要求低，从而增加了系统的安全性与可靠性。另外，利用可燃冰输送方式储运天然气可发挥其灵活、经济的优势。世界上有众多零散的、产气量不大的中小型气田，在传统的输送条件下，这些气田由于利用方面的经济性不佳，基本上处于闲置的状态。利用新技术可以实现这类气田的经济性开发，有效利用现有的闲置资源。部分地区也可考虑利用内河航运的方式将中小气田天然气输送给国内用户。可燃冰输运方式除了向中小城市的大量分散用户输送天然气以外，还可作为 LNG 输送方式的补充，实现二者的优势互补，提高经济效益。可燃冰船运业将应运而生，在近海及内河航运方面发挥天然气输送上的中坚作用。

通过可燃冰输送天然气时，一般将天然气固化加工成可燃冰小球，这样可以有效利用可燃冰分解时的“自保护效应”，提高去稳定性，从而大大地降低运营成本。所谓自保护效应，也可看作是“刹车效应”，简单来说即一种体系在外围环境变化时所形成的反作用效应。可燃冰分解过程中在外表面会形成一层冰膜，由于这种冰膜导热性差，因而抑制了传热的顺畅进行，客观上起到了阻止可燃冰继续分解的作用。尤其是比较规则的可燃冰小球，其分解过程中形成的冰膜相对更厚，更封闭，对提高可燃冰的稳定性具有独特的作用[①]。由于可燃冰小球只是作为天然气输送的媒介，故要求可燃冰输送船具备尽可能大的运输量。输运中可将可燃冰其加工成不同粒径的小球一起混装，尽可能地减小球体间的空隙体积，从而有效利用输送船船舱的容积。此外，由于可燃冰输送船承载的是固体形式的天然气，因此它与目前常用的船以及普通的固体冷冻物混仓船有较大差别，对其安全性标准要求更高。可燃冰输送船在设计思路和运营方式上最好要兼顾 LNG 船高安全性和混仓船低成本两方面的优势。从而提高经济性及竞争力。

日本三井造船公司是可燃冰输送船方面的开拓者和领跑者。

---

① Subbotin. O. S, Belosludov. V. R, Modeling the Self-Preservation Effect in Gas Hydrate/Ice Systems Materials Transactions ，2007，48 (8) ：2114～2118.

三井公司从事天然气固态运输技术已有多年，其开发了一种制造可燃冰球的新工艺，可以加工直径约5～100毫米的可燃冰细粒。在这种条件下，可燃冰能在零下10摄氏度的常温条件下储存运输，最大的运输距离可达3500公里。极大地提升了天然气运送时的经济性和安全性。可燃冰输送方式适宜于中短距离的场合。由于LNG船运载量大、船速快，因此，对于从大型气田远距离输送天然气，LNG输运方式是有利的，即输气量和输送距离的乘积越大，LNG输运方式就越有利；若输气量不大，利用LNG船输送天然气的经济性将不佳，这时，可燃冰输送方式就有了用武之地。一般来说，年输气量在40万吨，输送距离在3000海里以内，可燃冰输送船相比LNG船有明显的优势。之所以存在3000海里的分界线，主要还是与可燃冰分解的自保护效应有关。在3000海里以内，由于可以利用水合物分解的自保护效应这一特点，维持可燃冰稳定的费用很低，因此，可燃冰船的输送费用比液化气船低，有明显的经济优势。当输送距离超过3000海里时，自保护效应将失效，这时需要维持可燃冰处于稳定状态的费用将大幅增加，输送成本自然也将大幅提升。随着技术的进步，可燃冰输送方式完全可以与其他已确认的天然气运送技术相竞争，并且在今后的天然气运输市场上占有一席之地。

二氧化碳封存将是另外一项大产业。目前，人类活动所导致的温室气体排放日均约为1亿吨，每年总计有350亿吨之多。主要组成气体是二氧化碳，其中约有40％来自发电厂，30％来自运输行业，20％来自水泥、钢铁等大工厂。把这些场合产生的二氧化碳捕集并封存起来，这被认为是减少二氧化碳排放的有效途径，应用前景十分广阔。因此，这一方案被认为是比减少能耗、更大规模地运用可再生能源等更有效的一项气候变暖应对措施。并且很有可能不久就得到普及。

以发电厂为例，全球有将近万家的发电厂可采用碳捕集技术。

这一技术的思路就是在源头捕获二氧化碳，即在燃烧化石燃料(煤、石油与天然气)的工厂将二氧化碳经大烟囱排放之前，或者在天然气生产过程中，就将二氧化碳从酸性天然气中分离出来时，对二氧化碳进行捕获。一旦捕获，就通过管线或船将其输送到封存地，通过将其压缩到超临界状态注入到地下深处(这时二氧化碳成为固体)，或者与水结合形成二氧化碳水合物(这时二氧化碳成为固体)封存于海底。对于海底封存而言，关键之处就是寻找一个永久性的海底沉积盆地，地质环境不仅要合适，而且水深也要超过800米，这样才能达到封存的目的。不过，这些并不十分困难。人们对枯竭油气田的地质情况往往已经有所掌握，并且积累了大量的资料和施工图纸。海底充满盐水的砂岩或灰岩所构成的含水层为二氧化碳封存提供了足够的空间，乐观估计可封存二氧化碳达到10万亿吨。即使按照20%的封存效率，也将达到2万亿吨，可抵消全球50年以上的二氧化碳排放量。根据联合国政府间气候变化委员会(IPCC)的调查，该项技术如果能够规模化应用，将能使全球二氧化碳的排放量减少30%，这将对气候变化产生积极而深远的影响①。

挪威国家石油公司在此方面走在前列，从上世纪末开始，该公司就在北海的挪威斯普林特气田对生产的天然气进行二氧化碳分离，并且每年将上百万吨分离出来的二氧化碳注入到海底，在北冰洋附近的巴伦支海，挪威国家石油公司在斯诺沃特气田同样实现了分离二氧化碳并加以封存。斯普林特海上钻井是全球第一个实现二氧化碳捕获及深海储存的项目，每年储存量达100万吨，运行13年来未发现泄漏和其他对环境的负面影响，得到全球一致认可。

无独有偶，法国道达尔石油公司同样关注这项技术，并且一直

---

① Metz, B. O. Davidson, H. C. (IPCC): Special Report on Carbon Dioxide Capture and Storage. Cambridge University Press, Cambridge, United Kingdom and New York, NY, USA, 442 pp.

以来投入了大量资金进行研发,力图实现商业化运作。道达尔公司运营管理的生产设施每年产出近 6000 万吨二氧化碳,二氧化碳捕集和封存技术的进步不仅会使公司本身受益匪浅。而且可以作为新的产业拓展方向。道达尔公司希望向其他各国推销这项技术,以帮助这些国家履行二氧化碳减排义务。道达尔与印尼政府曾签订了一项未来合作协议,将为印尼一些石油公司的二氧化碳封存项目提供技术支持。迄今为止,欧盟已经建成了十多个二氧化碳封存示范性项目,并且希望早日实现该技术的商业化,进而推及到全世界。

欧盟社会之所以热衷于研究开发碳封存技术,主要基于一种浅显的理念。几百年来,人类社会从地层中开采出来了极其庞大的化石能源,获取了维持社会发展所需的源源不断的动力。在上百年来陶醉于对自然的驾驭力持续扩张之后,人们才猛然意识到大自然用气候变暖这一"定时炸弹"报复着我们。我们打开了潘多拉的盒子,那么现在就要求快一些把"盒子"合上。我们在反思着过去那些鱼目混杂的所谓革命性技术,结果是我们要将化石能源中的有价值的那部分截留下来了,而将二氧化碳等这种多余的衍生物还回地层中去,这带来思维意识上的更新。但问题是过去的世纪里人类已经制造了太多的二氧化碳,所以现在就需要不遗余力地补偿过失,封存二氧化碳的基本逻辑正在于此。

封存二氧化碳的现时意义并不在于能为缓解气候变暖而做多大贡献,而是在于传递一种理念,即人类应该对自己曾经失范的行为而主动埋单。欧盟高举责任与义务的标尺,不仅在构筑现时的道德高地,更在拓展未来的商业领地。

3. 能源变革无处不在

我们正处在一个日新月异的时代，变革可谓无处不在。能源变革通常起着奠基性的作用，并且会传导到社会的方方面面。汽车工业的变革就是一个小小的缩影。尽管产业界对新能源汽车的最终走向还存在很大分歧，但普遍的共识是，汽车动力方面已到了亟需变革的时候。摆在全球汽车设计师面前的就好比一道多项选择题，替代燃料车、电动车、气动车、燃料电池车等均是备选答案。人们还无法准确地判断究竟哪一种替代方案会成为最大的赢家，关键在于哪种方案能最先实现产业化，这其间存在着大多的不可预知因素。

2008 年下半年，股神巴菲特所掌控的伯克希尔·哈撒韦公司入驻了一家叫作比亚迪的中国汽车企业。比亚迪公司以蓄电池制造见长，进入汽车产业看来是将自身优势与汽车新动力结合起来的顺势之举。巴菲特的行动无疑将电动车产业推向了资本市场的前台，与蓄电池相关的产业俨然在全球范围也炙手可热起来。电动车也被许多人认为是新能源汽车的最佳替代方案，资本市场再一次张扬着技术风向的旗帜。尽管电动车融合了能源电子、化工材料等诸多高新技术。但从本质上来说，电动车技术并不新，30 年前，蓄电池电动车已经被设计并了制造出来，之所以一直没有发展起来，主要原因还是在于竞争力不强，既有技术上的缺陷，主要表现在一、速度较慢。二、电池续驶里程不足；更有经济成本上的问题，如售价偏高，比价优势不明显。经过几十年的发展，蓄电池技术取得了长足进步，电动车产业有了大规模开发的基础，产业化前景日趋凸显。事实上，电动车更容易在公交汽车市场率先扩大领地。原因在于公交车停站较多，不需要高速行驶，而且充电相对方便，一个行程到达总站后，可更换上充好电的电池，换下的电池继续充电，以给下一辆车备用，很好地解决了电动车续驶里程不足的难题。这也是电动车目前最大的潜在市场。

在产业推广方面，气动车与电动车几乎是殊途同归，目前也已步入商业化的初步阶段。以法国 e. Volution 公司生产的气动车为例，该车型的最高时速可达 200 公里/小时，充气一次最大可行使 700 公里，行驶成本仅有传统汽车的 40%，尾气排放比传统的车型小得多，大约为汽油发动机的 20%。尽管气动车的碳排放量与纯电动车相差无几，但成本却比电动车小很多，原因在于气动车不像电动车那样，每隔五年就可能要更换一次昂贵的动力电池组，而且性能上比电动车更稳定。从这个角度上说，气动车将是电动车的强有力竞争者。

就目前的各种新能源车型的替代方案而言，真可谓五花八门，让人眼花缭乱，汽车产业界似乎从没有停止过争论。但对于未来新能源车的走向，业界的意见却基本上一致，主流观点都认为氢燃料车代表着未来的发展方向，与之相随的变革将会是颠覆性的。随着汽车生产制造技术发生巨大变化，汽车零部件产业的格局也将迎来大变革。电动车、燃料电池车的发展将使传统汽车的许多部件成为多余，就像化油器的消失一样，很多汽车零部件也将从氢燃料电池汽车上消失。一些汽车零部件企业将会消亡，被产业所遗弃。如果这些企业不紧跟产业升级的步伐，不进行产品结构的调整，那么它们面临的命运也就不言而喻了，很有可能被新能源汽车的变革浪潮所淹没。

如果说新能源汽车还属于比较大型的新动力设备，那么建立在能源高效利用基础上的能源微系统技术更像是迷你型的动力设备。小型锂电池动力系统、微型燃料电池动力系统等多种微能源利用设备，无论是在民用领域还是军用领域将有极大的发展空间。比如微型燃料电池动力可应用于超小型动力设备或飞行器领域，用于制造无人勘测车、无人侦察器等微型探测设备，从而通过非常渠道获取有价值的信息或情报，这在商业领域或军事领域价值尤为显现。而且这些微型动力设备制造技术将会与纳米技术相融合，用微型齿轮和电机组成一个蚂蚁大小的人造爬虫已不是什么难事。日本丰田公司已经成功组装了一辆如米粒大小，但却运动自如的汽车。而且一些可飞行的电子昆虫也已被研制出来。假如今后某个时候看到一只嗡嗡飞的苍蝇，体型硕大，行为蹊跷。那么，我们真的要留心这只苍蝇是不是一只人造苍蝇了，完全不排除这样的可能。

2009 年 6 月中旬，全球各大媒体纷纷为一件小得不能再小的“大事”而兴趣盎然、颇费笔墨。原因在于美国总统奥巴马亲自对付了一个登门造访的不速之客，一只“不守规矩”到处乱飞的苍蝇。这只苍蝇没有听从总统的命令而离开，而是继续我行我素，肆意冲撞。当然，它最后领教了不听总统命令的严重后果，被抓住并捏死了。还好，奥巴马总统打死的苍蝇没什么特别之处，只是一只普通的苍蝇。既不是人造的间谍昆虫，也不是“大规模杀伤性武器”。否则，白宫安保部门的领导估计要换人了。

在一般人看来，苍蝇不过是一个普通“过客”，但今后它可能就是一个间谍。这绝非奇思乱想或危言耸听，而是以后有可能遇到的活生生的现实。当下次有苍蝇或飞蛾降落在你家窗台上时，它们或许正在监听你的谈话。以色列科学家已经研制出了这种电子苍蝇，并且正考虑制造更多的昆虫和小动物作为最新式的间谍工具。当甲壳虫、飞蛾、蜻蜓等仿真小动物的身上安装了电子窃听装置后，它们就成了最隐蔽的“间谍”，在意想不到的场合执行监测任务，想起来这些都不由得令人咋舌。

除此之外，一些缩微飞行设备也被开发出来。挪威普罗克斯动力公司已研制出了全球最小的间谍直升机。其外形与普通烟盒一般大小,依靠燃料电池提供动力,平均时速达到32公里,能够进行加速和减速飞行,还可以在空中盘旋。这种直升机可携带微型数码视听设备,用于特定条件下的间谍侦查活动。而且该直升机也可以在未来战争中派上大用场,它可以轻易被装进口袋,紧急情况下几秒钟内就能升空,可以神不知鬼不觉地潜入敌方阵营或被占领的建筑物进行探查。除了充当间谍工具,这些缩微动力设备还可以跟踪疑犯,引导导弹精确打击目标,还可以在倒塌的废墟中寻找生还者,进行人体体内定向施药或医疗等,应用领域可不断扩展。

之所以这些微型设备可以神出鬼没,强劲的动力是主要原因。一直以来,从机械鸟到电子昆虫,研究人员一直在殚精竭虑地进行研制,但问题是得到它们并非体积等比例缩小那么简单,这需要跨越巨大的技术障碍,能量供给就是最大的现实难题。现在,微型燃料电池系统的应用使得这一问题迎刃而解,微型飞行器的制造因此有了质的飞跃。当然,这些人造仿生昆虫也有风险存在,比如,它们或许会被飞鸟吃掉,也可能被蜘蛛网缠住,再或者被一阵大风掀翻在地,但这些因素往往都是偶然性的,并不起决定作用,多数情况下这些微型飞行器适用性还是相当强。

如果说微型能源系统使得传统的动力设备摆脱了旧有缺陷的桎梏,那么在电力供应领域,微型能源系统带来的影响将更巨大,它可能引发一场全新的变革,自产式电力供应系统将有了用武之地。家庭微型电网今后将会大行其道,这使得家庭用电将不再单纯依赖电力公司的集中供电;当城市停电时,拥有这样微型电网的人们仍然能够照常享用便捷的电力。家庭微型电网的电力来源可依靠燃料电池,也可以是太阳能或风能,这种情况下我们无需每月再去缴纳电费了。如果不方面安装太阳能电池板或者风力发电机,那我们就使用燃料电池,3千瓦功率左右的电池就足够了。就向现在给汽车加油一样，我们只需要定期购买一定量的天然气或氢气作为电池的燃料即可，从而满足一个家庭的日常用电所需。当然，这种系统还可以扩展到一个住宅单位或者整个一栋楼，只需配备更大容量的燃料电池就可以了，这就是一些能源专家所推崇的分布式能源系统的模式之一。与常规的集中供电系统相比，分布式能源系统具有多种优势：没有或很少量的输配电损耗；无需建设变电站和配电站，可避免或延缓增加输配电成本；各电站相互独立，用户可自行控制，不会发生大规模供电事故，供电的可靠性高；可进行遥控和监测区域电力质量和性能；非常适合对城市商业区及居民区提供电力。也可为提高能源利用率、改善安全性与解决环境污染方面做出贡献。

事实上，未来更多的机会不一定在大型集中式能源供应系统方面，而在于小型、灵活的能源供应领域。对于农村地区而言，小型秸秆发电系统就体现了这种分布式能源供应的理念。如果你某天看到一些农村青年没有像以往那样下地耕作，而是去了村里的发电厂，你也无须感到奇怪。他们工作的地方就是本村的发电厂，不少村民会运来秸秆交给发电厂，不仅可换来钞票，而且得到由秸秆燃烧的灰分所制成的肥料。这或许就是未来的农村小型秸秆电厂的普通场景。这种场景可以出现在中国，也可以出现在印度、泰国、尼日利亚等许多国家的农村地区。这种小型秸秆电厂一般装机容量在3000千瓦以下。当然，发电的燃料不一定都是秸秆，也可以包括谷壳、稻草、木材等其他生物质资源，但农业废弃物绝大多数还是以秸秆资源为主。秸秆电厂之所以容量要小，不仅体现在分布式供应的能源理念上，更受到农村现实状况所限。以中国普通乡村为例。要建立一座秸秆发电厂，原料的充足供应是首要问题。一座大型秸秆发电系统一般年需生物燃料几十万吨之多。中国农村人多地少、自然村相对分散的特点决定了很难在几个自然村的小范围内收集到足够的秸秆燃料，除非扩大收集半径。这样又涉及到秸秆的收集、分选、储运、防腐等诸多问题，燃料收购成本会急剧上升。另外，大型秸秆电厂的初投资高，运营风险大等问题也制约其在农村实现规模化应用。而上述的问题小型秸秆电厂就不存在。总投资低、发电成本低的特点保证了农户可以接受的优势电价。秸秆用量上，小型秸秆电厂年需求一般不超过2万吨，电厂周边的几个自然村的农田秸秆产量就可以满足需要，完全可以就近、廉价、稳定的获取秸秆资源。小型秸秆电厂将农村大量废弃的秸秆资源利用起来，对于减少农村环境污染，提升能源供应水平有显著的意义。因此，农村小型秸秆电厂的开发其实就是一种变废为宝的能源利用手段。

与分布式能源系统相对应的就是电网的智能化发展趋势，论起"智能"，不少人立刻会联想到很多令人眼花缭乱的新鲜科技。然而比起其他方面的智能化，电网的智能化无疑是力度最大，阻力也最大的变革领域，带给人们的实惠自然也大。智能电网最具变革性的不是那些花里胡哨的技术噱头，而是一种理念，一种将互联网的运行模式贯彻到电网上的理念。这个十几前还颇为遥远的梦想，转眼间就被置于聚光灯下，很可能不久就照进普通人的生活。

简单来说，智能电网就是通过感应器件把各种设备、资产连接到一起，形成一个客户服务总线，从而对信息进行整合分析，以此来降低成本，提高有效率，提高整个电网的可靠性，使运行和管理达到最优化。从这个角度上说，智能电网的管理模式必然是分布式的，也就是互联网模式。即所有区域、所有类别的电能都能随时上传到同在一张网上，如将太阳能、风能等各种能量产生的电力都输到同一张电网上；而且在任何地区无差别地获取，这不但能匹配生产需求，也能解决电力供应安全问题，智能的含义正在于此。

早在上世纪90年代，智能电网的倡导者就为我们描绘了智能电网供电下的便捷生活：电价不再是一成不变，它会根据一天中不同时段来自动定价，比如晚上用电高峰期，电价自动上扬，聪明的用户会将一些费电多的活计调整到下午或早上，那时候的电价比晚上便宜的多；以前只是电力系统读取用户的电表，现在用户也可看到整个城市的用电情况，从而为自己的用电进行规划；电网停电时也不必太担心了，因为智能电网可以在最短的时间内实现自动恢复，在公用事业人员修理之前，保证供电的连续性。

其实，智能电网与传统电网在管理上的区别类似于经济管理上的市场手段与计划手段。传统电网的电力资源不一定会被合理地配置，会造成能源的巨大损失或浪费，而智能电网会基本杜绝此类的现象：它会把暂时不用的电卖给其他需要电力的人。供或需，都由电力资源市场决定，用技术的智能化实现电力行业的市场化，带来电力资源更加合理和有效的配置。

互联网带给人们生活的变革有目共睹。相比于互联网，电网是更大的一张网，这张网的技术半个世纪以来都没有发生显著改变。新能源电力的开发对传统电网提出了更新的要求，这成为电网向智能化方面升级的契机。而且，这种升级已不限于能源领域，它将融合电讯产业，信息产业以及其他相关产业的种种新技术，从而带来更为深远的影响，无论是发展理念上，还是在商业机会上。IBM、Google 等一批全球的行业龙头公司在智能电网时代全面到来之前未雨绸缪，深入布局也就不难理解了。因为，谁抓住了这场技术升级，谁就拥有了未来更为广阔的发展空间。

能源利用上的多元化是一种长久的趋势，上述的新能源汽车、微动力装置、分布式能源系统、秸秆发电以及智能电网分别是围绕能源利用新技术、能源利用新方式、能源利用新效率三方面的思路而展开的。我们只能列举其中的一种或几种，由于认识上的偏颇，难免挂一漏万。事实上，谁也无法穷尽所有可能的选项，而且有些新技术的出现带有偶然性，在出现之前往往无法预测。言及至此，我们只是想说明一点，能源领域的变革的确无处不在。

4. 新能源的“蓝长平二”

有关能源领域的变革不只是技术上的变革，更是理念上的变革。对于那些关心能源开发与社会未来的庞大群体而言，无论是专注于传统能源领域，还是新能源领域；无论是投资于实体领域、还是非实体领域，有关石油以及替代石油的话题总是令人兴趣盎然，即使这种关心只是单纯的关注而已。就像一位叫蓝长平二的“日本人”也能和这些挂上钩一样，确切地说，蓝长平二不是日本人，它是四个理念：蓝海战略、长尾理论、世界是平的、Web2.0。把它们合并在一起，既不全是它们都很时髦，也不全因它们都是畅销书的名字，而是它们分别契合了新能源开发的理念。

《蓝海战略》倡导突破传统的血腥竞争所形成的“红海”，拓展新的非竞争性的空间①，也就是所谓的“蓝海”。回到能源的主题，新能源其实就是能源领域的“蓝海”，相比于煤炭王国的肮脏、石油世界的血腥，可燃冰等新能源领域还是一片尚未开拓的蓝海，呈现在人们面前的是一种先入为主的态势。哪个企业、哪个国家率先突入这片蓝海，不仅会赢得后续发展的先机，而且会赢得比这片海更广阔、更蔚蓝的天空。

《长尾理论》是对传统的“二八定律”的挑战，强调注重那些看似小不点，但规模上庞大的80%对象，因为这些“小不点”集合在一起的结果同样是巨人②。就能源领域而言，传统的能源巨头们是“二”，它们在能源体系中的地位举足轻重。而那些弱小的、但数量庞大的

---

① [韩]W·钱·金，[美]莫博涅著：《蓝海战略》，商务印书馆，2005年5月版。

② [美]克里斯·安德著：《长尾理论》，中信出版社，2006年12月版。

新能源企业就是“八”。以发展的眼光看，这些新兴的小企业不仅聚集在一起是巨人，而且未来有很多可以独立成长为巨人。谁能肯定能源巨头的帽子就永远会戴在埃克森、壳牌这些石油巨无霸的头上？没准有朝一日，中国的Sunteck、印度的Suzlon，或者比它们还小的新能源公司就会成为能源商业的主导者。就能源领域的长期投资与收益而言，选择一家有潜力的新能源公司，或者持有一支有前景的新能源股票，抓住这些“小不点”有时会比围着那些“能源大象”更有效。

《世界是平的》就像是全球化的宣言[①]。一如哥伦布对“世界是平的”这种错误观念的颠覆一样，它颠覆的是“世界是圆的”的地理概念。否定之否定，人们就这样距离真实世界更近了一步。对应于这个正在变平的世界，互助与协作比任何时候都更符合潮流。在替代能源开发领域，人们需要的更多是合作，而不是掣肘；是整合，而不是分割。实际上，石油世界的封闭是情有可原的。石油毕竟是不可再生的，面对越来越少的石油资源，各国之间的割据、争夺是必然的，这也正是我们所看到的常态。不过，就可燃冰、太阳能而言，这类能源从资源量讲足够人类利用数百年乃至上千年，基本上已不存在资源枯竭的隐忧。唯一需要攻克的就是技术利用难题，由此看来，集人类共同的智慧，真正进行一场跨国的合作攻关或许不失为一条捷径。不过，在这个能源贸易越来越紧密、能源流动越来越频繁的世界里，能源新技术能像人们所希望的那样顺畅地流动吗？尽管世界越来越平，或许还是没有达到如人们所愿的那么平坦吧。

Web2.0与其说是理念，不如说是分界线。它将传统与非传统、老一代与新生代网隔开，打上分属于各自的印记，版本可以是2.0版，也可以比2.0更高级。不过，就能源利用而言，新能源与旧能源

---

① [美]托马斯·弗里德曼著：《世界是平的》，湖南科技出版社，2006年11月版。

有时并不一定存在明显的分野。如果一定要加以区别,那么,传统的固体能源时代可以看作1.0版,石油液体能源时代是2.0版,这种划分看起来自然而然,人们不难体察到其间的那种换代。而目前我们与3.0版的气体能源时代还有距离,暂且称其为2.0^+时代。

蓝长平二不是人,但似乎有着放之于新能源开发领域而皆准的人文理念。

5. 新时代的卖"碳"翁

在煤炭没有进入日常社会生活的几千年间,人们主要靠烧木炭来取暖生活。唐代著名大诗人白居易曾描绘过一个卖炭翁的形象,其终日伐薪烧炭但却无以糊口的凄凉处境跃然笔下。一千多年后的今天,新时代的卖"碳"翁却挥洒自如。他们的处境看起来已截然不同,只不过一个卖的是真实碳,一个卖的是虚拟碳,也就是所谓碳排放权,本质上已经大相径庭。

碳买卖早已不是遥不可及的商业概念,而是成为了实实在在的财富载体。目前,全球碳排放交易额日均达数亿欧元。碳交易市场活跃着一批又一批忙碌的身影,买家、卖家以及中间人,还有大大小小的专业机构均扮演着属于自己的角色,共同上演着碳交易市场的一出出火热大戏。那些经过几年苦心经营,成功运作了碳减排项目的业主们,在获取了专业的碳减排第三方机构认证后,立刻就成为了受人追逐的货主,这些业主们手上已经拥有了待价而沽的碳资产,可以卖给需求方或中间商。他们俨然是新时代的卖碳翁。而且他们有的手头不止一个项目,可能有几个或十几个项目,他们就依赖这些项目所产生的源源不断的碳排放而过活,在碳交易的大池子中如鱼得水。这些专门的卖碳翁在全球有数千名之多，仅中国就为数不少。截至2009年3月底，中国在联合国CDM项目执行理事会(EB)注册的碳减排项目已近500个。年减排量占全球50%以上。注册项目的总减排量约20亿吨碳当量，总价值约三百多亿欧元。中国已经成为国际碳交易市场的大卖家①。由此，中国国内也就出现了不少卖碳收入甚丰的个人卖家，成为《京都议定书》这一规则主导下的直接受益者。

如果说这些卖家是直接受益者，那么相关的认证机构、交易机构以及中介机构就是间接受益者。而且未来的交易过程会越发依赖这些专门的机构开展，甚至项目业主可以不用参与整个项目过程的运作，完全可以委托给专业的机构代劳，只不过需支付一定的服务费用罢了，当然也可以采取项目收入分成的方式，这需要双方协商，风险性与灵活性兼具。随着今后碳减排约束力的进一步加强，自愿减排市场的进一步扩大，由此将会催生出众多的新职业和新产业。一些专业的人才或机构将会为个人和企业提供碳减排方面的服务，内容可涉及项目咨询、方案规划、效益评估、市场猎头等一系列方面。一些时髦的职业如碳规划师、碳顾问也将应运而生，而且类似的职位或许还会成为令人追捧的香饽饽。碳规划师、碳顾问等这一类专业人士保不准就会成为稀缺人才，受到人们的尊重与仰慕。当然，这些专业人才所服务的公司也会换个新称谓，暂且叫作碳商务公司吧。从更广的层面上说，碳减排的理念将会扩展到社会的很多方面。就像目前各式各样的排行榜一样，碳减排榜、碳财富榜以后也会五花八门，吸引着人们的眼球；而国与国之间，乃至城市与城市之间的碳竞争力排位也会逐步深入人心。不仅如此，碳减排活动也会改头换面，在不同的场合施加影响力。比如，一些慷慨解

---

① SBI:《全球碳排放交易市场报告》，2008年4月版。

囊、支持植树造林或其他碳减排活动的人士会被冠以“碳慈善家”的新称谓，彰显“环保就是慈善”的新理念。

我们不要以为那些碳减排的理念距离普通老百姓还很遥远，其实与之相关的事情已经贴身于日常生活了。中国老百姓私底下打诨插科时偶尔会说到一句粗语：“管天管地，管不着人拉屎放屁。”不过，这句话要改写了，放屁真的要被管了，只不过还不是针对人，先从牛羊身上开始。研究表明：牛、羊等反刍动物在消化过程中所产生的废气以甲烷为主，通过打嗝、放屁的方式排放到空气中，全球目前在栏牛羊数总计有 15 亿头之多，它们所排放的甲烷对气候变暖带来了不小的影响。针对这种情况，西方不少国家已采取措施，比如英国为牛设计出环保食单，以减少牛放屁时排放的甲烷含量；美国一些州要求养牛业主引进新技术保证牛放屁不污染环境；新西兰则更直接，干脆向牛、羊养殖牧场主们征收“牛羊放屁税”，目的是控制对大气的污染。这意味着新西兰的牧场主们，每年将不得不额外支出约 500 万美元，为政府的温室气体减排计划买单。当然，牧场主们纷纷叫苦，认为收税太不公平，甚至抨击政府的这一计划实在是“臭不可闻”。

不论新西兰政府的举措能否顺利施行或施行多久，它至少传递出一种信号，即碳减排已经和日常生活挂上钩并且会越来越密切了，一些个人生活细节问题也和气候变暖扯上了关系。比如，别太胖，否则全球变暖的责任你就比别人大。美国一项研究报告的结论是“气候变暖是胖子引起的”，理由看起来很直白，胖人无论是乘飞机还是驾车总要耗费更多一些的能量。至此，一道环保主义的道德枷锁要给胖人戴上了。变胖不仅成为了生活问题，而且影响了道德水准，我们甚至可以将其作为笑料了。再比如，少吃肉，多吃素。联合国气候变化委员会（IPCC）主席帕乔里曾有句名言：“少吃肉，你会更健康，地球也会更健康。”其中的逻辑似乎也很简单，少吃肉你就可以让牲畜少放屁，或许自己也可以，这对缓解全球变暖可都是贡献[①]。

或许有些人都会怀疑这个社会是不是出问题了，也太无厘头了！怎么突然间连吃肉、放屁也要人注意了。这究竟是社会的进步还是倒退呢？的确还不好评判。印度有一句谚语：脚步太快，难免把灵魂跑丢了。的确，社会变得实在太快了，我们都不免担心整个社会的灵魂是否还安在，如果它有灵魂的话。不过，思来想去，有时我们真的无需感叹这个世界变得太快，或许需要体察的只是我们的内心，还有我们的思维能否真正与时俱进。

放屁和呼吸似乎是相对应的，如果说放屁税都"臭不可闻"地出台了，那么也就该轮到呼吸税了。只不过中国作为发展中国家，这次终于超前于发达国家而显山露水了一次。2008 年 11 月，有关呼吸税的设想在一位中国科学院院士蒋有绪先生的口中吐出来了，他呼吁政府应对排放二氧化碳的企业征收生态税。对于普通市民，他认为政府应要求老百姓每月购买 10 元或 20 元的生态基金，为个人呼出的二氧化碳废气买单。这一提议被媒体称为"呼吸税"，不过听起来确实比生态税更形象，而且本质意义上就是如此，只不过笔者担心媒体仍有断章取义之嫌[②]。

事态的发展可想而知，呼吸税在社会上引起了轩然大波，当事人也被推到了风口浪尖。抨击声更是不绝于耳。一些人不无揶揄地说，蒋院士的提议虽然"高妙"，但技术含量却相反。且不说忽略了生物多样性，因为动物差不多都呼吸，只对人征税，而不考虑山中的野兽，高空的飞鸟……提法显然不甚全面；而且，单就征税本身而

① Rajendra Pachauri, Lifestyle Changes for A Healthy Planet. Sep 19, 2008. http://blog.rkpachauri.org/blog.

② 新快报："中科院士蒋有绪吁广州征收生态税，市民每月 20 元"，2008 年 11 月 19 日。

言，呼吸税的操作性就不强。因为人的食量、食类不同，体格、体质不同，肺活量、呼吸频率有异，呼出的二氧化碳量必然有别。如何界定？一律收10元或20元属于简单粗暴式征税，如何体现公平？诸如此类的调侃和诘难可谓不胜枚举。甚至有的人不无感叹地说，呼吸税的出台将令人窒息。

事实上，人们的反应有些过激了。由于将眼光过多地聚焦在呼吸税这一问题的表象上，才导致人们对这一提议所暗含的进步意义视而不见。无论以何种名目出现，人们迟早要为气候变暖买单，以呼吸税的形式出现看起来名正言顺，着力点也可谓有的放矢。换个角度来说，即使政府以后不对个人征收呼吸税，但难免会对企业额外征收二氧化碳排放费。这些费用会被企业以另外一种名目，或者多种名目予以转嫁，无论是显性的，还是隐性的，最终都会转嫁到作为消费者的每个人头上，这与直接征收呼吸税又有多少本质上的区别呢？别不相信这些事情不会成真，十多年前，又有谁会相信我们呼吸的气体居然可以买卖呢？既然10年前看起来不可能的事都已经成为现实，那么，10年后我们更有理由保持头脑的清醒了。

像瓶装矿泉水一样，如果某一天新鲜空气也开始当街卖，我们大可不必感到新鲜，更不必惊讶，没准这是一个大买卖！从亚马逊雨林或挪威森林中灌装新鲜空气，贴上标签后到纽约或伦敦这些大都市售卖，给远离清新气息的人们多一些大森林的味道。这就是值得细细回味的地方，无论是对于好奇的消费者，还是精明的商家。

马克思所说的三大免费的自然物品，即阳光、空气和水，现在只剩下晒太阳是不花钱的了。如果以后这一权利也日渐式微了，人们或许就没有免费的念想了。

第十一章 未来社会的能源图景

人类社会发展的源动力之一便是对未来世界的猜想和实践。不仅伟大的先哲们好于对未来付诸于思索，就连普通民众也免不了对明天自觉不自觉地幻想。通常来说，对于未来的猜测，人们大多只敢停留于个人臆想的阶段，很少有人能够上升到系统的理论层面。毕竟，未来在没有照进现实之前，它始终是一个谜。一个成功的预言家身边往往围绕着一百个被人嗤之以鼻的空想者。预测未来的难度就在于此，而魅力同样也在于此。美国人阿尔温·托夫勒之所以是成功的预言家，正在于他预言的准确性。托夫勒在其 1983 年出版的扛鼎之作《第三次浪潮》一书中，对未来社会有过深入的构想，其中的不少预言在新世纪之初都已经确凿无疑地应验了。正如托夫勒所言，未来社会应该是更加多样化的社会，能源利用的多样化自不例外，工业文明的“标准化”程式日渐式微，变革成为了主旋律。我们每个人的心中或许都有一个别样的关于未来社会的图景。有太多的不确定与未知萦绕在明天，这正是人们为之好奇并不懈探求的动力所在，让我们一起启动梦想，即刻启程吧！

1. 时尚生活——碳中和

没有什么事能让乐观的 Mr. Earth(地球先生)心事重重的了，除了碳金方面的捉襟见肘。情况看起来确实不妙，他家的碳金已经所剩无几，亟待补充新的碳金；否则，这个月恐怕都难以熬过去了，因为即便买一杯咖啡，都需要付一定的碳金作为碳排放的补偿。更恼人的是，Mr. Earth 并不清楚他账户上的碳金是如何花掉的。究竟是哪些地方消耗了太多的碳金，是家庭用电过多吗？还是新添置的空调器不够节能？他无法确切得知。Mr. Earth 暗想，如果有一份详细的个人碳排放的清单，那就再好不过了，他可以根据这份清单来厘清个人碳金的消费状况。思虑再三，Mr. Earth 决定聘请专业的公司来帮助打理相关事宜，以免再次遇到麻烦时而无所适从。他可不想让自己“5A 级”的碳信用降级，那无论如何都是一件令人难过的事。碳信用不仅是一种信用证明，更体现了一种时尚的生活。

事不宜迟，Mr. Earth 一大早就驱车出发，循着广告上的地址前往一家叫“地球之友”的公司。这家公司的广告牌一路随处可见，上面的标语简洁而凝练：为地球母亲不发烧而不懈努力。看到这些宣传语，Mr. Earth 有一种说不出来的暖意。

赶到地球之友公司的大门口，其服务宗旨标牌便醒目地映入 Mr. Earth 的眼帘：“为个人或企业设计碳减排规划与方案，提供碳金获取与汇兑服务，开展碳排放领域的技术评估与咨询服务，我们的服务面向地球。”Mr. Earth 细细品味着上述标语，尤其是最后一句话，可谓一语三关。一表示公司服务的客户遍及全球，二说明公司服务目的是为了保护地球，三则是碰到的服务对象恰好为名为地球的先生。Mr. Earth 知道了，地球之友是一家专业的碳顾问公司。看起来很棒，这正是他苦心要找的。

地球之友的碳规划师——卡本女士接待了 Mr. Earth，在仔细听取了他的情况汇报后，卡本女士后来开始了一场生动的碳减排知识讲座。正如她开门见山所讲的那样：每个人一天中或多或少总会产生温室气体排放，我们以碳足迹的大小来衡量一个人的温室气体排放量，以二氧化碳排放为计算标准。这个概念以形象的“足迹”为比喻，说明了我们每个人都在天空不断增多的温室气体中留下了自己的痕迹。一个人的碳足迹可以分为“第一碳足迹”和“第二碳足迹”。第一碳足迹是因使用化石能源而直接排放的二氧化碳，比如一个经常坐飞机出行的人会有较多的第一碳足迹，因为飞机飞行会消耗大量燃油，排出大量二氧化碳。第二碳足迹是因使用各种产品而间接排放的二氧化碳，比如饮一瓶普通的瓶装水或吃一块巨无霸汉堡，这是因为它们的生产和运输过程中会产生的碳排放，从而带来第二碳足迹。由此可见，碳足迹涉及许多因素。不过，碳足迹的计算并不难。通过简易的公式，你可以计算某一种活动的碳足迹，某一天的碳足迹，也可以计算你全年的碳足迹总量。碳足迹越大，说明你对全球变暖所要负的责任越大。

Mr. Earth 认真地领会和记录，生怕漏掉任何重要的一点。讲座还没有结束，Mr. Earth 就记录了满满一整页的内容。我们不妨看看笔记都记录了什么：

- 家居用电的二氧化碳排放量(kg)＝ 耗电度数×0.785；
- 驾车的二氧化碳排放量(kg)＝油耗公升数×0.27；
- 使用暖气系统的二氧化碳排放量(kg)：

  煤油燃料的暖气(kg)＝天数×6.5；

  天然气燃料的暖气(kg)＝天数×5.5；
- 乘坐飞机的二氧化碳排放量(kg)：

短途旅行:200 公里以内=公里数×0.275;

中途旅行:200 公里~1000 公里=55+0.105×(公里数-200);

长途旅行:1000 公里以上=公里数×0.139;

● 人体呼吸的二氧化碳排放量(kg)=天数×1.14;

● 吃汉堡的二氧化碳排放量(kg)=食品重量数×0.05;

● 喝饮料的二氧化碳排放量(kg)=饮水公升数×0.03;

……

……

……

从你品味一杯浓香的咖啡,到你享用下一顿美餐,你一直都在排放二氧化碳,接下来要做的事,再下一件事……如此反复进行的事都会留下碳足迹,这好比你走在沙滩上,每走一步都会留下脚印。如果不被破坏,身后就留下了长长的一串足迹。这只是故事的开始。而不是故事的结束。问题在于如何擦拭掉这种足迹,即如何抵消这种碳排放。比如,假若你用了 100 度电,那等于你排放了约 78.5 公斤二氧化碳,相当于你个人的体重,需要种一棵树来抵消;如果你自驾车消耗了 100 升汽油,那大约排放了 270 公斤二氧化碳,约为三个成年男子的体重之和,这需要种三棵树来抵消。一个居民平均每年排放二氧化碳约 4 吨,那么就需要造林 1 亩来补偿。理论上来说,植物在光和作用中每吸收 44 克二氧化碳可放出 32 克氧气。当然,不同的植物其光合作用的强度是不同的,如每 1 克重的新鲜松树针叶在 1 小时内能吸收二氧化碳 3.3 毫克,相同条件下杨树可吸收 8 毫克。一般来说,阔叶树木吸收二氧化碳的能力要远远强于针叶树木。如一棵杨树一天可以吸收二氧化碳约 10 千克,一棵椴树可达 15 千克。榕树由于树冠很大,吸收二氧化碳效果就更明显,一天可超过 30 千克,是名副其实的“吸碳器”。

对于这场讲座，Mr. Earth 觉得受益匪浅，他心里对个人的碳排放已基本有谱了。卡本女士最后还考察了他的居家生活，帮助他对整个家庭的能源消耗状况进行了分析，对家庭节能方案重新进行了细致的设计与规划。比如，家中需要更换荧光灯，它比白炽灯至少节电 60%；节约用水，将马桶和水龙头的流量关小；出门时关闭家电电源，这比待机状态节约更多电力，诸如此类，不一而足。依照卡本女士的指导，Mr. Earth 更打算对个人的能源消费理念来一次大更新，一些家用电器也将大换血，彻底使自己摆脱在能源消耗与碳金消耗方面双双飙升的困境。

Mr. Earth 对地球之友公司的服务相当满意，卡本女士也适时地递上了消费账单，单据上注明了只收碳金，共计 50 碳币。Mr. Earth 不无窘迫，因为他个人账户上仅存的碳金已经不够支付本次服务费了。还好，卡本女士给他打了折，并且同意他种植一棵椴树来抵消 20 碳币，这样总算把服务费给结清了。不幸的是，Mr. Earth 的碳金账户也归零了。

卡本女士的服务圆满地结束了，可 Mr. Earth 的麻烦或许才刚刚开始。

2. 低碳化生存

Mr. Earth 明白了，要想让自己的碳金每月有所盈余，他必须选择一种低碳化的生活。至于低碳化生活究竟是什么，Mr. Earth 并不十分清楚，不过他确信一点。低碳化的生活并不能以牺牲原本的生活品质为代价，更不能降低社会生活的复杂性。与其那样，那倒退到原始社会或农耕社会岂不是更好？这绝对是一种“低碳排放”的模式。试想，原始社会人们茹毛饮血，很长时期尚不知“火”为何物，归于人本身的碳排放几乎无从谈起；农耕社会的小农经济＋手工作业，碳排放同样也可以忽略不计。以现代视角看，这完全是一种绿色的生活。但问题是，我们无法回归到这种生活，即使它再绿色，原因就在于整个社会的复杂性降低了。如果是这样，与其说是回归，倒不如说是崩溃，因为整个社会无法承受那种倒退。

Mr. Earth 追求的是这样一种两全其美的方案：既能保持不断提升的生活品质，又能不断降低碳排放。如果按照卡本女士设计的方案来执行的话，他觉得这一切并不难办到。不过，眼下要紧的是，他首先需要在账户上存一些碳金，以免本月的碳信用透支。没有办法，他只有经过层层的复杂程序，并且拿现金从地球之友公司或碳黑市交易市场高价兑换了。从下个月开始，家里应该就能产生碳金盈余了，Mr. Earth 暗自揣摩着。突然像若有所得一样，他旋即行动起来，先去热电公司办理了永久退出电网和热力管网的手续，这意味着他的家里今后将不再依靠热电公司来提供电力和暖气供应了。随后，他去了一家太阳能工程公司，请他们给家里的屋顶安装了最高效的太阳能发电系统，附带着也将取暖设施改造成了太阳热采暖系统。经过这一系列改造后，家里的用电和采暖便可以能源自给了。与此同时，Mr. Earth 决定购置一辆更节能的纯电动汽车，原因是自己目前的座驾能耗仍比较高，碳排放也不小，更换后碳排放可大幅削减。另外，他还计划去公共林区种植或认购 11 棵椴树，1 棵是付给地球之友的，其余 10 棵就是自己以后的“摇钱树”了。他提醒自己还有重要的一件事不要忘了，那就是所有的行动都需要到环境机构去详细注册备案，地球之友公司也需要长期打交道，公司会协助他监测个人的碳排放情况，并提供每月的碳金盈损账单。

一切进行完毕，Mr. Earth 长舒一口气，他已禁不住憧憬下个月的低碳生活了：当清晨第一缕阳光将人们从睡梦中照醒，屋顶的太阳能发电系统已悄无声息地开始工作了，家中的机器人管家也适时补充着电力，向主人陈述一天的计划安排。早餐刚刚用毕，Mr. Earth 就收到一封来自地球之友公司的一周提示邮件：本周短途飞行两次，排放二氧化碳 0.15 吨；自驾车 400 公里，排放二氧化碳 0.1 吨；食用进口果蔬 10 公斤，排放二氧化碳 0.05 吨……本周总计排放 0.75 吨；另外，10 棵椴树每日吸收二氧化碳 0.15 吨，本周累积吸收 1.05 吨；本周您的碳结余为 0.3 吨，碳资产价值为 6.0 碳币。按照这一趋势，本月您的碳结余有望超过 1 吨，碳金盈余将达 20 碳币。这样的生活，Mr. Earth 做梦都会笑出声来。

“好事”才刚刚开始，中午上班期间，Mr. Earth 就接到了来自一家碳捐赠公司的电话。对方在电话上说，希望 Mr. Earth 能将第一个月的碳盈余捐赠出来，转到塞内加尔一家福利院的名下，用以支持非洲孤儿的医疗与救助工作；或者将其赠予印度安得拉邦的一所偏远小学，那里的老师们渴望实施太阳能照明的计划，Mr. Earth 或许可以尽微薄之力。当然，他可以因此得到 5 分的碳捐赠积分。

理由看起来都很充分，Mr. Earth 没有办法拒绝。不过他做出了一项意外的举动，他计划捐赠两个月的碳金，第一个月的先给福利院。第二个月的再给学校，如果第二个月有结余的话。不，必须得有！

Mr. Earth 往后的生活可就要多多注意了，他口袋里随身揣着一只碳计算器，可以随时拿出来计量和对比各种活动的碳排放，连他本人都觉得不可思议，他可从来没有像现在这样精于算计。比如出差时，如果时间允许，他宁可选择火车也不乘坐飞机；如果有实用的商务型宾馆可选择，他就会排除五星级大酒店。这种“算计”还特别体现在一些日常生活细节上，原来他洗漱时都是敞开水龙头，现在开始用脸盆洗脸，洗漱后的水还可以浇花、冲厕，一水多用，因为节水就意味着节碳。对于四层以下的楼宇，他一般会选择爬楼梯而代替乘坐电梯，因为节电也意味着节碳。当然，Mr. Earth 不会为了节碳而放弃一些个人喜好，比如，他喜欢食用水果和蔬菜，全世界各地的果蔬他都来之不拒，他愿意为此多支付一些碳金。不过显而易见的好处是，由于减少碳排放的要求，这些果蔬已经很少用化肥、农药以及杀虫剂了，代之以更绿色的种植方式。这是 Mr. Earth 最乐于听到的好消息。他可不愿意看到人们的餐单上被那些长时间浸泡在石油里的化工食品所充斥，化肥、农药、杀虫剂，围绕食物生产链环中的那一项不是来自于石油化工品？悲哀的是，人们每天都在享用着这样的难以确定是否有毒害的垃圾食品，甚至与其说是享用，倒不如说是忍受。当然，Mr. Earth 更不愿意听到的是，人们未来的伙食由某种高效能的化学药丸代替，连续一周或半个月无须再进食，自此人们没有了吃的乐趣，消化系统也开始萎缩，或许这才是一种真正的悲哀。

Mr. Earth 的努力没有白费，至此之后，他每个月的碳金再也没有透支过，而且基本上都出现盈余。他用日积月累多出来的碳金进一步购置了椴树，享受着利滚利的乐趣，后来归于其名下的椴树已经累计达四十多棵，形成了一片椴树林，年累积碳资产达四千三百多碳币，成为了名副其实的摇钱树。Mr. Earth 有时不免会想，古代农耕社会一些部族经常以牛的数量来衡量财富的多寡，比如，牛在古代埃及社会就是财富与地位的象征。假若一户人家有三四十头耕牛，那一定是一笔不小的财富，想必牛主人的社会地位也不会低到哪里去！诚然，现代社会早已脱离了对某一种动物或者器物的朴素崇拜，比如对作为生产工具的牛，或者作为祭祀用品的鼎等等。但在一些新理念的浸淫下，社会价值观也会出现某种程度上的复古或者回归。人们仍会以某种自然物作为财富的标志，不过会赋予其新意义。在碳减排的时代大背景下，可以肯定，牛不会再次入人们财富的法眼了，因为它会排放废气；而树就不同了，它之所以是一种热门的选项，就在于它消除了动物自身的天然缺陷。那些二氧化碳吸收量大，稀缺名贵的数种更会成为人们追捧的对象，成为碳财富的制造利器。在某种程度上，人们会为自己名下的树木数量多、碳吸收量大而自豪，就像古代人曾经为自己的牛力气大、数量多而沾沾自喜一样。

低碳生活将变成每个人不可回避的一种生活方式。Mr. Earth的生活已经不是低碳式生活，也不是碳中性生活，而是一种负碳式生活。通过他自身的努力，他所消除的碳排放已远远大于他生活中所产生的碳排放，两者相抵是负值，这就是他的碳资产节节攀升的原因，因而也成为人人赞慕的“碳负翁”。他可以为一些朋友或素不相识的人在碳金方面入不敷出时而慷慨解囊，也可以在一些公司或机构碳减排承诺无法兑现时而伸手施援。在推动低碳生活上，越“负”的“碳负翁”，往往也越是不遗余力、身先士卒。当然，多不了多久，Mr. Earth 就要结束单身生活，他希望留给还未谋面的太太和孩子们的，除了碳金外，还有健康的理念和低碳化的生存技能。

这是 Mr. Earth 的生活，也可以是我们每一个人的生活。这是未来低碳社会的一个片段，也是能源生活的普通场景。因为能源利用已经伴随着碳减排而渗透到社会生活的每一处旮旯角落，如影随形，难以分割。

3. 未来社会的回忆

在 Mr. Earth 的个人经历中，有两大事件令其印象深刻，甚至是铭刻于心的。一个是全世界人口突破 100 亿大关，另一个是国际油价突破 300 美元/桶。尽管与其他令人眼花缭乱的数字相比，这两个数据并无本质上的特别之处，但他听到这些消息时的第一反应是，这将给他，乃至更多人的生活带来巨大的压力。

Mr. Earth 的判断没有错，人口爆炸所带来的压力愈演愈烈，影响越来越大。石油要枯竭了，这使得油价上演着最后的疯狂。反过来看，石油对社会的影响反而将越来越小。换句话也就是说，人口爆炸对社会的影响是正相关的，石油枯竭对社会的影响是负相关的。人们早已感受到了这种变化，最明显的例子是，人口数量爆炸的同时，汽车数量也在爆炸，全球汽车的总饱有量已近 30 亿辆之多。而难以阻挡的是，更多的新车还在涌上马路，道路却已经拓宽到没有办法再宽。如同绝大多数驾车族一样，Mr. Earth 几乎每天都要受到堵车的困扰。这已经成为他的梦魇。在可以预见的日子里，这种状况似乎还没有消解的迹象。此前，他面对堵车时还有另外一种不安，就像出租车长时间拥堵在路上时乘客看到计价器照跳不误的那种忐忑感一样。即使他的车堵在那里一步未行，只要引擎没有熄火，碳排放就不会停止，他个人账户上的碳金就会减少。Mr. Earth 有时候甚至都会有一种心理负担了。不过现在他不用担心了，他的座驾已经没有二氧化碳排放了，这样即使再堵上半小时，他也不用太担心碳金的损耗。因为他的车已完全不消耗石油。当然，另一方面的问题是，也没有更多的石油供其消耗了，石油得新增供应量已接近停滞的边缘。

Mr. Earth 所处的时代，天然气已经完全替代了石油，成为了整个社会的主导能源。整个石油工业也已成为了落日残阳，苟延残喘地进行着最后的挣扎。除了中东一些地区还在小规模进行石油开采外，绝大多数的石油工人早已转行了。人们高价购买烧油的车，或者开着它们出去兜风，并非是抱残守缺，更多的是想找寻逝去的记忆，重焕昔日的时光，就像人们开着最豪华的凯迪拉克，依然时不时怀念最初的老爷车一样。但是可以想象，这种怀念终究是要被历史化成尘埃并浸没的。英国人即使对烧煤的蒸汽机车再依依不舍，也抵挡不住内燃机车隆隆作响的车轮声。而这种曾经以替代者的面目出现，并且完胜的胜利者已经被电力机车所取代，几乎快销声匿迹了。历史总是在无休止的冲撞中不断上演着角色转换，有着轮回，更有着超越。往日曾引起无数惊叹的四冲程、6.0 排量、加长型凯迪拉克已经成为了 Mr. Earth 眼中的老爷车，只能在博物馆里看到了。

石油的影响力已经日渐式微，欧佩克的声音变得可有可无，这一切 Mr. Earth 看得很透彻了。按照地球之友公司寄来的研究报告，全球社会能源消费结构中，天然气所占的比重超过了 1/3，可再生能源达 1/5，核能达 1/6，石油与煤炭各约为 1/10。石油已经沦为了次要能源。那些多年前赫赫有名的石油巨头们，有的已经转型，有的仍在坚挺，但存续下来的大都处在半死不活的境地。这几乎用不着太多的佐证，看一看昔日繁忙的海上输油航道吧，如今早已风光不再。全球社会消耗的大部分天然气已经无需长距离运输了，往往就近开采可燃冰矿藏就很大程度上满足了需求。在 Mr. Earth 的记忆中，油价经历过多次大幅的波动，但后来总会重拾升势，创造出新的高点。这种势头持续了一个多世纪，直至出现 300 美元/桶的天价，这种势头最终发生了逆转。油价的升势由此成为了绝响，这基本上也成为了石油最终的天花板价格。因为当时受到伊朗石油枯竭这一消息的强烈刺激，油价因此疯狂地直线上冲了一番，但已经不能和先前同日而语了，随后不久油价就大幅回落。从某种意义上说，这可以看作是石油社会生命的回光返照。这种判断并非捕风捉影，而是有迹可循。石油的社会地位已大不如昔，早已被替代能源大大削弱了，其价值和价格也出现了前所未有的背离，已经无力再上演下一轮疯狂了。情况就是如此，油价至此之后一蹶不振，再也没有过什么起色。当然，人们后来很少使用美元这一几十年前的强势通货来表征石油的价值了，普通民众使用更多的是碳金。如果油价用碳金来衡量，大约维持在5.5～6.5碳币/桶之间，与萝卜白菜的价值相当了。这预示着石油世界的没落，同时也意味着一个时代的谢幕，以石油为靶心的各种依托体也就不可避免地消散了。

事实上，石油所创造的社会经济模式早已寿终正寝。不过，全球社会并没有出现臆想中的那种大崩溃，那怕以石油为印记的短期社会停滞也没有出现。社会的复杂性不仅没有降低，反而向复杂深处更进了一步。石油枯竭所面临的种种危机早已被开发可燃冰、太阳能等一系列能源多元化的力量抵御并化解了，这种过程春风化雨、润物无声，人们印象不深或者觉察不到也就可以理解了。与石油终结形成鲜明对比的是，氢经济开始大行其道。作为二次能源，氢能逐步与电力平分秋色。氢气既可以通过管网送至千家万户，也可以通过储氢容器分散给各个地方的消费者。与此同时，各式各样的氢燃料电池也应用于日常生活中，小到微型的动力设备、不间断电源；大到分布式能源系统、氢动力车。人们真正体察到了利用氢能的清洁环保优势。以至于人们不再称其为氢能，而改称为“清能”了。

对于越来越拥堵的城市交通，人们一筹莫展，但并非无能为力。更多的人不是寄希望于道路的拓宽，而是钟情于交通工具的改良。可以低空飞行的氢动力车就这样应运而生并成为人们的新宠。这种空陆两栖的车可以在交通拥堵时一“气”之下飞离现场，也可以实现中短程的不间断飞行。就像直升机可以停留在庭院或楼顶的停机坪上一样，氢动力飞车完全可以实现家庭—办公地之间的不着陆交通。这种时尚的通行方式并不是科幻小说家的专利，而是随处可见的图景。你可以想得到这种汽车受到的欢迎程度，尽管售价绝对不菲，但销售一如既往的火暴。

这是 Mr. Earth 对过往生活的回忆，也是我们对未来社会的猜想，两者之间能否实现对接，取决于纷繁复杂的种种因素，偶然的，必然的；可控的，不可控的。当人类永无止境的欲念裹挟着整个社会向前一路飞奔时，现实与想象之间的距离往往就混淆了。

4. 氢工厂·梦工厂

在 Mr. Earth 看来，人造太阳的研制工作尽管已经成就斐然，但距离实际应用仍然遥遥无期。而着眼于太阳能利用，并非太阳能“制造”的人造光合作用研究是他所看好的，并且已经率先取得了巨大突破，必将带来一场能源利用上的全新变革。Mr. Earth 其实已经领略到这场变革。那种按照最自然的方式运转的无碳社会无疑是更高级的，也是令他最为向往的。

地球之友公司曾做过一项科学问卷调查，邀请了全世界数千位著名科学家参与，请他们列出自己所知道的最重要的化学反应过程。结果显示，光合作用的被选率达 99%，毫无悬念地雄踞榜首。这其实从一个侧面说明了光合作用的重要意义。光合作用是地球生物得以诞生、繁荣和发展的源泉。自地球上出现生物体以来，25 亿年过去了，光合作用过程无时无刻不在进行，向地球上所有复杂的生命体提供着能量和“氧分”，使它们得以延续和进化。光合作用的基本过程在植物叶绿体内进行，包括两个基本化学反应过程：叶绿素分子失去电子；水分子在光驱动下发生分解。光合作用的整个过程其实就是叶绿体收集太阳光能，将水和二氧化碳转化为有机物，并释放出氧气和氢气的过程。尽管不难表述和理解，但光合作用运行起来实在是复杂之极，当然也是精妙之极，绝对彰显着大自然的巧夺天工。以至于人们研究了几百年，依然不能将光合作用的反应机制完全研究透彻。例如，根据电化学理论，水分子中的化学键结合得异常牢固，拆开水分子需要极大的能量，这种能量足以摧毁任何生物分子。然而，植物每天都在进行这一过程，却不见对自身产生不良影响。人们只有解开这个谜团，才有可能在实验室中真正模拟光合作用过程。事实上，这种人工模拟光合作用的过程早在多年前就开始了。研究人员一直在尝试复制绿色植物分解水的各种方式。比如利用化学方式，人们已能够完成水的分解反应，但这些化学反应条件非常苛刻，温度与压力条件要求精准，溶液具有腐蚀性很强的碱性，而且催化剂需要用到铂等稀有而昂贵的化合物。这种模式由于实际意义不大而很快就被放弃了。后来，人们改进实验方案，使得反应条件更趋向于自然界中光合作用的真实条件，比如在室温下进行，改进溶液配比，使其没有腐蚀性。经过百折千回般的无数实验，人们最终找到了一种简单易行的方法将水分解成氢气和氧气，这种方法的原理和光合作用差不多。只不过遗憾的是，整个过程的转换效率比较低下，大规模制氢上并不可行。

像太阳蕴藏的能量一样，人类思想本身所蕴藏的能量也是无穷无尽的。在揭开了光合作用的一系列关键过程后，人们便一直尝试摆脱植物载体，在人工环境下光解水分子，产生可以燃烧的氢气，从而解决清洁能源的供应。为此，人们前赴后继、探求不止，这种源动力往往就是基于现实困难而产生的，看起来无往而不胜。其实，单纯从个体的角度来看，人的能量是非常有限的。不过，君子善假于物，古代人善于使用牛马，就像现代人擅长利用煤炭和石油一样。由此，个人的生产能力才可以远远超过他自身的消耗，这就是借力使力所带来的倍增效应。人们仿照植物的光合作用只不过是改变了假借的对象，使得能源利用真正回归自然罢了。其意义不仅在于引发一场太阳能利用上的革命，而且还在于补偿煤炭，石油等大规模利用所带来的环境损耗。

人类工业文明不过几百年，煤炭、石油等化石能源就日渐枯竭，气候变暖与生态污染已威胁到人们的生存。这些问题的根源已经众所周知。与之相比，大自然以绿色植物、海藻和蓝细菌等为依托，借助太阳光，利用光合作用，将二氧化碳和水转化成氧气和葡萄糖，完成了精妙无比的能量循环和分配循环，使得整个生物圈历经亿万年的演进而相安无虞。无论从哪一方面讲，自然的方式都比人工的来得高明。植物通过光合作用获取能量，什么时候人类也能像植物那样，用清洁、简便、高效的办法从太阳系获取能量，那就说明人类社会的发展达到了一个新层次。幸运的是，就像 Mr. Earth 所希望的那样，人们离这一期望已越来越近了。

植物光合作用的微观过程是：在光线照射下，叶绿体吸收光子，并传导给叶绿素，使它释放出高能电子，用于将吸收的二氧化碳还原为糖。叶绿素分子每丢失 1 个电子，催化系统就会从水分子中抽取 1 个电子为其补充。这样，经过 4 轮电子转移，两个水分子转化为 1 个氧气分子、4 个电子和 4 个氢离子，然后重新开始新一轮的循环。这一过程在自然界中之所以能顺畅地进行，原因在于叶绿体充当了其中的媒介，及时地补充了缺失的电子。人工过程的困难正在于此，由于缺少有效地电解水的媒介，因此整个过程难以补充新的电子，反应往往不久就中断了。不过这一切都成为过去时了。人们弥补了这种致命的缺陷，依托基因技术的进步，人们制造出了全新的微生物菌种“Dewater”，这种细菌可以在光的参与下高效地分解水，使其成为氧和氢，并且可以在循环过程中补充电子，从而架通了整个反应过程，使其可以持续进行。换句话说，人们可以在阳光和二氧化碳充裕的条件下，自由地进行人造光合作用，在吸收二氧化碳的同时，获取所需要的能量。那些人造光合工厂就是如此。你可以购买一个小型的人造光合设备，安装在家里的屋顶或院落，这样就可以满足一个家庭每天的能源需求。这看起来真是一个激动人心的方案。Mr. Earth 的要求不高，他有一辆动力强劲的氢能源飞车，因此希望家里安装的人造光合工厂能帮助解决氢燃料的供应问题。

在 Mr. Earth 的眼中，这种氢工厂无疑就是梦工厂。

5. 能源世界的自由王国

1905 年，大物理学家爱因斯坦提出了著名的质能方程（能量＝质量×光速的平方），它指出了质量和能量之间存在的关系，同时也说明了一定条件下质量与能量可以相互转换。自从提出的那刻起，对质能方程的质疑声就没有停息过，尽管后来有了原子弹、氢弹等实例加以验证，但理论上质能方程并没有得到完证。直到一个世纪后，人们借助于最强大的超级计算机，才对其加以完全确证。由此可见人们对自然世界要经历认识上的跃升是何等漫长和艰辛[①]。

从某种意义上说，质量与能量是统一体，是同一范畴的两种表述。静止的运动呈物质，质量是内敛的能量；运动的物质呈能量，能量是外显的质量。我们知道，光的速度约为 30 万 km/s，光速的平方约为 900 亿$(km/s)^2$，当这个巨大的数字乘以质量的变化时，结果便是巨大的能量被释放出来，原子弹、氢弹爆炸等核反应过程就是如此。反过来说，一般的化学反应过程，比如碳的燃烧过程，由于存在热量的释放，那么会有质量的损失吗？答案是肯定的。只不过一般的化学变化中能量释放比较少，再以这个数值除以光速的平方，那么这个代表质量损失的数几乎就无限小了，很难测量出来。由此，我们才得到反应前后质量不变的结论。

---

① NY Times：Einstein's $E=mC^2$ proved after a century. 26. Nov. 2008.

随着认识水平的不断提升，一些旧有的科学概念显得已经过时，必须要进行改写了。以前人们常说真空什么也没有。比如，一瓶矿泉水喝光后，把盖子盖上，把空气抽光，这是真空吗？普通意义上就是如此。不管是在教科书中，还是在很多人的头脑中，都是这样理解真空的。而且物理上的绝对真空也被认为是什么都没有，既没有质量，也没有能量。但事实上并非如此，真空并不是空的。绝对真空是没有物质的态，但不代表它没有能量，它可以蕴藏着巨大的能量，如果把真空看作是物质的凝聚态，那么依照质能方程，真空的能量可看作是无穷大，正如有的物理学家所言："真空就是能量的海。"[①]如此说来，我们岂不是身处能量的海洋中而不知道畅游。

从更广的层面上说，真空是物质世界的基础，也是万物的本源，一切都来自于真空。换句话说，一切的物理现象都和真空发生关系，都会有真空的参与，只不过我们的认识还很不够，很肤浅罢了。从这个基础出发，那么物理学上许多传统规律、经典理论等等所得到的结论，都要经受新的考验，经历去伪存真的再认识过程。就像牛顿时代人们认为物质和能量是完全孤立的事物，但爱因斯坦的新理论才揭示了它们之间的精确关系，将看似完全不同的事物联系起来。再比如之前人们认为在物理上的绝对零度时，粒子不再有任何热运动，当然也就不存在能量，但后来发现它们仍然会继续震动，这就意味着在绝对零度时，能量会继续存在。这样的事例不胜枚举，最典型的就是牛顿力学的经典理论，其经受的去伪存真的冲击过程不止一次地发生。在迄今的400年里，其已经在狭义相对论、广义相对论、量子理论的冲击下发生多次革命和再认识过程。

在 Mr. Earth 所处的时代，人们对物质世界的认识又前进了一步，对物质和能量的本质问题认识上更是驾轻就熟了。人们考虑更

---

① 李政道：《粒子物理和场论》，科学出版社1984年版。

多的是如何将物质完全地转化为能量，或者将能量完全转化为物质，实现两者之间的自由转换。这或许就是这个物质世界中的人们在能源利用方面所追寻的自由王国。

人们都有这样的常识，同一种物质时不时会表现出不同的物态。比如液态的水，固态的冰，气态的水蒸气。虽然它们的物理形态如此不同，但本质上都是由水分子构成的，唯一不同的在于分子的排列状态，而这体现在它们微观级别上的能量状态不同。由此做进一步的延伸，之所以会有物态的区别，乃至物质的差别，原因在于它们在能量层面上的状态不同。世界统一于物质，当然，也可以统一于能量。这取决于我们对物质世界的认知度。我们可以将物质的构成、运动和转化统一于能量的作用，反过来，我们可以通过改变物质的能量状态来改变物质的构成、运动和转化。质量与能量是统一体的本质意义或者就可以这么理解。文明的进步将导致人类感知范围和认知层面的拓展，逐渐逼近世界本来的面目以及掩藏在种种表象下的真理。

在这样的自由王国中，人们可以做什么呢？人们所追寻的或许已经不单是能源的获取和利用，而是如何实现物质世界的重整和再造。就像通过改造生物基因结构而达到改变生物体性状的目的一样，人们可以利用能量之手对物质的微观结构进行改造，犹如拼图般实现各种不同结构体的精巧搭配和黄金组合，从而再造出生活所需要的一切，这就是人们所设想的编辑物质世界的生活。这听起来是科幻，更像是梦境。

犹如堆雪人，孩子们并不一定完全清楚雪花如何而来，却会用其堆出雪人。在没有雪的夏天，孩子们照样也能堆出雪人。因为他们的心智已经和之前大不同了，他们已经成长了，已经知道了雪的成因机理，并且人工产生出了与自然无异的雪。人类或许就是这样不断成长的孩子们，日月所复，迟早会成长到那一天。到那时，人人都可以是上帝，可以创造物质，这是不是遥不可及的梦呢？或许人们那时已经不知梦为何物了！

第十二章 后石油时代的王者

历史总是在理想与现实之间穿梭，无论对未来社会能源利用的设想有多么美好，我们还是要回归到现时社会中，立足于全球社会即将进入后石油时代这一现实，毕竟，石油资源是越来越少，不可能一直主宰全球能源的供应链条。我们见识了石油时代太多的纷扰和争夺，因此才呼唤后石油时代的互助与合作。但遗憾的是，在新的替代能源开发领域，人们感受最深的依然是掣肘与封锁。似乎国与国之间相互的角力和争斗已经成为了人类社会固有的现象，在可预见的日子里依然难以摆脱。我们知道，英美两国的依次崛起暗合了一种新能源开发与利用之路。看起来新的能源给它们带来了更大的活力和动力。如果从能源的角度去狭义地理解，英国和美国正是假借于一种更新、更好的能源而实现对全球的掌控，即使不是全部，至少也是帝国强大力量之来源的一部分。那么，后石油时代的王者会在哪里呢？或许并没有真正的王者，有的只是强者间的多足鼎立。但可以断言，强者首先要从石油管道中爬出来，远离油桶而存活。

1. 控制源动力的哲学

20 世纪 70 年代，国际市场原油价格曾短期内飙升了 400%，给西方各国的社会经济带来了巨大的冲击，石油的地位由于危机的蔓延而愈发凸显。时任美国国务卿的亨利·基辛格振聋发聩地说："如果你控制了石油，你就控制住了所有国家；如果你控制了粮食，你就控制住了所有的人；如果你控制了货币，你就控制住了整个世界。"这句话是以往的石油控制论的延伸，更是对美国的强权哲学，至少是那些躲在幕后决定着美国外交和国内政策的少数精英人物所信奉的强权哲学的一次大起底。美国此后几十年的所作所为，正是奉此为金科玉律，一步步推行着控制全球社会的策略。我们不妨以这句话为靶心，从能源的角度解读其中的意味。

石油是工业的血液，控制了石油，也就控制了整个工业社会运转的动力；粮食是民生之本，直白地说，就是供人活动的燃料。民以食为天，控制了粮食，也就控制了人们的动力源；货币是经济运转的润滑剂，控制了货币发行，也就控制了全球经济的流动性，扼住了全球经济的主动脉。

尽管石油、粮食、货币所属不同的分野，但本质上却有相通之处。从某种层面上说，它们均扮演着"能源"的角色。如果说石油是实际的能源，粮食则是准能源，货币便是广义能源。所不同的是，石油对应于工业领域；粮食对应于人；货币对应于整个经济。三者共通的地方在于提供了全球社会运转的动力。从这三个方面全面着力，美国才可以达到真正控制全球社会的目的，与之相伴的石油战争、粮食战争、货币战争似乎便是其中的注解，这都是从控制流动着手的。美国执世界之牛耳，践行着控制源动力的政治哲学。由于全球人口爆炸问题的裹挟，所有的这一切变得愈发紧迫和尖锐。

众所周知，人口问题并不仅仅是数量多少的问题，归根结底是人口与资源的关系问题。尤其在现时社会人口不断膨胀、资源日益紧缺的大背景下，解决人口与资源之间日益凸显的矛盾就变得尤为重要。不同的国家、政府都在为解决这一问题而殚精竭虑，甚至不惜以战争方式来抢占领地与资源，最终目的无非是要拓展本国或本民族的未来生存空间。解决这一矛盾有两种方式，要么增加资源供给，以适应不断增长的人口需求；要么减少人口增长，以匹配资源供给的增速。前一种方式被竞相沿用，这也正是世界范围内的资源开发与争夺日趋激烈的原因。随着一些重要资源的日益枯竭，这一方式面临失效的困局；后一种方式还没有开始，或者说刚刚开始。不过，在一个全球绝大多数国家都不实行计划生育政策，倡导自由生育的前提下，希望全球人口每年保持稳定，那将是一件不太容易的事，人口与资源的矛盾注定会越来越突出。作为全球的超级大国，美国深谙控制源动力的哲学，美国领导人考虑的不仅是控制资源，而且是控制人。而这一切都是基于美国利益的。美国作为全球霸主自然不假，作为“世界警察”有争议也不假，但美国政府在施政的时候首先着眼的是美国，而不是全球，这一点同样也不假。就像奥巴马总统在回答中国记者提问时所声明的那样：“……我是美国总统，我要对美国人民负责。”[①]那问题就来了，既然对美国人民负责，那么难免就会伤及别国民众的利益了。一如过往的历史一样，美国的手段会无所不用其极，无论是以阴谋欺骗的方式，还是以军事战争的方式。

当然，一些读者或许会对这些观点予以反驳，甚至认为这样思

---

① G20国峰会上美国总统奥巴马答中国记者问，http://www.people.com.cn.2009.4.2.

考问题的方式明显是中了冷战的流毒。在他们看来，美国统治精英们不一定“无聊”到挖空心思整日想着去控制这个、控制那个的地步。而且，战争就是战争，世界上哪有这么多的阴谋？如果再做争辩，那么，“冷战化石”的帽子也随时准备着，冷不防就会给对方扣上。其实，我们不应该这么健忘，“北极熊”被肢解还不到二十年，我们就觉得冷战已经是冰冷的化石了么？美国所谓的放弃冷战思维的喧嚣及鼓噪，更像是美国加快推行世界霸权的精神麻醉剂。如果意识到美国统治精英长久以来所崇尚的意识形态不仅有“适者生存、不适者淘汰”的丛林法则，更有一系列社会达尔文主义的变种时，我们或许就不会天真与懵懂了。

历史上有不少文明毁灭于部族间的狂热与争斗，复活节岛文明就是一例。据考古学家研究发现，复活节岛文明的崩溃可能源自于岛上居民无休止的纷争，而这又与他们乱砍滥伐森林，毁坏岛上的生态环境密切相关①。人们之所以对复活节岛文明的崩溃怅然不已，这是因为有时我们难免会把自己与复活节岛的先民们相比，今天的全球社会无非是一个放大了的复活节岛。而就更大的尺度而言，地球更像是宇宙空间中的一座孤岛。如果说导致复活节岛文明崩溃的是由于人口与资源压力、环境恶化和社会本身处置不当的原因，那么当今地球上的人口爆炸和环境恶化问题与当初复活节岛人面对的困境没有两样，都是极难克服的棘手问题，需要在超越民族偏见与国家利益的更高层面上予以解决。如果说史前社会文明发展的压力来自于资源与环境的话，那么制约今天人类工业社会发展的压力同样存在，只不过主要矛盾已经从古代的耕地、粮食、水源等

① 复活节岛由荷兰航海家雅可布·洛加文于1722年4月5日首先发现，当天正值基督教的复活节，故得名复活节岛。考古学家研究发现，岛上的原住民由于争斗，纷纷建立巨大的石像恐吓对手，结果砍伐光了岛上林木，引起了燃料短缺及瘟疫肆虐，最终导致了文明崩溃。美国作家戴蒙德所著《崩溃》一书中有详细论述。

生存资源变成了当代的矿产资源、环境资源、空间资源等发展资源，但本质上都是一致的。

作为经历了工业文明洗礼的现代人，我们理应比复活节岛的先民们更加理性与睿智。但很多时候人们必须反躬自问，我们究竟比那些先民有多少高明之处？如果把全球社会比作一辆前行的客车，美国以其在全球社会的地位和影响力，责无旁贷地坐在了"驾驶员的位置"上。按理说，美国有职责、有义务使这辆车保持平稳，并且不落下掉队的乘客。但我们看到的却是司机的无所顾忌、横冲直撞。为了解决整个社会对石油的依赖，美国开发出了用玉米等粮食资源加工生物燃料的新路，引得跟风者竞相追随，结果导致了全球粮食价格的一路飙涨，这很大程度上要"归功于"小布什政府的能源政策。美国按下葫芦浮起瓢，为了避开一个路障——石油依赖，殊不知却面临更大的滑坡——粮食恐慌。某种程度上说，美国的这种做法无异于"谋杀"，相当于为了给客车加油，而置饥肠辘辘的非洲乘客于不顾，活生生地把他们正眼巴巴渴盼着的"奶油"丢进汽车油箱作燃料。没有比这再形象的比喻了，真实情况就是如此。每一次国际粮价暴涨的背后就是数百万名非洲饥民无数次的哀嚎，问题的残酷已经不止一次地被证明过。如果美国继续坐在驾驶员的位置，这俩客车即使在此次金融危机的"劫难"中躲过，那也或许只是侥幸，指不定后面会遇到更大的"灾祸"而翻车。

当然，美国的驾驶员"宝座"不是全体乘客们推举的，而是美国抢占的。由此我们不能过多地苛责于别国的领导人，就像不能过分地拔高美国的领导人一样。面对整个社会前进过程中的巨大惯性和不确定因素，任何个人可能都已无法轻易将其减速、停下或改变方向。尽管存在种种远虑，但是再有远见的领袖一旦面对眼前种种矛盾交织在一起的棘手难题时，功利性的权宜之计难免会成为压倒一切的抉择，美国的政治领袖同样不会例外。如果他们更多地着眼于美国人民利益，而不是全人类利益，那么情况就更吊诡。而且，美国似乎总比其他国家更有办法。相对于创造供给，美国反其道而行，着力于消灭需求。减少或控制人口增长就可以达到这一目的。不过，美国并不是要控制本国人口的增长，而是要控制别国的。甚至一定程度上可以采取非常手段来消灭人口，这包括发动生化战争，释放基因靶向武器等等。这相当于开除某个国家的“球籍”，将其赶下这辆由美国人驾驶的客车。

或许有的人会愤怒了，真的会有这么残忍吗？有这种利用残杀的手段来解决矛盾的可能吗？这看起来根本就不会是事实，只可能存在于那些居心叵测的阴谋论者的猜测中，甚至连猜测都不容许猜测。当然，这种愤怒出自于人们本身所固有的善良，我们大多数人都希望这是无端的猜测。不过既然到这个份儿上，我们也不妨反其道而思之。笔者也宁愿居心叵测一回，“残忍”地猜测一次。

设想未来某个时刻，一种致命的病毒从某个国家实验室“不慎”流出，或者根本不知道从哪里“蹦”出来的，结果造成了大面积的民众恐慌。或许后来人们才意识到反应过激了，因为这种病毒只对某一类人种或局部区域的人群产生致命伤害，而对大部分人群影响不大。当我们如释重负或者以幸存者的姿态沾沾自喜时，是否需要冷静地反思，这会不会是一种基因靶向武器呢？像基因靶向治疗手段将药物投向局部病灶位置一样，基因靶向武器被投放给特定的某一类人群，造成传染病的局部蔓延或爆发，从而达到消灭“分食者”，击溃假想敌之目的。

人们把复活节岛文明的崩溃归因于砍树的结果。看起来就是由于没有控制树木的数量，复活节岛文明才最终消亡。其实，人们需要控制的不仅是自然界的树，更包括人类社会中的“家庭树”，这是比自然中的树长得更快的树。当家庭之树在社会的土壤中盘根错节，根须不断扩壮，枝蔓不断扩展时，无数个“家庭树”所共同结出的人口之果迟早会成为地球的负累。

亦或天灾、亦或人祸，每一次人类苦难的背后，透露出的是人类对大自然无休止的贪婪，抑或地球村公民之间血腥的博弈与争斗。当控制的对象从石油、粮食等资源转而赤裸裸地变成人时，这看起来回到了控制源动力的根本，不过这也意味着更猛烈的争斗或许即将开始。

2. 美利坚的背影

在 America 的汉语译音“美利坚”一词中，三个字拆开分别代表着美好、利锐、坚毅的褒奖之意。早先的译者们在翻译这个单词时，或许心目中对美国就是上述的印象，因此才最终选取并认定了表达美意的汉语词汇①。当然，这只是猜测而已。不可否认的是，美国在世人心目中的形象一直不错，甚至长期以来都是人们向往的国度，美国庞大的各色移民群体已印证了这一点。不过，与冠冕堂皇的正面形象相比，美利坚的背影并不全是优雅。甚至暗合着诸多的不光彩，美国的背后经常有阴谋的影子，而这甚至被认为是美国之所以一步步强大的秘密，有一些典型的历史事件为证。

关于日本人当初为何没有发现大庆油田，一些日本学者认为不只是日本地质勘测工作失误的原因，而是日本人上了美国人的当。这并非是指在石油地质理论方面上当，而是被美国人实实在在地给欺骗了。根据日本学者后来的研究，美孚石油公司早在 1920 年初就

① 1848 年，时任清总理各国事务衙门大臣的徐继畬在所撰《瀛寰志略》中，首次把美国的国名意译为“米利坚合众国”，这与当时流行的花旗国、育奈士迭国、美理哥合省国等相比，已非常接近后来的规范译名了。

在东北发现了大油田，但美国政府出于战略上的考虑，担心失去遏制日本人的有效手段。因此不让美孚石油公司公布这个发现，反而让美孚石油向外界宣称，在中国东北没有找到石油，甚至以假乱真，让美孚地质专家炮制出一个“东北贫油论”的理论①。结果害日本人不浅：虽然日本人在中国东北各地到处勘探，但凡美国人去过的地方，日本人就不去了；或者即使去了，也是草草了事，工作并不深入，这完全不符合日本人严谨的做事风格。原因在于日本人相信，美国人是石油勘测方面的“老师”，他们不会搞错，殊不知自己最终上了美国老师的当。日本人不仅相信了“东北贫油论”，而且依靠自己的“努力”阴差阳错地证实了美国人的结论。到最后，只好转战东南亚开辟新战场去了。日本人有时候之所以对“二战”败北的结果忿忿不平，与日本人认为美国在背后“捣鬼”、并且对日本进行核威吓有很大关系。当然，这只是日本人的一家之言，中国和美国并不认可。但这种“阴谋论”的观点在日本国内仍有一定的市场。

如果说上述事件定性为阴谋还缺乏足够的证据支持，那么珍珠港事件就证据多多了。根据已经解密的档案资料，珍珠港事件发生前，无论是FBI(美国联邦调查报局)还是中国国民党的军统机构，都已经截获了日军的相关情报。因此，珍珠港袭击并非是一次不知情的偷袭，只能被看作是美国白宫就势而为的一个策略。时任美国总统罗斯福在已获知日本舰队将要空袭珍珠港的情况下，仍然不动声色，并没有采取明显的预防措施。这显然有一种战略意图，主要是通过珍珠港受袭激起美国民众的愤怒，从而为美军参加“二战”赢得

---

① 美谷島：《戦前満州「大慶油田」の掘削》，佐藤晃：《大東亜戦争「敗因」の検証》(《战前满洲大庆油田的勘查》，《大东亚战争败因考》等日本文献中均有对东北油田发现问题的详细论述)。

舆论支持[①]。而在此之前,美国 80%的民众不想卷入战争,结果,珍珠港事件"炸醒"了美国人,使他们义无反顾地选择支持政府的决定,空前团结地反对法西斯主义。

从这个角度说,美国参战完全是一出合力上演的大戏,是在日本海军挑起、美国白宫配合、美国民众不知情的宣泄之下鸣锣开演的。从超越道德的角度来看,罗斯福是一位将世界玩弄于股掌之间的政治大师。美国成为这场战争最大的胜利者,得到的不仅有现实的"战利品",还有受助国人民的感恩戴德。而这一切的引子,不过是美国丧失的几艘军舰,当然还有三千多位无声无息葬身海底的美国将士。试想,假设由于种种原因,珍珠港事件没有发生,罗斯福政府受到民意的裹挟而没有参加战争,那么整个"二战"后的格局或许就是另外一种景象了。

珍珠港事件是美国本土第一次受袭事件,而"9·11"事件就是第二次,是新千年伊始所发生的最重大事件。"9·11"事件发生已经快 8 年了,但迄今为止,整个事件发生的真相依然猜疑不断、扑朔迷离。不少学者便怀疑这是不是美国政府如同珍珠港事件的前例一样,为达到美国全球战略需要而有意诱导和策划的一个轰动世界的"杰作"[②]。这种怀疑之所以从最初的耸人听闻到一步步变得有板有眼,不可否认的事实是,事件本身确实有值得怀疑之处。

"9·11"事件的疑点重重,最大的疑点集中在世贸中心双塔楼的倒塌上。看上去双塔楼的倒塌不像是飞机撞塌的,倒像是定向爆破掉的。如果将大楼倒塌时的录像给不知情的建筑爆破师观看,排除种种先入为主的线索或暗示,那么他可能首先会想到这是在爆破拆除大楼,而不会想到这是大楼受袭的结果。当然,这有一定的困

---

① [日]渊田美津雄,《袭击珍珠港》,商务印书馆,1980 年版。[美]舍伍德:《罗斯福与霍普金斯——二次大战时期白宫实录》,商务印书馆,1980 年版。

② David Ray Griffin:《The New Pearl Harbor》,2006.

难，因为事件的影响力实在太大了，地球人几乎无人不晓，除非这位爆破师刚从火星上回来。玩笑归玩笑，事实上，人们对“9·11”事件的质疑从来没有停止过，仅相关的影像作品就有好几部。2004 年的电影《华氏 9·11》曾引起不小的轰动，相比于这部影片中略显文科气质的质疑声，2008 年的另一部纪录片《9·11 惊天大阴谋》更是令人震惊，着实将怀疑精神进行到底了。该片如同严谨的理科论文，用人证、物证、录音、录像、地震以及卫星资料等一系列证据解读了事件的全过程，论证过程严密，几乎是丝丝入扣；而且该片并没有让人觉得有故弄玄虚之嫌，论证过程所用到的理论大多是高中生都熟知的物理化学公式，或者是普通老百姓一听都明白的逻辑推理思路，真正做到了简单明晰地阐明导演的观点。比如，该片中提到，世贸中心双塔楼的倒塌更像是内部预先设置了爆炸物，而后被同时引爆和燃烧的结果。这一点很多持怀疑态度的人都可能会想到，不过纪录片提供了更多的疑点素材。那就是，在 2001 年 9 月 9 日，也就是事件发生两天前，该楼发生了以更换电缆为名的，为期两天的全楼人为断电事件。看起来有些可疑，当然也可以说是巧合。不过更为巧合的是，负责世贸双塔楼保安工作的那家公司的大老板，恰恰就是布什总统的弟弟杰布·布什，而且这家保安公司在“9·11”事件后旋即神秘地解散了，后来连一个员工都联系不到，令人无不心生疑窦。此外，该片也提到了另一个重大疑点，那就是对五角大楼被撞击现场的分析表明，真正撞击大楼并引致爆炸的不是白宫所宣称的一架波音飞机，更可能是一颗小当量的巡航导弹。因为五角大楼被撞击后，现场所找到的是某种不明航空器的零星碎片，很可能是巡航导弹，而并没有搜集到任何可以确认为是波音飞机的残骸部件。该片质疑的地方还有不少，令人有剥茧抽丝之感。

或许是受到各种媒介的“启发”，美国民众看起来也在从“9·11”事件的迷雾中尽力清醒过来。2004 年 8 月，美国佐格比调查机构在纽约组织的一次民意测验显示，有近41%的受访民众认为，布什政府事先获悉了恐怖袭击事件，但并没有采取应对行动；而2006年7月，美国俄亥俄大学组织的民意调查显示，36%的受访者认为联邦政府参与了世贸中心大楼的袭击行动。这样做的目的是以此发动对外战争，为美国武力介入中东地区提供依据，并寻求美国民众的全力支持[①]。

对"9·11"事件的质疑并不止于美国。法国总统萨科齐的密友马里·比加2008年就曾公开声称："是美国政府导演了'9·11'事件，官方的解释根本就是扯谎。这起事件实际是美国自导自演的，通常人们会在30年后得知这些事情，但我们现在就知道了。"结果当然可想而知，此言一出，立刻在法国引起了轩然大波，马里·比加受到了诸多指责，连萨科奇总统本人也感到了压力。事情远没有结束，2008年9月，美国一家叫世界民意网的独立机构在17个国家所做的问卷调查显示，17个国家中，只有9个国家的大部分受访者相信是本·拉登及基地组织策划了那场袭击；而平均每个国家有15%的受访者认为是美国政府策划的阴谋。在土耳其，这一比例达到36%；在美国的紧邻墨西哥，这一比例为30%；而德国也有23%的受访者认为美国自己发动了恐怖袭击。除此之外，另有7%的受访者认为既不是基地组织，也不是美国，而可能是美国的中东代理人——以色列出手策划了袭击[②]。

事实上，美国民众对"9·11"事件的质疑并非无缘无故。一旦联想起珍珠港遇袭是白宫政府顺势上演的一出"苦肉计"，人们的怀疑细胞就会快速分裂，并瞬间涌上大脑皮层，对政府相关行为的质疑也就首当其冲了。不仅小布什总统被质疑，就连小布什的父亲也脱

---

① White Greaton: The effect from the historical events. US. today. 2007. 5.

② Kent Klein, Global poll shows doubt about al-Qaida role in 9/11 attacks, VOA, 11. sep. 2008.

离不了干系。老布什总统任上发动的海湾战争,美国民众也开始怀疑,认为那是老布什政府故意怂恿萨达姆入侵科威特所致,动机则是为美国出兵中东寻找借口。实际上,创造和利用外部危机,转移民众视线,消除施政障碍,这是美国各届政府的一贯做法,尤其是在政府难以赢得民众对某些政策支持的时候,这种手段屡见不鲜。正因为如此,美国老百姓才习惯于从政府的角度揣摩其行为动机,久而久之也就形成了怀疑政府行为的传统。有不少美国人认为,要么是白宫政府策划了袭击;要么是白宫与策划袭击无关,但知情不报,顺势而为接受了袭击的事实。这两种情况都是罪不可赦。其动机都是为了给入侵中东寻找理由,而偏偏这种揣测就应验了。

“9·11”事件发生后,布什政府一口气发动了两场战争,先是阿富汗战争,再接着是伊拉克战争,而且均美其名曰为“反恐战争”。然而,后来的事实确凿无疑地证明,似乎只有阿富汗战争还能与反恐战争沾上点边,也就是为打击“9·11”事件的真凶本·拉登及其所领导的“基地组织”而采取的报复性战争;而伊拉克战争压根与与反恐不搭界。纯粹是以反恐为幌子,进而发动的“先发制人”的侵略战争。情况一目了然,美国发动伊拉克战争的两大依据均被证明是谎言,萨达姆既没有研制大规模杀伤性武器,也未与本·拉登合伙干恐怖勾当。不难想象,面对这样一个敢撒弥天大谎的政府,美国民众还凭什么相信它,对“9·11”事件的官方解释提出质疑也就顺理成章了,而“‘9·11’阴谋论”又怎么能不盛行呢?

人们或许会说了,既然“9·11”事件引起了这么大的猜疑,那么美国政府为何不展开全面调查,还全体民众一个真相呢?在2009年之前,或许有这样的念想还不大现实,因为人们从不奢望布什政府去自纠自查。但新总统奥巴马上台后,问题就一样了。年轻的奥巴马政府没有太多的利益纠葛和政治包袱,完全有可能这么做。不过,这或许也只是人们美好的愿望,实际情况远比这些要复杂。试想，如果“9·11”事件真的是个大阴谋，那么与前布什政府利益攸关的财阀集团必然会千方百计，极力阻挠奥巴马政府的调查行动。一定不要低估这些利益集团的能量，它们在美国上流社会根深蒂固，势力庞大，往往动一发而牵全身。如果奥巴马执意彻查，那么面对的或许将是另一种结果，要么是调查行动半途而废、草草收场；要么就是有更耸人听闻的事件发生，甚至不排除美国历史上首位黑人总统被暗杀的可能。当然，行凶者会嫁祸与某一位狂热的种族主义者，或者本·拉登这样的难以对证的老对头。政治斗争白热化的结果就是斗争的手段往往无所不用其极，残酷性非一般人所能想象。当然，奥巴马内阁班子成员尽管相对年轻，但并不稚嫩。他们知道怎么做才能回应民众呼声，但又确保“意外”不会发生。因此在很长的时间内，正如萨科齐的密友马里·比加所说的那样，30 年后人们或许才能明白真相，或者还会更长，比如说 50 年，或许根本不会有真相大白的那天，永远都是未解之谜。历史有时候就是这么吊诡而曲折，真相的获取要比想象的艰难得多。

如果将阴谋论扩展，并联系到 2003 年爆发的非典疫情，想必会引起更大的争论。尽管没有足够的证据表明与美国有关，但它同样扮演了“嫌犯”的角色。从利益分析的角度来反思非典疫情的发生，看一看谁最受益，谁最受损，或许能得到整个事件的蛛丝马迹。

非典病毒在中国的传播也有诸多的谜团。非典疫情的重灾区，一个是作为政治中心的北京，一个是最具经济活力的广东，同时也连带着亚洲金融中心——香港，这几个地方人员流动最为频繁，疫情传播的影响力、杀伤力也最强。

中国大陆学者童增先生最先怀疑非典病毒是专门针对华人的基因武器。2003 年秋，他在《最后一道防线：中国人基因流失忧思录》一书中有详细的表述[1]。书中认为，从非典病毒接触传播的角度看，中国不少患者自我感觉是莫名其妙地患病，与其他患者之间并不一定有密切的接触。正因为这样，人们后来才会从病从口入的角度寻根溯源，认为可能是食用野生动物所致。从非典病毒感染后的致死率上看，美国人、欧洲人等白色人种好像得到了非典病毒的格外关照，美国白人的非典感染者其症状要比华人患者轻得多，对非典病毒的免疫力很强。从世界卫生组织2003年7月11日公布的死亡统计数据看，全球非典疫情总计死亡人数为813人，中国大陆、香港、澳门、台湾以及新加坡的死亡人数合计为762人，致死率达93%以上。而从非典疫情的确诊人数看，全体华人占全球非典确诊病例的96%以上，尤其集中在中国大陆、香港、澳门、台湾、新加坡五个华人聚居地。当然，尽管上述的一切只是猜测，并没有充分的证据，但数字上却表明了这样的不祥之兆。非典疫情的蔓延给中国带来了较大的损失，大量的国际金融资本撤出了中国，不少意欲投资中国的资本也侧目以待，甚至转投美国。如果不是中国政府的应对措施果断得力，非典疫情所酿成的后果恐怕不堪设想，有可能造成巨大的民族灾难。

当然，上述的一切只是猜测。如果有一天相关历史档案最终解密了，并且证明非典疫情的发生确实有人为的因素，那么人们感到的不应该只是恐怖，还应该有一种警醒。作为另一种形式的斗争手段，这完全可以达到兵不血刃，扰乱对方民心的目的。即使最终解密的档案证明，美国从来没有研制过基因武器，上述猜测只是主观臆断，是把美国给冤枉了。那么人们同样会得到收获，至少说明抗击疫病的斗争方面，人们需要学习的还有很多，不仅需要消除猜忌，更需要坦诚与合作。一般说来，最能体现人类的高度智慧和对抗意

---

① 童增著：《最后一道防线：中国人基因流失忧思录》，中国社会科学出版社，2003年10月版。

志的领域有两个，一个是军事上，另一个是医疗上，人与人的斗争、人与病害的斗争就是人类全部斗争史的浓缩。美国在此方面可谓做到“发扬光大”了，美国在武器装备及生物工程研究方面成果卓著，遥遥领先于其他各国。本着善良的愿望，我们不愿意相信美国会将诸如此类的先进科研成果用于对付普通民众身上。甚至很多人还会说，美国执政者不会冒天下之大不韪，去干这样令人不齿的阴谋行为。如果真相暴露的话，他们会被愤怒至极的人拧断脖子的。的确如此，90%的大众思维都是这样的。但问题是，事实一次次地击碎了人们的美好愿望。美国曾在科索沃战争、伊拉克战争中使用过贫铀炸弹，给普通平民造成了大规模伤亡，这类武器是公认的禁用武器。但结果是，这些深受其害的平民们所在国的元首反而被揪出来受审，施暴者的责任反而被推得一干二净。

国际政治的冷酷有时候是可以具象的。为了向日德开战，罗斯福总统不会怜悯珍珠港的三千多名美国将士；为了攻占伊拉克，布什总统不会顾惜伊平民的大量伤亡。为了所谓的美国核心利益，美国的统治阶层会毫不犹豫地采取一切手段，甚至包括暗杀自己的总统。由此说来，动用基因靶向武器对付潜在的竞争对手又有什么不可能的呢？美国维持霸权的秘密或许就在于在制造一个又一个对手，用各种手段致其“伤残或消亡”，从而在斗争中保持国家的强大活力和绝对优势。

说了这么多，不少读者可能认为跑题了，和主题早已脱离了。或许这只是表面上的看法。事实上，珍珠港事件、“9·11”事件，哪一个与石油没有千丝万缕的联系？遏制中国这个胃口越来越大的石油资源争夺者就是其中的利益动机之一。国际政治错综复杂、波诡云谲。有时候我们不能就石油而论石油，而应该远离石油去找石油的影子，就像美国觊觎伊朗的石油资源，但却总是拿“核问题”说事一样。

美利坚的背影是不光彩的，尽管它的正面形象依然高大。很多人对阴谋论总是不以为然，不愿以险恶的用心揣测别人，而是抱着善意的初衷看待一切。但是，不要忘了，我们处在一个大变革的时代里，社会向多元化与复杂化的进展程度远非人们的意愿所能控制，这种趋势也非个人力量所能阻止，我们唯一能做的只有顺应时势。我们坦诚，美国普通大众是善良的，就像其他各国民众的善良一样。但问题是，我们不能以此来揣摩美国政治人物的内心。你不那么想，是因为你没有站在美国领导人的高度俯视全球的普罗大众，或许你甚至与5%的所谓美国精英群体的思维也相距太远。事实上，只要美国的精英集团时刻保持咄咄逼人的“斗志”，那么距离美国的真正衰落还尚需时日，除非全世界很快分化成“美国”与“非美国”两大阵地。

只有站在更高的位置，时刻保持一颗忧患的心，你才可能在下一次“石油危机”或“猪流感”爆发时，脚底下抹油，跑得比猪快。

3. 后石油时代的王者

全球社会的多元化和多样化过程势不可挡，不同民族和国家的相互融合、相互影响也是不可逆转。无论是不是承认，还是愿不愿面对，这一趋势已经汇聚成全球化的潮流奔涌而来。与此同时，后石油时代则伴随着全球社会能源革命的脚步而日益临近。我们有时不免会猜想，后石油时代的王者在哪里呢？或者这只是一个伪命题。既然后石油时代与全球化的进程而同步了，那么就不存在所谓的真正王者了。在全球化大融合的背景下，我们还有什么理由称21世纪是某个民族，或者某个国家的世纪呢？它应该是属于全人类的世纪，当然，不排除这也只是一种美好的念想。或者，我们所能找到的更多是后石油时代的强者，而非王者。

从能源开发的角度看，未来的强者需要率先摆脱对石油的深度依赖，描绘以非石油为主色调的社会新蓝图。也就是说，强者需要首先从石油管道中爬出来，远离油桶而存活。可以断言，哪一个国家或经济体今后能大规模地开发和利用新的石油替代能源，并保持和推动社会进步，它就有可能在竞争中处于前列。这种新能源是可燃冰，也是氢能和太阳能，更是无处不在的能源利用新方式。所有的这些暗含了一种先进性与竞争力。

从能源利用的理念上看，未来的强者不仅是卓有成效地践行节能型社会的国家，而且在应对气候变化、维护气候安全上承担着全球性的重大责任。在全球温室气体减排领域，更大的责任也就意味着更大的话语权，也就更有机会在具有全球认同感的普世价值领域构筑道德高地，拓展本国的影响力。是否承担更大的温室气体减排责任，这是未来国与国之间道德天平上的重要砝码。

从能效最优的层面上看，未来的强者不仅需保持较小的投入，而且要创造更大的产出，使之保持更高的投入产出比。当然，这并非是严格意义上的自然科学概念，而是一种意象化的社会竞争力的表征方式。这要求整个社会不仅要保持集约化的健康发展之路；而且具备超群的创造力。不单是创造产品价值，更需要创造文明理念与价值观。不难想象，当一个国家的产品和价值观可以同时大规模对外输出时，其强者的面目将会顺其自然地予以表现。

从能量上省功的原理来看，强者不仅要有省力的目标，还要有达到目标的较短路径，也即耗功要小。事实上，这一点与其自身在国际社会秩序中的位置密切相关。全球社会更像是一个雁阵[①]。一般处于雁群前端的都是体力充沛的精壮雁，而后面的大多数是“老弱病残”。美国在全球社会这种头雁的位置已经持续了多年，即使体力不支显现出疲态，也实属正常。不过，代替头雁位置的成员很难出之于雁阵尾部，而更可能是紧随头雁的其他成员，因为它们在路径上更有优势。联系到“二战”后的各国发展格局，我们会发现，真正成为经济强国的绝大多数都是“二战”时期的军事强国。而其他后起之秀也都与这些老牌军事强国有着千丝万缕的联系。比如，尽管英国早已失去了头雁的位置，但不可否认的是，英国仍处于雁阵的前端，依然属于强国序列。德国、日本在经济上重新崛起也同样如此。主要原因在于这些国家在人才、技术上的优势保持了下来。失去了这些优势，国家的衰落才是绝对的衰落。这也正是“二战”后的半个世纪里，第三世界国家很难挤进西方第一集团的原因之一。由于长期处于雁阵的两翼末端，它们无法跟得上创新的步伐，不仅是人才与技术上的更新换代，更包括国家思维与战略上的创新。因此，它们只能谋求低层次的不掉队，能与队列前进的节奏合拍就已经不错了，更遑论冲到队伍最前面去。

后石油时代属于那个国家？这个谜一般的问题恐怕只能留给上帝回答。按照笔者的愿望，后石油时代将不再由一两个或多个国家支配，而是受十几个拥有实力的角色控制，犹如雁阵“一”字排列时的平起平坐一样。这代表了一种有别与以往的结构性转变。从这个角度说，后石油时代可以属于任何国家，国与国之间的协商共处

---

① 雁阵理论最早由日本学者提出，指的是大雁飞行时的队形排列：头雁在最前面带路，紧随头雁之后的是为数不多的成员组成的第二梯队，而处于队伍中尾部的则属于第三梯队，占绝大多数。大雁之所以在飞行过程中呈现这种人字形排列，并非是习惯使然，而是有着科学的意义。由于雁群飞行时要承受较大的空气阻力，而头雁的翅膀在空中划过时，翅尖上就会产生一股微弱的上升气流，排在后面的就可以依次利用这股气流，从而节省了体力。

要比以往任何时候都显著。当然,这发生在美国早经衰落,其全球影响力完全式微之后。事实上,美国的优势体现在其创新力上,如果缺少了相对于其他国家的创新力,美国对全球的综合掌控力自然会弱化。不难想象,地球村各国成员的思维意识大致平等了,已无高下之分,其他成员不再甘愿追随美国,而是各行其是,那么美国的头雁位置自然就大打折扣了。

国内一些经济学家预言,中国将在 30 年后成为世界经济中心[①]。这并非不可能,但困难却丝毫不能低估。中国要"后发先至",自然要比其他发达国家付出更多的努力。况且,中国在以 8% 以上的增速疾驰的同时,作为头雁的美国并非在休眠,而是同样在前进,还有另一个关键问题是,中国能否一直这样疾驰?至于说未来中国取代美国,正如当年美国取代英国一样,这样的认识恐怕同样值得深究。这不仅仅是单纯类比这么简单,而且还存在一个可类比性的问题。我们不能忽视的现实基础是,现时与过去已迥然不同,以历史的眼光妄言美国跌落低谷或许只会变成臆想。他日仰望,我们看到的美国或者仍在高山之顶。

从现实的层面看,后石油时代并不属于那些刚刚前进了一大步,便吵着做头雁,几乎忘记了自己所处位置的成员。这不仅适用于印度、也适用于中国。与印度动辄要称霸亚洲、称雄世界的豪情壮志有所不同,中国要低调得多。尽管看起来第三世界大多数国家希望中国在未来有所担当,替换美国的头雁角色。但是,我们需要看到的现实基础是,中国与头雁的距离还很远。其他国家的喧嚣大可不必理会,关键是中国自身的认识。如果中国不能深刻地反思已经走过的历程,痛下决心对现实做全面的改革,而是醉心于"半部论语治天下",或者热衷于天马行空般的畅想。那么即使不掉队,也只

---

① 张维迎:《全球金融危机和未来 30 年中国经济前景》,2009 年 6 月 25 日。

能继续徘徊在雁阵的中后位置。要当头雁,除非中国能创造一种新路径,说服整个雁群掉头或转向。这样天然地让自己作为头雁,共同地向着新目标前进。而这种新路径的创立,需要吸收其他路径的优势以及普适性,获得全体多数的认同和追随。从软实力的角度看,这样的迹象并不明显。过去几十年,中国的进步在很大程度上仰仗了美国、欧洲等西方国家的创新科技,这是全球化带给后发国家不可忽视的"红利"优势。但是,中国内在的创新力体现在哪里呢?除了跟踪、模仿,恐怕更多的还有"山寨"。这种局面在改变之前,中国可能还是世界加工厂,充其量只是升了级的加工厂。更重要的是,一个国家的强盛与活力,不仅仅在与器物文明,更在于思想与制度上的文明。现如今,能与美国在创新层面上真正一决高下的,除了"准国家"的欧盟,几乎还找不到可以比肩的对象。什么时候中国不再模仿,而是被模仿;不再跟踪,而是被跟踪,那才说明中国真正强大了。对于中国以及其他众多的发展中国家而言,情况非一般的紧迫。

就时下现实而言,哪些领域最能体现国家的创新力及未来的竞争力呢?石油替代与新能源开发领域无疑是其中之一。在这一重要的领域,中国不仅需要奋起直追,更需要胸怀后来者居上的勇气,这是中国今后更进一步的全新机遇。毕竟,中国要崛起成为真正的强国,需要的是源源不断的创新动力,而不是固守在煤炭、石油这些传统能源的黑海里编织残梦。可燃冰、氢能就是新能源开发的"蓝海",谁率先闯入这片蓝海,谁就有更大的机会重焕生机与活力。当俄罗斯坐拥西伯利亚、鄂霍次克海的庞大可燃冰资源,当美国大力开发阿拉斯加、墨西哥湾的可燃冰资源时,中国必须迎头赶上,南海就是中国未来后续能源的希望之所在,中国在南海问题上的每一次让步都可能在未来的资源之争中埋下事端。

与新能源开发同步的是,或许人们会发现,以往的所有纷争都不值一提，气候变暖才是威胁人类生存的最大“敌人”。作为全球社会的共同诉求，应对气候变暖成为了世界各国的共同责任。秉持这种理念、具有担当精神的国家将会脱颖而出，有望成为新价值观的缔造者。人类的意识行为、生活方式、社会形态以及人与自然的和谐程度将会呈现一次大飞跃。现如今，欧盟已经领先，美国不甘落后，那么中国呢？答案已然在行动中。

2009年6月26日，美国众议院通过了争议已久的《美国清洁能源安全法案》，这预示着美国距离“京都体系”又近了一步。与此同时，美国将会对那些没有进行清洁生产，或者碳减排不达标的企业以及产品征收“排污税”，这将以一种更直接、更显性的方式介入气候与环境保护领域。从这个意义上说，环境的货币化是环境保护的更高形式。

2009年7月8日，在意大利举行的西方八国集团领导人峰会上传出消息称，西方八国集团愿与其他国家一起为2050年使全球温室气体排放量至少减半的努力，并且承诺发达国家排放总量届时应减少80%以上。与此同时，作为峰会的一项积极进展，八国集团领导人首次确认，全球平均气温升幅不应超过工业化前两摄氏度。这意味着不仅是西方发达国家，而且包括以中国和印度为首的众多发展中国家要为此目标共同付出持续不懈的努力，与此相对应的低碳经济和低碳发展之路将成为全球社会的共识和主流。

历史上玛雅人曾预言，公元2012年12月21日的黑夜降临以后，12月22日的黎明永远不会到来。虽然人类史上许多民族都有这样或那样的末日预言，但玛雅人的预言似乎受到人们的格外关注，这源自于玛雅人谜一般的文明与智慧。与他们的神秘消失一样，玛雅人拥有的高度文明也戛然而止并湮灭于历史长河中。玛雅人没有提及何种原因导致现代文明终结日的到来。不过在笔者看来，有一点很明确，2012年末将是《京都议定书》到期的时间，2012年之后全球社会将迎来“后京都时代”。或许,这个终结日并不一定意味着什么大劫难的到来,而是在暗示一种人类文明的巨大转变或跃迁,有如大工业文明的终结,新文明的来临。或许这样理解有些偏颇,甚至会被认为是颠倒黑白,一厢情愿。但笔者宁愿做这样的认定,本着美好的愿望,或许在不久的将来,人类社会就会跨入新文明的门槛。而这一切恰恰取决于我们所有人的共同努力。

参考文献

[1] [美]道格拉斯·诺思、罗杰尔·米勒著:《我们身边的经济学》,学林出版社,1998 年。

[2] [美]哈维·奥康诺著:《石油帝国》,世界知识出版社,1958 年。

[3] [美]威廉·恩道尔著:《石油战争》,知识产权出版社,2008 年 4 月。

[4] 袁木、范荣康:《大庆精神大庆人》,新华社,1964 年 4 月 19 日。

[5] [日]谷甲州:《北满州油田》,日本中央公论新社,1999 年 8 月。

[6] 英国石油公司:《2009 年全球能源观察》,2009 年 6 月。

[7] 马修·西蒙斯著:《沙漠黄昏》,华东师范大学出版社,2005 年。

[8] 国际能源机构:《2007 全球能源展望报告》,2007 年 11 月。

[9] 约瑟夫·泰特著:《复杂社会的崩溃》,英国剑桥大学出版

社，1988年。
[10] [美]理查德·比特纳著：《贪婪、欺诈和无知——美国次贷危机真相》，中信出版社，2008。
[11] [美]威廉·弗莱肯施泰因著：《格林斯潘的泡沫：美国经济灾难的真相》，中国人民大学出版社，2008年9月。
[12] 美国卫生部：《不健康的国家：美国肥胖人群调查研究报告2008》，2008年6月。
[13] 克罗森·怀特海德："最后，选了一个瘦总统"，《纽约时报》，2008年11月6日。
[14] [德]奥托·基弗著：《古罗马风化史》，商务印书馆，1995年。
[15] [美]罗塞尔·罗伯茨著：《看不见的心——一部经济学罗曼史》，中信出版社，2002年。
[16] [美]哈罗德·霍特林：《可枯竭资源经济学》，1931年。
[17] [法]费尔南·布罗代尔著：《15至18世纪的物质文明、经济和资本主义》第三卷，三联书店，2002年。
[18] [美]特伦斯·霍普金斯、伊曼纽尔·沃勒斯坦著：《转型时代：世界体系的发展轨迹1945—2025》，高等教育出版社，2002年。
[19] [美]彼得·施魏策尔著：《里根政府是怎样搞垮苏联的》，新华出版社，2001年。
[20] [美]迈克尔·埃克诺米迪斯、罗纳德·奥力格尼著：《石油的色彩：世界最大产业的历史金钱和政治》，石油工业出版社，2002年。
[21] 舒先林：《美国中东石油战略的经济机制及启示》，《当代世界经济与政治论坛》，2005年第1期。
[22] 国际能源机构：《2004年初国际能源报告》，2004年1月。

[23] 欧佩克:《2004年一季度石油形势报告》,2004年3月。
[24] 美国能源部能源信息署:《关于美国能源利用状况的声明》,2004年10月。
[25] 国际能源机构:《2005年国际能源展望》,2005年10月。
[26] 中国国家信息中心:《石油消费预测报告》,2005年。
[27] 高盛公司:《未来国际油价的走势与预测报告》,2007年3月。
[28] 中国国家信息中心:《石油消费与国际油价运行预测报告》,2007年。
[29] 美国能源部能源信息署:《关于欧佩克产能的报告》,2007年4月。
[30] 高盛公司:《国家油价未来一年的走势预测》,2007年12月。
[31] [日]牧野润一:《世界经济究竟能承受多高的油价》,《经济学人》周刊(日本),2008年5月20日。
[32] [美]莱斯特·布朗:《谁来养活中国》,《世界观察》(美国),1994年9月。
[33]《水真能变成油吗?》,《经济日报》,1993年1月28日。
[34] 国际能源机构:《世界能源展望2008》,2008年11月12日。
[35] 马丁·沃夫:"我们能指望一亿台风力发电机吗?",英国《金融时报》,2007年10月22日。
[36] 熊颖等:《天然气水合物的应用技术》,《天然气与石油》,[J]2008. 26(4) 12～15。
[37] 理查德·凯利盖斯,"可燃冰资源利用:尽管少但不远了",《科学》杂志,2004年303卷,第946～947页。
[38] 王亚栋:《世界能源地缘政治图景》,历史与发展国际论坛,

2003 年。
[39] 李金明著:《南海争端与国际海洋法》,海洋出版社,2003 年。
[40] 布鲁诺·沃特福德:“俄罗斯不再是一个可靠的能源供应者”,今日美国,2009 年 1 月。
[41] 马里·威尔克森:“洁净煤,一个遥远的梦”,悉尼《晨锋报》,2009 年 5 月 6 日。
[42] 联合国政府间气候变化专门委员会(IPCC):《气候变化 2007 综合报告》,2007 年 11 月。
[43] 联合国政府间气候变化专门委员会(IPCC):《气候变化的科学依据报告》,2007 年 5 月。
[44] 詹姆斯·希尔顿著:《消失的地平线》,云南人民出版社,2006 年 1 月。
[45] 世界银行:《2007 年国家碳交易市场报告》,2007 年 5 月。
[46] 拉胡尔·通加:“能源危机:不应一味指责中印”,英国《金融时报》,2008 年 11 月。
[47] [韩]W·钱·金[美]莫博涅著:《蓝海战略》,商务印书馆,2005 年 5 月。
[48] [美]克里斯·安德著:《长尾理论》,中信出版社,2006 年 12 月。
[49] [美]托马斯·弗里德曼著:《世界是平的》,湖南科技出版社,2006 年 11 月。
[50] SBI:《全球碳排放交易市场报告》,2008 年 4 月。
[51]《新快报》:“中科院士蒋有绪吁广州征收生态税,市民每月 20 元”,2008 年 11 月 19 日。
[52]《纽约日报》:“爱因斯坦的质能方程一个世纪后得到完证”,2008 年 11 月 26 日。

[53] 李政道著:《粒子物理和场论》,科学出版社,1984年。
[54] [美]戴维·梅森:《美国世纪的终结》,上海辞书出版社,2009年4月。
[55] [美]马蒂斯·科斯塔:"中国引领世界",美国《时代周刊》,2007年1月11日。
[56] [日]美谷岛:《战前满洲大庆油田的勘查》,2009年5月。
[57] [日]佐藤晃:《大东亚战争败因考》,日本芙蓉书房出版社,1997年8月。
[58] (日)渊田美津雄:《袭击珍珠港》,商务印书馆,1980年。
[59] [美]舍伍德:《罗斯福与霍普金斯——二次大战时期白宫实录》,商务印书馆,1980年。
[60] [美]大卫·格里菲:《新珍珠港事件》,2006年。
[61] 张维迎:《全球金融危机和未来30年中国经济前景》,公开报告,2009年6月。
[62] [美]杰里米·里夫金、特德·霍华德著:《熵:一种新的世界观》,上海译文出版,1987年。

后　记

“石油枯竭的后天”就此告一段落了，而有关石油枯竭的话题远不会结束，石油世界的纷扰到明天还会一如既往地呈现。就像的士司机们今天还在抱怨该死的油价又涨了，明日一大早仍然会急火火地冲到加油站，生怕因加不上油而耽误了生意一样。人们有时候对石油就处于这样一种既恨又爱的矛盾状态。笔者有关石油替代的思考某种程度上也是由这些的士司机们触发的。

作为能源工作者，笔者在打车时经常会被司机们的问话所裹挟，内容多半是汽油是否涨价，石油什么时候用完，石油枯竭了拿什么替代等诸如此类的问题。笔者后来有了一个切身的体会，那就是这些的哥、的姐们对石油很关心，对油价也很敏感，他们的职业与所处的环境造就了这种意识和敏感性，就像人们常说“春江水暖鸭先知”的道理一样。

个人印象最深的一次是乘车时，司机从关上车门起就大谈伊朗核问题，从伊朗最高领袖哈梅内伊一直谈到国际原子能机构总干事巴拉迪，洋洋洒洒一大圈，就差联合国秘书长潘基文了。笔者与其

“周旋”了大半天，结果临到下车才明白，他主要还是关心油价会不会疯涨，因为伊朗总统内贾德的表态有可能会影响到他一天的纯收入。实话说，这是笔者本人见识过的最能“兜圈子”的一位的哥了。以至于到最后这位的哥仍谈兴不减，豪爽地连打车费也执意不收了，笔者只好留下一些油钱了事。

那次经历后，笔者觉得需要写一些有关石油以及替代能源的东西，不用太深奥，最好通俗一些，能回答普通读者心中的疑问就可以了。退一步讲，那怕只是针对出租车师傅也未尝不可，这同样是一个庞大的群体，他们关心石油，但恰恰又最需要懂石油。

在本书的构思和写作过程中，笔者曾得到了不少同仁们的帮助，与他们进行过多次交流。他们分别是：中国国际金融有限公司张金涛先生；博时基金管理有限公司董良鸿先生；中科院广州能源研究所骆志刚先生；中科院海洋研究所吴时国先生；青岛市社会科学院刘典平先生。在此一并表示感谢！

笔者希望借本书的出版，起到抛砖引玉的作用，使得更多的人关注能源替代与气候变化问题，与之共勉！由于笔者水平有限，加之成书过程时间仓促，书中难免存在这样或那样的问题与纰漏，甚至错误之处。希望广大读者朋友们予以包涵，批评指正！

刘 锋

2009 年 6 月

责任编辑:李　惠　pphlh@126.com
封面设计:王玉浩
版式设计:雅思雅特

图书在版编目(CIP)数据

石油枯竭的后天/刘锋 著. -北京:东方出版社,2009.10
ISBN 978-7-5060-3633-7

Ⅰ. 石…　Ⅱ. 刘…　Ⅲ. 石油工业-经济发展趋势-研究-世界
Ⅳ. F416.22

中国版本图书馆 CIP 数据核字(2009)第 158570 号

石油枯竭的后天

SHIYOU KUJIE DE HOUTIAN

刘　锋　著

東方出版社 出版发行
(100706　北京朝阳门内大街 166 号)

北京瑞古冠中印刷厂印刷　新华书店经销

2009 年 10 月第 1 版　2009 年 10 月北京第 1 次印刷
开本:710 毫米×1000 毫米 1/16　印张:19.75
字数:234 千字　印数:0,001-5,000 册

ISBN 978-7-5060-3633-7　　定价:38.00 元

邮购地址 100706　北京朝阳门内大街 166 号
人民东方图书销售中心　电话 (010)65250042　65289539